rowohlts monographien
begründet von Kurt Kusenberg
herausgegeben von
Wolfgang Müller und Uwe Naumann

Gerhart Hauptmann

mit Selbstzeugnissen
und Bilddokumenten
dargestellt von
Kurt Lothar Tank

Rowohlt

Den dokumentarischen und bibliographischen Anhang bearbeiteten
Paul Raabe, Wilhelm Studt und Uta Rösler-Isringhaus
Neubearbeitung der Bibliographie (1993) von Wolfgang Beck
Herausgeber: Kurt Kusenberg
Umschlaggestaltung: Werner Rebhuhn
Vorderseite: Gerhart Hauptmann im Foyer des Berliner
Lessing-Theaters. Um 1917
(Ullstein-Bilderdienst, Berlin)
Rückseite: Szene aus «Die Weber» (Schauspielschule des Deutschen
Theaters. Regie Max Reinhardt) (Ausschnitt)
(Theatersammlung der Hansestadt Hamburg)

Veröffentlicht im Rowohlt Taschenbuch Verlag GmbH,
Hamburg, Mai 1959
Copyright © 1959 by Rowohlt Taschenbuch Verlag GmbH, Hamburg
Alle Rechte an dieser Ausgabe vorbehalten
Gesetzt aus der Linotype-Aldus-Buchschrift
und der Palatino (D. Stempel AG)
Gesamtherstellung Clausen & Bosse, Leck
Printed in Germany
1290-ISBN 3 499 50027 2

25. Auflage. 118.–120. Tausend November 1997

Inhalt

VIER ECKSTEINE

«Irgendwo um Berlin», genauer gesagt: in Erkner und in der Nähe von Erkner spielt Gerhart Hauptmanns bekannteste Komödie *Der Biberpelz*. Der Schützenhügel bei Erkner (der auf der Karte Wuhlhorster Hügel heißt und in der Nähe des Karutzsees liegt) ist Schauplatz seines Familiendramas *Das Friedensfest*. Märkische Kiefernforsten und Seen geben Erzählungen und Romanen, frühen Gedichten, Schauspielen und späten Versepen Kontur und Farbe. Im Dezember 1936, als man sich (wieder einmal) mit dem Gedanken trug, eine Gerhart-Hauptmann-Gedenkstätte in Erkner einzurichten, schrieb der Dichter an den Bürgermeister der Gemeinde:

Ich habe vier Jahre in Erkner gewohnt, und zwar für mich grundlegende Jahre. Mit der märkischen Landschaft aufs innigste verbunden, schrieb ich dort ‹Fasching›, ‹Bahnwärter Thiel› und mein erstes Drama ‹Vor Sonnenaufgang›. Die vier Jahre sind sozusagen die vier Ecksteine für mein Werk geworden.

Die vier Ecksteine, die fortan mit ihren Werken oder Werkreihen das Leben Hauptmanns und die Literatur seiner Zeit bestimmten, ruhen auf dem Fundament Schlesien: dem Elternhaus in Salzbrunn, der Schul- und Kunstschulzeit in Breslau, dem Elevenjahr auf den Gütern Lohnig und Lederose. Von den vier Ecksteinen des Werkes — Lyrik, Epik, Dramatik und Autobiographie — ist dank der skandalumwitterten Aufführung des sozialen Dramas *Vor Sonnenaufgang* (1889) die eine Gattung im Schaffen Hauptmanns so stark in den Vordergrund getreten, daß man die drei anderen Ecksteine darüber vernachlässigt hat. Zwar wurde die Bedeutung der Epik meist mitbetont, selten dagegen wurde hervorgehoben, daß zum Beispiel die in Erkner verfaßten umfangreichen «Jesus-Studien» die Voraussetzung für den Roman *Der Narr in Christo Emanuel Quint* (1910) bilden. Fast vergessen ist die frühe Lyrik *(Das bunte Buch)* und der bis auf kleine Reststücke verschollene oder vernichtete autobiographische Roman. Und doch kann gerade dieses Fragment in seiner zum Teil krassen Realistik und Bekenntniswut als eine Kernzelle des Gesamtwerkes angesehen werden.

Ein Höhepunkt in der krisenreichen Entwicklung Gerhart Hauptmanns war erreicht, als die jungen Eheleute im September 1885 von Moabit nach Erkner zogen. Sie mieteten das Haus des Rentiers Laßen (Urbild des stotternden Rentiers Krüger im *Biberpelz*) am Rande des Waldes, wo des Nachts die Holzdiebe pfiffen, kauften zwei wilde lappische Schlittenhunde und fühlten sich als *entlegene Kolo-*

nisten. Im *Abenteuer meiner Jugend*, Januar 1929 begonnen und Februar 1935 abgeschlossen, schreibt Hauptmann:

> *Die märkische Erde nahm uns an, der märkische Kiefernwald nahm uns auf. Kanäle, schwarz und ohne Bewegung, laufen durch ihn hin, morastige Seen und große verlassene Tümpel unterbrechen ihn, mit Schlangenhäuten und Schlangen an ihren Ufern.*

Das ungeheure Lebewesen und Sterbewesen Berlin war mir alpartig gegenwärtig, heißt es an einer anderen Stelle. *Trat ich des Abends vor das Haus, so sah ich im Westen bei klarer Luft den Widerschein der Riesin blutrot am Himmel. Das wimmelnde Leben der Weltstadt, das ich ja aus vielen Vigilien kannte, lebte in mir. Mit einer Hellsicht, die vielleicht der eines Fiebernden glich, sah ich die wilden, schmerzlichen Verknäuelungen ihres Innern. Was wurde nicht alles aus der drei deutsche Meilen entfernten Stadt an Elend und Jammer ans Ufer gespült! Kein Sommer verging, allein hier in Erkner, ohne daß ein von Fliegen umsummter, behoster und bekleideter Leichnam, der eines Selbstmörders, im Forst gefunden wurde.*

Der dreiundzwanzigjährige Dichter, dem Todes- und Selbstmordgedanken nicht fremd waren, rang *mit dem Gespenst des Bluthustens.* Er überdachte sein bisheriges Leben: das Schwanken zwischen Bildhauerei und Poesie, die glücklichen Wochen in Dresden, Gruben und Hohenhaus, dem nun verkauften herrlichen Besitz auf den Elbhöhen, wo er sich nach seinen Brüdern Georg und Carl die dritte der Thienemann-Töchter, Marie, er nannte sie Mary, zur Frau geholt hatte. Er dachte an die kurze Studentenzeit in Jena, an die erste Schiffsreise, die ihn von Hamburg durch die Biskaya nach Malaga, Barcelona, Marseille und von dort auf dem Landwege nach Monaco, Genua und Capri geführt hatte; er dachte an den zweiten Aufenthalt in Rom, an sein Atelier in der Via degli Incurabili, wo seine überlebensgroße Statue eines germanischen Kriegers nachts zusammengestürzt war und mit ihr sein fehlgeleiteter Ehrgeiz. *Der dreifache Kampf in Rom: mit dem nassen Ton, mit den Menschen und mit den Typhusbazillen war nicht mehr,* so schloß der auf einem Baumstumpf Hockende sein Resümee.

Der junge Mensch hatte erlebt, was ähnlich vor und mit ihm viele junge Menschen erlebt und erlitten hatten. Nun begann er zu schreiben. In seiner Georg Büchner-Ausgabe war ein Satz des Novellen-Fragments «Lenz» unterstrichen: «Ich verlange in allem Leben, Möglichkeiten des Daseins, und damit ist's gut.» Mit Wanderungen, mit Beobachtungen fing die Arbeit des jungen revolutionären Schriftstellers an, den Erkners Amtsvorsteher von Buße (Urbild des Herrn von Wehrhahn im *Biberpelz*) durch Denunzianten im eigenen Hause überwachen ließ. Mit dem schlesisch und berlinisch gefärbten Dialekt der Mark Brandenburg, den Hauptmann genau studierte und in dicken Notizbüchern festhielt, bot sich ihm ein neuer Zugang zum Unmittelbaren, zur Seele. Im Rhythmus der naturgetreu er-

*Gerhart Hauptmanns Geburtshaus: «Hauptmann's Hotel zur Krone»
(später «zur Preußischen Krone») in Salzbrunn*

faßten und zur Kunstform gesteigerten Mundart lag ein bisher vernachlässigtes Element des Ausdrucks. Tag für Tag drang Gerhart Hauptmann tiefer in diese Welt ein.

Ich machte mich mit den kleinen Leuten bekannt, Förstern, Fischern, Kätnerfamilien und Bahnwärtern, betrachtete eine Waschfrau, ein Spitalmütterchen eingehend und mit der gleichen Liebe, als wenn sie eine Trägerin von Zepter und Krone gewesen wäre. Ich unterhielt mich mit den Arbeitern einer nahen chemischen Fabrik über ihre Leiden, Freuden und Hoffnungen und fand hier, in nächster Nähe Berlins, besonders auf den einsamen Dörfern, ein Menschenwesen, das sich seit einem halben Jahrtausend und länger unverändert erhalten hatte.

Aus den Elementen der märkischen Landschaft mit ihren hart arbeitenden und gerissenen, gutmütigen und genußsüchtigen Menschen entstand als erste in sich vollendete Skizze *Fasching*. Hauptmann erzählt:

Man hörte im Winter das Krachen im Eise der Seen weit über Land und das sogenannte Seegebrüll, das Tönen des Wassers unter dem Eise wie Tubaruf nach verlorener Schlacht. Es klang wie dumpfer Titanenzorn, wie Rolandsruf aus geborstenem Horn. Da schilderte ich in einer kleinen Novelle, wie der Segelmacher Kielblock mit

9

Robert Hauptmann, der Vater,
mit dem vierjährigen Gerhart

seiner Frau und seinem Kinde in einer Mondnacht einbrach und un-
terging.

Hauptmann nahm sich in Zucht. Er legte den autobiographischen
Roman beiseite *(... er verwirrte sich und mich. Ich kam nicht zu*
Rande damit.) Was sich der Ich-Darstellung entzogen hatte, lebt in
den ersten Erzählungen und episch-dramatischen Skizzen in einer
heut noch packenden, von Reflexion befreiten Sprache.

1887: Gerhart Hauptmann begann. In wenigen Jahren — von
1887 bis 1893 — stürzten die Werke, mit denen eine neue Literatur-
epoche eröffnet wurde, aus dem jungen Dichter, der (nach einem

Wort Wedekinds) arbeitete «wie eine Dampfmaschine». Von 1889 bis 1892 brachte jedes Jahr die Uraufführung eines meist in ungewöhnlich kurzer Zeit konzipierten und abgeschlossenen Dramas. 1893 wurden nicht weniger als drei Dramen, die Hauptmanns Weltruhm begründeten, zum ersten Male gespielt: am 26. Februar *Die Weber*, am 21. September *Der Biberpelz*, am 14. November *Hannele*. Hätte Hauptmann eine Form finden können, um das Gewimmel plastisch gezeichneter Figuren, das diese Dramen erfüllte, episch zu bewältigen, so wäre daraus ein deutscher Gesellschaftsroman oder Roman-Zyklus von einer ähnlichen Intensität, Breite und Tiefe entstanden, wie ihn Balzac und Proust für Frankreich und Tolstoj und Dostojevskij für Rußland geschrieben haben.

Dabei war der umfassend angelegte autobiographische Roman-Entwurf, Kernzelle des neuen Schaffens, wiederum nur Teilstück eines größeren Ganzen, einer Vielzahl von Plänen, die zu vollenden das lange Leben des Dichters nicht ausreichen sollte.

Walter Requardt, der in einer rührend-eingehenden Hamburger Dissertation «Erkner im Leben und Werk Gerhart Hauptmanns» behandelt hat, fand in einem Tagebuch von 1889 ein undatiertes loses Notizblatt — es muß nach Requardts Vermutung zwischen März und Mai 1887 geschrieben sein. Dieser Zettel enthält ungefähr 30 Titel, die als Themen oder Stichworte zu Studien oder Skizzen angesehen werden können, von denen nur ein verhältnismäßig kleiner Teil bearbeitet wurde.

Hinter der Skizze 2 *Ertrunken* (aus der die Kurzgeschichte *Fasching* entstand) steht der Vermerk *beendet*... Aus der Skizze 25 *Bahnwärter überfahrenes Kind* formte Hauptmann die Erzählung

Die Mutter Marie Hauptmann, geb. Straehler

Bahnwärter Thiel. Von den anderen 28 Titeln wurden einige später behandelt. Bei dem Skizzen-Thema 1 *Das bleiche Kind* mag ein frühes Bild des *Hannele* vor dem Dichter aufgetaucht sein. Aus dem Studien-Thema 9 *Der Hauslehrer* wurde höchstwahrscheinlich das im Juli 1907 abgeschlossene, bisher unveröffentlichte fünfaktige Drama *Christiane Lawrenz* mit der männlichen Hauptfigur des Kandidaten Kajus Beck. Auch das Skizzen-Thema 12 *Der Schwindsüchtige und sein Liebesverhältnis* könnte zum Teil auf eine Figur dieses Dramas zielen, den fünfzehnjährigen Helmuth Lawrenz, der Verse macht und an einem Blutsturz stirbt, es könnte sich auch auf Vorgänge beziehen, die in dem nachgelassenen Drama *Herbert Engelmann* angedeutet und im Zirkusroman *Wanda* geschildert werden. Die Studienthemen 10 *G.s Begräbnis* und 11 *Hugos Begräbnis* klingen in der Autobiographie, in Gedichten und in der Erzählung *Die Hochzeit auf Buchenhorst* an, geschrieben 1927 in Rapallo, während Studien-Thema 13 *Bruder Bleich und seine Heilungen* zu einer Episode im Hexameter-Epos *Anna* (1921) wurde, in der mit viel Komik eine pietistische Dämonenaustreibung dargestellt ist. Aus mehreren Skizzen-Themen wurden Bühnenszenen, wie wir sie aus *Fuhrmann Henschel* (16 *Im Hotelhof*) und aus *Dorothea Angermann* (15 *Küchenszene*) kennen. Oder es wurden aus ihnen Bühnenfiguren wie der Arbeitsmann Beibst in *Vor Sonnenaufgang* (Skizzen-Thema 27) oder der Theaterdirektor Hassenreuter in den *Ratten* (17 *Hessler. Maskenverleihanstalt*).

Manche der Impressionen aus früher Kindheit wurden schon in Erkner festgehalten. Blitzartig hatte der Fünfundzwanzigjährige das immer wachsende, innere, bisher unsichtbare Kapital seiner Kindheit und Jugend erkannt, das nun Sichtbarkeit gewann:

Meine Knabenzeit, die mir so gut wie entschwunden war, tauchte wieder auf, und in der Erinnerung an sie machte ich fast von Minute zu Minute neue Entdeckungen. Das ganze Ober-, Mittel- und Nieder-Salzbrunn entfaltete sich, durch die Salzach getrennt in die Große und Kleine Seite. Der Gasthof zur Krone tauchte auf, das benachbarte Haus Elisenhof, die Brunnenhalle mit ihren Brunnenschöpfern. Die Schwestern der Mutter und der Großvater, somit der ganze Dachrödenshof. Die Schweizerei und ihre Pächterin und Schafferin, die der Fürst hineingesetzt hatte ... Das herrliche Fürstensteiner Schloß tauchte auf mit seinen Bewohnern und seiner unvergleichlichen Lage. Aber vor allen Dingen die Dorfstraße, die Weberhütten und Bergmannsquartiere, diese das Ärmlichste vom Ärmlichen. Der Fuhrmann Krause sprach mich an, und der ganze mit Hausknechten, Kutschern, Wagen und Pferden belebte Kronenhof mit seinen Welten Unterm Saal. Die drängende Armut der Hintertreppe und mit alledem der Volksdialekt, der mir, wie ich mit Freuden erkannte, tief im Blute saß. Ich merkte nun, wo ich, schon eh ich die Sexta der Zwingerschule betrat, meine wahrhafte Lehrzeit beendet hatte.

Der Zehnjährige

Unübersehbar reich entfaltete sich aus dem Kapital der Kindheit das Werk Gerhart Hauptmanns. Das von Requardt entdeckte Notizblatt mit seinen dreißig Themen einer Samenkapsel vergleichbar, aus der eine üppige Vegetation entsproß, ist wiederum nichts weiter als Fragment eines fragmentarischen Schaffens, von dem der Fünfundsiebzigjährige, rückschauend auf die in Erkner sich regenden Pläne und durchgeführten Arbeiten, schreibt:

Die reichen Kohlenbauern von Weißstein drängten sich ein, meine Landwirtszeit fing an, sich zu melden, es regten sich die Gestalten der Kunstschule. Es regte sich meine Verlobungsepoche, es regte sich Rom. Und ich bin fünfundsiebzig Jahre geworden, um ... zu erkennen: auch nur das erste Vierteljahrhundert meines Lebens im Sinne der Kunst auszuwerten, war mir eine Unmöglichkeit.

Gerhart Hauptmann spricht dann von der Entstehung seines Dramas *Die Weber*. Es brachte dem Dreißigjährigen Kämpfe mit der Zensur und steigenden Weltruhm, dem Fünfzigjährigen den Nobelpreis (1912). Reichspräsident Friedrich Ebert feierte den Sechzigjährigen als geistigen Repräsentanten der deutschen Nation. Die Amerikareise des Siebzigjährigen im Goethejahr (1932) glich einem

*Das Kurtheater in Salzbrunn. In diesem schlichten Holzbau
empfing der junge Gerhart die ersten Theatereindrücke*

Triumphzug. Umstritten und trotz aller Angriffe im Kern unzer-
stört blieb Hauptmanns Ruhm während der Weimarer Republik
ebenso wie unter Wilhelm II. und zur Zeit Hitlers. Da der Dichter
sein Leben während langer Phasen der Arbeit — zwischen Agnetendorf, Hiddensee und Orten im Süden wechselnd — zwar zurückge-
zogen aber dennoch in der Öffentlichkeit führte, blieb er fast ununterbrochen einer Polemik ausgesetzt, die gerade das betont Reprä-
sentative seiner Erscheinung zum Anlaß nahm, um vorhandene oder
vorgegebene Schwächen in seinem Werk und Charakter zu attackie-
ren. Wie es häufig geschieht, hat der Ruhm bei Gerhart Hauptmann,
gleich einem grellen Scheinwerferlicht, manches von dem überblen-
det und verschwinden lassen, was unvollkommen an ihm war,
manches freilich auch von dem, was eine bis heut unerkannte Größe
und Schönheit besitzt.

Das Werk Hauptmanns in seinem Gesamtumfang darzustellen,
ist gegenwärtig kaum möglich. Zu einem großen Teil verbirgt es sich
noch in dem reichen Nachlaß. Aber schon die veröffentlichten
Arbeiten von und über Gerhart Hauptmann bieten so viel und viel-
fältig Verflochtenes, daß mit einer Darstellung, die dem Lebenslauf
und den Werken zeitgerecht folgt, auf knappem Raum kein klares
Bild entstehen könnte — umfaßt doch allein die von Behl und Voigt
zusammengestellte und von Wilhelm Studt ergänzte «Chronik» in
Stichworten fast 140 Druckseiten.

Wir mußten, wollten wir ermüdend oft Gesagtes nicht wiederholen oder in farblose Aufzählung verfallen, einen anderen Weg einschlagen. Er soll, vom Persönlichen ausgehend, in wechselweiser Erhellung bestimmter Lebensabschnitte und Werkreihen, einen Umriß des Menschen Gerhart Hauptmann und seines Schaffens zu vermitteln suchen. Das Haus in Agnetendorf als der reale und zugleich symbolische Mittelpunkt eines ebenso reich gesegneten wie tragischen Lebens steht darum im Zentrum der Monographie. Die vier Ecksteine, mit denen Hauptmann die vier Jahre seiner Existenz in Erkner bezeichnet hat, sind unsichtbar-sichtbar eingefügt in das Haus seiner schlesischen Heimat, den Wiesenstein, in dem der Dichter am 6. Juni 1946 gestorben ist. Unser Umriß möchte etwas von der Gesamtstruktur des Hauptmannschen Lebenswerkes verdeutlichen, und zwar jeweils bezogen auf die sich organisch entfaltenden Motive und Motivreihen. Sie durchziehen in Kreisen, die sich bald berühren, bald schneiden oder überdecken, das lyrische, epische, dramatische und autobiographische Schaffen. Das Schlußkapitel enthält — dank dem liebenswürdigen Entgegenkommen Dr. Benvenuto Hauptmanns und mit freundlicher Genehmigung des Ullstein Verlags, Berlin — bisher unveröffentlichte Teile aus dem Terzinen-Epos «Der große Traum», das dem Dichter, wie er es gewünscht hatte, nebst dem Neuen Testament und einer Handvoll schlesischer Erde in das Grab auf Hiddensee mitgegeben wurde.

Erhart Kästner, der eine Zeitlang Hauptmanns Sekretär gewesen ist, schrieb, nachdem er in nordafrikanischer Gefangenschaft die Nachricht vom Tode des Dichters erhalten hatte, ein paar Blätter der Erinnerung, die er in sein «Zeltbuch von Tumilad» aufnahm. Zwei Sätze dieses Epitaphs drücken unübertrefflich tief und schön ein Gefühl aus, das auch den Verfasser dieser Studie angesichts des Menschen Gerhart Hauptmann stets erfüllt hat: «Gestalt, deren Grenzen man niemals erblickte. Nun wird man sein Leben lang an dir entlang gehen müssen wie am Fuß einer Felsenwand.»

DAS HAUS IN AGNETENDORF

Bei der Menge von Zuschriften, die ich zu beantworten habe, und dringender eigener Arbeit, die mich fesselt, scheint es mir das Beste, die zwischen uns schwebenden Fragen mündlich zu behandeln, und ich würde Ihren Vorschlag einer Begegnung gern verwirklicht sehen. Ihr Besuch würde mir demnach in der Zeit zwischen dem 5. und 15. August willkommen sein.

Diese Zeilen schrieb Gerhart Hauptmann unter dem 20. Juli 1942 aus Agnetendorf im Riesengebirge. Die *zwischen uns schwebenden Fragen* kreisten um die Wirkungen, welche Hauptmanns Werk auf Länder und Erdteile rings um Deutschland seit einem halben Jahrhundert ausgeübt hatte und während des Zweiten Weltkriegs weiterhin ausübte. Der damalige Verleger des Dichters, Peter Suhrkamp, hatte mir einiges zu diesem Thema mitgeteilt und mir empfohlen, mich in dem reichhaltigen Archiv auf dem Wiesenstein umzusehen. Am 7. August 1942 war ich in Agnetendorf, liebenswürdig aufgenommen von dem alten Ehepaar. «Wir geben Ihnen die Schlüssel, Garten- und Hausschlüssel», sagte Frau Margarete Hauptmann, «und Sie kommen und gehen, wann Sie wollen.» — «Und Sie lesen und notieren sich, was Ihnen für Ihre Untersuchung wichtig oder interessant erscheint», fügte Gerhart Hauptmann hinzu. «Am Nachmittag beim Tee und abends beim Wein unterhalten wir uns über das eine und andere. Ich werde Ihnen, soweit mein Gedächtnis reicht, gern Auskunft geben.»

Wir standen in der Halle des Hauses. Etwas Geisterhaftes und Idyllisches umschwebte das schöne Besitztum auf der Höhe von Agnetendorf. Vom Turmzimmer im oberen Stockwerk hatte man einen weiten Blick über die Wiesen und Hänge des Riesengebirges. Der Dichter wies auf das blühende Land ringsum und sagte: «Ja, sehen Sie, Kultur haben wir hier nicht, höchstens Agri-Kultur.» Dann räusperte er sich und fügte lächelnd hinzu: «Aber mit Agrikultur fängt schließlich alles geistige Leben an.»

Geisterhaft und idyllisch mutete der Garten und die Halle, mutete jedes der Zimmer an, das man zu sehen bekam. Da gab es den kleinen getäfelten Speiseraum mit der von Gerhart Hauptmann modellierten Wachsplastik, die den zwölfjährigen Benvenuto darstellte. Da gab es das Biedermeierzimmer, den Musiksaal, die Bibliothek mit dem Kopf des Sokrates und dem Marmortorso der Aphrodite, dem Wagenlenker von Delphi und den Abbildungen der Tempel von Paestum und Agrigent, den Totenmasken von Napoleon, Goethe und Kainz. Etwas Geisterhaftes und Idyllisches schwebte um die schönen Schiffsmodelle, um den Segler «Alabama», auf dem Lord Byron nach Griechenland gefahren war, und um das naturgetreu nachgeschnitzte Eingeborenen-Kanu aus Kamerun . . .

Der Bau, so hatte der Dichter im Buch der Leidenschaft *notiert, ist burgartig. Er hat einen festen, gedrungenen Turm, der die Dämonen schrecken und einer Welt von Feinden Trotz bieten soll. Er riecht nach Wehrgängen, Bastionen und Schießscharten. Sein Inneres . . . denke ich mir heimlich-unheimlich, eine Stätte bedrohter Sicherheit.*

Das Turmzimmer, jetzt von Sonne durchflutet, bot nachts den Geistern Zuflucht. Ein Gedicht, im Sommer 1929 geschrieben, beschwor die schmerzlich-traumschwere Magie des Raumes:

> *Von diesem Zimmer ist zu sagen:*
> *Es weiß von schlimmen Stunden und Tagen,*
> *einsam verwachten kranken Nächten,*

Der Zwölfjährige

wo das Fenster, durch das der Schlummer
floh, hereinließ Sorge und Kummer.
Freilich auch in all ihren Prächten
Mondmagie und Glutenhauch,
schweren kitzelnden Wiesenrauch.
Ja, durch angstvoll drückende Helle
drang erschreckten Rehbocks Gebelle.
. . .

Oh, es schlüpften durch das Fenster
zahllos, lautlos Nachtgespenster.
Ob sie meiner Brust entschwebten,
ob in Mondlicht sich gebaren
diese fremd vertrauten Scharen,
wüßt' ich nicht, nur daß sie lebten
durch das bleiche Blut der Leiden,
um von kranker Seelenaue
Schmerzensgräser abzuweiden,
durstig nach dem bittren Taue,
drein sich ihre Rispen kleiden.

Von diesem Dunkel der Schmerzen war in der schönen Sommerstunde nicht die Rede. Der Lieblingsenkel Arne kutschierte im weiten Garten sein Eselsgespann. Gerhart Hauptmann freute sich an der Wildheit und Anmut des Knaben, dem volle Freiheit gelassen wurde. Ähnlich wie der alte Fontane hielt der Herr des Wiesenstein wenig von Strenge, mehr schon von jenem Erziehungsprinzip der «Güte, die sich bis zur Schwachheit steigern darf». In den Vormittagsstunden nahm der Achtzigjährige das Modellierholz zur Hand. Noch einmal war die Lust zu bildhauerischer Arbeit über ihn gekommen. Er formte das Köpfchen des Enkels.

Da ich mich schon ein wenig auskannte in der leisen, fast unbemerkbar auf den Arbeitsrhythmus Gerhart Hauptmanns abgestimmten Zeremonie des Hauses, so wußte ich, daß der Vor- und Nachmittag der dichterischen Produktion, dem Diktat, vorbehalten war, das oft im Freien stattfand. Der Abend, die Nacht gehörte dem Gespräch, dem Vorlesen neuer und manchmal weit zurückliegender Arbeiten.

Am Tage meiner Ankunft, vielleicht vor wenigen Stunden, waren ein paar Zeilen entstanden, die Gerhart Hauptmann auf die Bitte des Verlegers und Photographen Dr. Martin Hürlimann für dessen Zeitschrift «Atlantis» diktiert hatte: Vorwort zu einem Heft, das Bilder und Beiträge aus und über Schlesien enthielt. Der Dichter gab mir das Blatt und bat mich, es vorzulesen.

Von der schlichten, unaufdringlichen, ja zurückhaltenden Schönheit des schlesischen Landes war da die Rede, von der Wechselwirkung zwischen Mensch und Natur, vom Schlesier, der zur Vertiefung, zur Frömmigkeit neige.

Er hat unendlich vieles getan und erlitten. Das schlesische Gesang-
buch ist herzzerreißend. Aber das Leiden ringt sich in vielen Gestal-
ten zur Größe auf, so etwa in Angelus Silesius und dem Schuhmacher
Jakob Böhme. Der Sohn eines anderen, in Brieg geborenen schlesi-
schen Schusters ist Johann Winckelmann, der die Sonne griechischer
Schönheit über Europa neu aufsteigen ließ.

Ich las weiter und erfuhr zu meiner Überraschung, daß gerade
die tiefe Liebe zu seiner Heimat den Dichter befähigte, die Gründe
zu erkennen, *aus denen schlesisches Wesen als in einem gewissen*
Sinne Abseitiges von vielen betrachtet worden ist. Eben aus dieser Ab-
seitigkeit seien die historischen und gegenwärtigen Werte und Wunder Schlesiens erwachsen.

Ich habe diese Wunder früh gefühlt und bin darin aufgegangen.
Seine sogenannte Enge ist mir zur Weite geworden. Es war mir ein
Stolz, den schlesischen Dialekt zu Wien in dem weltberühmten Burg-
theater der Habsburger, gesprochen von den größten Schauspielern
Europas, erklingen zu hören. Und seltsam genug: noch übersetzt,
haben meine in solchen schlesischen Urlauten konzipierten Stücke
den weitesten Weg durch Sprachen und Länder der Welt gemacht.

Erschien mir Schlesien als eine weithin in den Südosten sich erstrek-
kende, vielfach noch unentdeckte Schatzkammer Europas, so hatte
ich bei meinem Besuch vor fast sieben Jahren des Wiesenstein mit
seinem reichen Kunstbesitz als das Gehäuse eines Magiers erkannt,
unter dessen Blick und Wort auch das Abseitige und als stumm Gel-
tende sich zu beleben begann. Nun war ich zum zweitenmal, in
der Nachbarschaft bei einer Bauernfamilie einquartiert, Gast dieses gastfreien Hauses. Wieder hatte ich dem aus Italien mitgebrach-
ten Haus-Löwen aus Terracotta zugenickt, der eingemauert am Trep-
penaufgang hockte und den Besucher mit einer verwittert-ingrim-
migen Komik zu begrüßen schien; wieder war ich, noch etwas be-
nommen vom Glücksgefühl der Erwartung und Vorfreude, einge-
treten in die große Halle mit ihren Säulen und Säulchen, den
schweren Eichenschränken und Teppichen, den Bildwerken und der
rankenreichen, in der Höhe sich verlierenden Bemalung. Wieder war
ich gebeten worden, meinen Namen — «nur den Namen, bitte!» —
in das dicke, in Schweinsleder gebundene Gästebuch einzutragen. Wieder hatte mein Blick das unter Glas liegende Schilfrohr gestreift —
ich wußte, Gerhart Hauptmann hatte sich dieses Schilf in dem Shake-
speare-Städtchen Stratford am Avon vor mehr als einem Menschen-
alter gebrochen: im Juni 1905 war es gewesen, kurz nachdem er
im Convocation House der Universität Oxford zum Doctor Littera-
rum honoris causa promoviert worden war. *Warum ich das tat?*
so fragte er später. *Vielleicht, weil der Mensch wie ein Schilfrohr im*
Strom des Lebens ist, unendlich gebrechlich, aber doch auch von er-
staunlicher Lebenskraft. Als ich es tat, dachte ich weniger an Shake-

speares Werk als an seinen Träger, den Menschen, und an seine eigentlich undankbare menschliche Mission.

Vor sieben Jahren war Gerhart Hauptmann neben der dem Zerfall preisgegebenen Lebens-Reliquie stehengeblieben. Er hatte mit stockendem Enthusiasmus von dem unausdeutbar reichen Werk Shakespeares gesprochen und erst nach einer etwas zudringlichen Frage überaus kurz berichtet, daß er soeben ein Drama beendet habe, in welchem ein Vorgang aus der Jugend des rätselhaften Dänenprin-

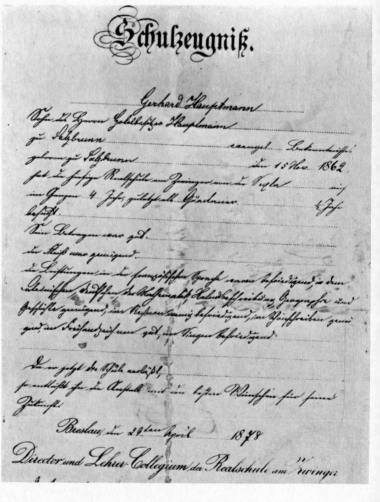

Schulzeugnis vom 29. April 1878

zen behandelt sei: «Das kleine Werk heißt ‹Hamlet in Wittenberg›.» Auch ein Roman, in dessen Mittelpunkt eine Hamlet-Aufführung steht, sei während des Sommers in Hiddensee fertig geworden. Nicht viel mehr wurde von dem neuen Drama, das ich inzwischen gesehen, von dem Roman *Im Wirbel der Berufung*, den ich gelesen hatte, mitgeteilt.

Sieben Jahre waren seit dem Shakespeare-Gespräch vor dem Schilfbüschel aus Stratford vergangen. Ich wußte jetzt, mit wie viel eigenem Lebensstoff die Figur des jungen Hamlet in Wittenberg durchtränkt, mit wieviel eigener Problematik die Figur des jungen Hamlet-Regisseurs Erasmus Gotter durchwachsen war — gern hätte ich mehr darüber erfahren. Mir war, als hielte Hauptmanns Wort, ein Hauch aus Menschenmund, wie ein magischer Wirkstoff zusammen, was in der Welt der sogenannten Wirklichkeit zu Staub zerfallen mußte. Ich blieb vor der Vitrine stehen, berührte mit meiner Hand das Glas. Der Dichter schien es nicht zu bemerken. Er ging weiter. Hamlets Schicksal und was von ihm dämonisch ins eigene Leben und Denken eingegriffen hatte, war für ihn abgetan.

HAMLET UND OREST

War es wirklich abgetan in Tag und Traum? Erlebt, gestaltet und versunken? Wenn ja, so gab es in der Tiefe eine Verbindung zwischen Hamlet und Orest, zwischen der rachesuchenden Seele des ermordeten Dänenkönigs und dem antiken Blutmysterium des fluchbeladenen Atreusgeschlechtes, das Gerhart Hauptmann während des Zweiten Weltkriegs fast ununterbrochen beschäftigte. In den für ihn oft so fruchtbaren Monaten der Hoch- und Spätsommerzeit, von Mitte Juli bis Mitte September 1940, war in Kloster auf Hiddensee das letzte der Atridendramen, *Iphigenie in Delphi,* als erstes entstanden. Die Anregung dazu hatte eine Aufzeichnung Goethes zur Italienischen Reise gegeben, in der es heißt: Heute früh hatte ich das Glück … zwischen Schlaf und Wachen den Plan zur Iphigenie auf Delphos rein zu finden. Es gibt einen fünften Akt und eine Wiedererkennung, dergleichen nicht viel sollen aufzuweisen sein. Ich habe selbst drüber geweint wie ein Kind, und in der Behandlung soll man, hoff' ich, das Tramontane erkennen.

Das Tramontane, Human-Erlösende, das Goethe vor sich gesehen, trat in der von Gerhart Hauptmann geschaffenen Tragödie zurück. Der schlesische Dichter, der in seinen Reiseaufzeichnungen *Griechischer Frühling* die Heiterkeit als höchste Lebensform gepriesen hatte, litt unter der fortschreitenden Barbarisierung, die der Zweite Weltkrieg brachte. Wieder einmal waren die unterirdischen Quellen der Menschenvernichtung aufgebrochen. Was Gerhart Hauptmann sieben Jahre vor Beginn des ersten europäischen Völkermordens notiert hatte, ereignete sich nun aufs neue und grauenhafter als je zuvor.

Zwischen den Trümmern des steilen Tempelbezirks von Delphi umhergehend, hatte er im April 1907 die beengende Bangigkeit dieser *geharnischten, roten Felsbastionen* und des ihnen abgetrotzten Theaters empfunden. Er hatte das Menschenopfer als *die blutige Wurzel der Tragödie* erkannt und geschrieben:

> *Es kann nicht geleugnet werden, Tragödie heißt: Feindschaft, Verfolgung, Haß und Liebe als Lebenswut! Tragödie heißt: Angst, Not, Gefahr, Pein, Qual, Marter, Blutgier, Blutschande, Schlächterei... Eine wahre Tragödie sehen, hieß, beinahe zu Stein erstarrt, das Angesicht der Medusa erblicken, es hieß, das Entsetzen vorwegnehmen, wie es das Leben heimlich immer, selbst für den Günstling des Glücks, in Bereitschaft hat. Der Schrecken herrschte in diesem offenen Theaterraum... Ich stelle mir vor, daß aus dem vieltausendköpfigen Griechengewimmel dieses Halbtrichters zuweilen ein einziger, furchtbarer Hilfeschrei der Furcht, der Angst, des Entsetzens gräßlich betäubend zum Himmel der Götter aufsteigen mußte, damit der grausamste Druck, die grausamste Spannung sich nicht in unrettbaren Wahnsinn überschlug.*

Um dem Blick ins Antlitz der Medusa, um dem Wahnsinn des neuen Völkerkrieges standzuhalten, hatte Gerhart Hauptmann, dem Goetheschen Plan einer delphischen Iphigenie folgend und nur den Schluß ändernd, die Gestalten der Orestie fast zweieinhalb Jahrtausende nach Aischylos aufs neue beschworen. Hauptmanns dunkle Tragödie ließ in dem halb traum-, halb trancehaften Zwiegespräch zwischen Orest und Elektra den *durchsichtigen Schatten* der ermordeten Klytemnästra auftauchen. Das Spätzeit und Frühkultur verknüpfende Drama, in welchem Iphigenie, die dem Leben abgestorbene Dienerin einer grausamen Göttin, sich selbstopfernd vom Felsen in die Phädriadenschlucht stürzt, enthielt das Tramontane, das Goethe zu Tränen gerührt hatte, wenn überhaupt, so nur in dem schwachen Schimmer einer nicht für die Ewigkeit gültigen und erlösenden Transzendenz: Götter und Menschen stehen für den Tragiker Gerhart Hauptmann unter dem undurchschaubaren Gesetz der Moiren, und auch das heroische Opfer nimmt nur für eine begrenzte Zeit und gleichsam auf Widerruf den Fluch und das Verhängnis von ihnen.

Ich dachte, während wir ins Musikzimmer gingen, an die Uraufführung in Berlin. Sie hatte, am 15. November 1941, zum 79. Geburtstag des Dichters, wegen drohender Luftangriffe bereits am Nachmittag begonnen. Jürgen Fehling führte Regie. Friedrich Kayßler als Pyrkon, Oberpriester des Apoll, gab der Gestalt und dem Werk schon mit den Eingangsworten den Adel farbig-ernster Schönheit:

> *Von allen Göttern sind die Musen doch*
> *die unermüdlichsten! So früh es ist,*
> *sie machen Delphis rote Felsen tönen.*

Orest, von Bernhard Minetti hart und wahnsinnswild gespielt, und Maria Koppenhöfers Elektra, alle Phasen des Außer-Sich-Seins furchterregend verkörpernd, ließen in dieser vielleicht gewollt disharmonischen Aufführung das Schreckliche des um uns tobenden Krieges an einigen Stellen zu jenem gräßlich-betäubenden Schrei sich verdichten, den Gerhart Hauptmann einst in der Schlucht von Delphi gehört hatte. Im Gegensatz zu dieser dämonischen Besessenheit war die Iphigenie Hermine Körners, wahrhaft *ein Tod, der wandelt.* Und wie Windstille unheimlicher sein kann als ein Orkan, so war auch die Wiederbegegnung, das Erkennen der beiden Schwestern zugleich herzbewegend und herzerstarrend.

Elektra spricht zu Iphigenie:

> *Du bist die fremdeste der Frauen mir*
> *und doch auch wiederum so altvertraut*
> *wie keine sonst in Hellas. Schwermut blickt,*
> *gleich wie durch Fenster, dir aus beiden Augen.*
> *Ein Seufzen ungestillter Sehnsucht ist,*

Der Schubert-Hof in Lederose.
Hier hatte Gerhart Hauptmann 1878/79 das Anna-Erlebnis

> *wo du auch gehst und stehst, um dich verbreitet.*
> *Du scheinst mir, Hohe, wie ein Schmerz, der wandelt —*
> *Nein mehr: als wie der Schmerz der ganzen Welt.*

Und Iphigenie erwidert:

> *Zu wenig und zu viel ist, was du sagst.*
> *Von zugemessenen Schmerzen trägt die Welt*
> *die kleinere Last, der einzelne die große.*
> *Und willst du, Danaide, mich vergleichen,*
> *Nenne mich lieber: einen Tod, der wandelt.*

Ich mußte an diese den Druck des Krieges mythisch deutende Aufführung denken, als wir am Nachmittag eines wolkig-hellen Augusttages in das Musikzimmer gingen. Besonders die eine Szene stand mir vor Augen, in der Iphigenie, nachdem sie Elektra, ihre *süße, kleine Schwester* umarmt, zu erklären versucht, warum ihre Wohnung hinfort *im Todesreich Persephoneiens ist:*

> *Ich starb drei Tode:*
> *Zu Aulis starb ich meinem Vater ab,*
> *wie meiner Mutter, und in meinem Tod*
> *beschlossen, starben Elternhaus und Vaterland.*
> *. . .*
> *Den zweiten starb ich, als mich Priesterinnen*
> *der Hekate in einen Sarg gelegt,*
> *wo ich der Welt durch einen Schwur entsagte.*
> *. . .*
> *Ich schrie! ein jedes Teilchen meines Seins*
> *an Haupt und Gliedern, schmerzhaft umgebildet,*
> *ward fühlbar. Dann, bewußtlos, träumte mir,*
> *ich sei im Hades, werde aufgenommen*
> *im Kreise Persephoneiens und im Land*
> *der Toten. Danach wacht' ich auf,*
> *stieg aus dem Sarg und ward — die ich noch bin.*

Ich sah den Dichter an. Rüstig saß er, ein fast Achtzigjähriger, mit faltigem, windgegerbt-frischem Gesicht wie ein weitgereister Gutsherr im Scheine der Augustsonne dicht neben dem Kamin. Er sprach von Agamemnons Tod. Anders sei das Drama zu fassen als bei Aischylos. Und er versuchte zu begründen, warum es geschehen müsse. Endlich, nach langem Mühen, sei nun die achte (und wie er damals meinte, letzte) Fassung der *Iphigenie in Aulis* fertig geworden. Ich wußte, daß der Dichter fast zwei Jahre lang an der ersten Tragödie der späteren Tetralogie gearbeitet hatte. Was von dem anstrengenden Ringen um den neu zu formenden Stoff in dieser Nachmittagsstunde berührt wurde, mehr in stockender Meditation, mehr im Monolog als im Gespräch, gewährte keinen Einblick ins Innere, und

Als Bildhauer in Rom, 1883

doch spürte man schon in der Andeutung etwas von dem großen und schmerzlichen Menschentum Gerhart Hauptmanns, von dem Thomas Mann im Glückwunsch für den Siebzigjährigen gesprochen, und man ahnte mit dem genauen Beobachter, der nur das Skurrile und Weitausfahrende der Bewegung und des stammelnden Wortes auf die Romanfigur seines Mijnheer Peeperkorn übertragen hatte, «welche Restmasse von Gesichten und großem Traum, von aus dem Schlaf schreiender Stauungsnot» man dem vollendeten Werk Gerhart Hauptmanns hinzurechnen mußte, um auf den wahren Umfang seiner Natur zu kommen. Weder im Werk noch im Gespräch, auch nicht in den bisher unternommenen Deutungen vermochte man die Grenzen dieser dramatischen Einbildungskraft zu erkennen. Zugleich aber war größer noch als die medial-visionäre, ins Seherische sich steigernde Phantasie dieses Dichters seine Menschlichkeit. Es war, als wollte der Hausherr das Übermächtige, das ihn bedrängte, nicht allzu lange auf seinen Gast wirken lassen. Er schob es mit einer imperatorisch-scherzhaften Handbewegung beiseite und fragte: «Sind Sie gut untergebracht bei unserer Nachbarin? Gefällt Ihnen das Quartier?» Und als ich bejahte und die Vitalität der Bäuerin rühmte, sagte er lachend: «Das will ich meinen, Frau H. ist eine tüchtige und kräftige Person. Wenn Sie es nicht weitersagen, will ich Ihnen etwas verraten. Sie verbraucht jetzt ihren dritten Mann. Oh, in diesem Hause haben sich Dinge abgespielt, Tragödien, Stoff für Tragödien, für drei Tragödien schwersten Kalibers.» Darauf, als sei er bestürzt darüber, daß auch aus einer überaus schlicht gemeinten Bemerkung gleichsam Stichflammen schlugen, stand er auf und sagte, er wolle nun arbeiten. Mir empfahl er, nach Kiesewald oder Schreiberhau zu wandern.

Es fiel mir schwer, seinem freundlichen Wort nicht zu gehorchen. Allerdings zog es mich, nachdem ich einen Blick in das sogenannte Archiv des Hauses hatte werfen dürfen, fast magnetisch in den gekachelten Kellerraum zurück, der einmal ein Schwimmbad gewesen war. Frau Margarete Hauptmann bemerkte mein Zögern und sagte: «Ich glaube, Gerhart, auch unser Gast möchte arbeiten.» Sie schlug mir, zur Auslüftung des Kopfes, eine kleine Runde um das Haus vor, und so ging ich, während sich Gerhart Hauptmann mit seiner Sekretärin Annie Pollak in die Bibliothek zum Diktat zurückzog, in den baum- und buschreichen Garten, der mit seinem nun etwas verfallen wirkenden Schwimmteich, der Wandelhalle und den Findlingsblöcken wie ein verwunschener Park wirkte. Ich dachte an Gespräche, die ich vor sieben Jahren mit dem Dichter geführt hatte. Sie gewannen an Plastik, je weiter sie zurücklagen. An diesen Steinstufen hatte er mich begrüßt, auf dieser Bank — mit dem weiten Blick zum Kamm — hatte er vom sogenannten Hamlethaus in Wittenberg gesprochen, an einem Boskett im unteren Garten war, ich weiß nicht mehr in welchem Zusammenhang, der Name Alfred Kerr gefallen. Ich hatte in Berlin von einem Aufsatz gehört, in welchem sich der berühmteste Kritiker Gerhart Hauptmanns von seinem einstigen Freunde lossagte. Die Polemik Kerrs — in der Emigration geschrieben — glich einer alttestamentlichen Verfluchung. Sie schloß mit den Sätzen: «Sein Andenken soll verscharrt sein unter Disteln; sein Bild begraben in Staub.» Gerhart Hauptmann hatte, nachdem die Rede auf diesen Aufsatz gekommen war, lange geschwiegen und endlich gesagt: «Kerr hat Deutschland geliebt, das weiß ich genau; er liebt es noch heute. Auch ich liebe Deutschland. Alfred Kerr mußte seine Heimat verlassen. Ich könnte es nicht tun, aber ich weiß, was ein solcher Schritt bedeutet. Ich kann seinen Schmerz, seinen Haß verstehen.»

Zu F. A. Voigt hatte Hauptmann nach Hitlers «Machtergreifung» gesagt: «Ich gehe nicht ins Ausland, da ich ein alter Mann bin und, an meine Heimat gebunden, nur hier schaffen kann.» Im Juni 1934 war Max Pinkus, ein Freund des Hauptmannschen Hauses, gestorben. Der Dichter hatte mit seiner Frau an der sonst von allen «Ariern» gemiedenen Beisetzung des «königlichen Kaufmanns» in Neustadt (Oberschlesien) teilgenommen. In seinem Nachruf für den Verleger Samuel Fischer, der im November 1934 in der «Neuen Rundschau» erschien, rühmte er den Verstorbenen als «einen allzeit tief und treu verbundenen, zuverlässigen Freund». Eingeweihte wußten, daß Hauptmann jüdischen Bekannten finanziell und durch Fürsprache half, wo er nur konnte, daß er noch im Dezember 1941 einen seiner ältesten Jugendfreunde, den Maler Josef Block, auf dem Wiesenstein beherbergt hatte.

ERINNERUNGEN AN DIE «WEBER»

Meine Epoche beginnt 1870 und endigt mit dem Reichstagsbrand, so hat Gerhart Hauptmann im Juli 1933 zu seinem engen Mitarbeiter und Freunde C. F. W. Behl gesagt. Ich kannte diese Äußerung nicht, als ich im August 1942 in Agnetendorf war. Aber mir fiel, als ich am Ende des Gartens vor einem dichten Tannengehölz umkehrte, ein vor sieben Jahren erlebter heftiger Ausbruch des Dichters ein. Er hatte mir klargemacht, in wie hohem Maße das Werk dieses für mich und meine Generation schon zeitentrückt wirkenden Mannes einmal Kampf und Widerspruch gegen den unter Wilhelm II. herrschenden Zeitgeist gewesen ist. An dieser Stelle des Parks, an der das Nadelgehölz nun noch struppiger und dichter geworden war, hatte ich von unserm Deutschlehrer in Oberprima gesprochen, der, weil es der republikanische Lehrplan vorschrieb und sich den Ärger über diesen Zwang in jeder Unterrichtsstunde anmerken lassend, *Die Weber* mit uns «durchnehmen» mußte. Gerhart Hauptmann zeigte sich aufs höchste amüsiert, als ich ihm erzählte, wie dem würdigen Pädagogen, einem klassischen Philologen und Freund der Romantik, erst bei der darauf folgenden Lektüre der *Versunkenen Glocke* das Herz aufgegangen sei, wie er, breitbeinig vor den Bänken stehend, mit rollendem Pathos die Verse: *Urmutter Sonne!! Dein und meine Kinder, / durch deiner Brüste Milch emporgesäugt*

Hauptmanns erste Frau Marie, geb. Thienemann, 1885

— gesprochen und dann, sein widersprechendes Gewissen beschwichtigend, gerufen hatte: «Nun, das läßt sich wohl nicht bestreiten, h i e r ist Gerhart Hauptmann ein Dichter!» Aber, so konnte ich mir nicht verkneifen hinzuzufügen: «Deswegen hat er Ihnen Ihre *Weber* noch lange nicht verziehen!» In diesem Moment hatte sich das freundliche Gesicht Gerhart Hauptmanns verfinstert. Er war wie angewurzelt stehengeblieben und hatte mit einer überraschenden, ja erschreckenden Heftigkeit ausgerufen: «Man hat mich wie einen Verbrecher behandelt, wie einen Lumpenhund! Wir mußten mit diesem Stück, das unter Wilhelm dem Zweiten jahrelang nicht aufgeführt werden durfte, vor die Verwaltungs- und Oberverwaltungsgerichte ziehen. Im Preußischen Landtag wurde ich beschimpft. Ein adliger Herr sagte wörtlich: Der Kerl — damit meinte er mich — der Kerl gehört hinter Schloß und Riegel!» Und Gerhart Hauptmann hatte, gegen seine Gewohnheit sehr schnell und ungemein heftig hinzugefügt: «Dabei soll man mir doch in meinem ganzen Werk ein einziges unanständiges Wort nachweisen!»

Die Vorgänge lagen, als sie im Gespräch berührt wurden, ungefähr vierzig Jahre zurück. Merkwürdig war mir, dem fast fünfzig Jahre Jüngeren, zweierlei daran vorgekommen: einmal die Tatsache, daß der Maßstab des «Anständigen» in einem, wie es mir damals schien, durchaus bürgerlichen Sinne auch als Maßstab bei der Beurteilung eines Kunstwerkes akzeptiert wurde; zum zweiten das Phänomen einer so intensiven Vergegenwärtigung, daß angesichts ihrer die Vergangenheit — Geschichte des eigenen Lebens oder Geschichte eines Volkes — als Kategorie mit eigenem Recht überhaupt nicht zu bestehen schien. Leben und Dichten war für Gerhart Hauptmann e i n Vorgang und er bedeutete für ihn: gegenwärtig sein, den Augenblick als Ewigkeit beschwören. Er überschlug in den Büchern, auch in den Chroniken und historischen Werken, die er eifrig las, alles das, was Friedrich Nietzsche als «antiquarische Geschichtsschreibung» bezeichnet hat. Er nahm dergleichen überhaupt nicht wahr. In seinem Leben gab es keinen Unterschied, keine Trennung zwischen Gedächtnis und Erinnerung. Das Gedächtnis als ein konservierendes, konservatives Element, als etwas Statisches war aufs engste mit der dynamischen Erinnerung an ein Gefühl, eine Atmosphäre, eine Stimmung verbunden, die jedoch Jahre und Jahrzehnte so genau und treu bewahrt wurde, daß darin kaum jemals eine Veränderung oder «Verschiebung» eintrat. Niemals erlebte ich es im Gespräch, daß Hauptmann über ein Stück Realität, über einen Menschen, dem er begegnet oder einen Vorgang, in den er verwickelt war, «phantasierte». Er gab genaue Auskunft, schilderte eine Situation, einen Ausspruch, einen konkreten kennzeichnenden Zug oder erklärte, er könne sich an Einzelheiten nicht erinnern.

*Der junge Ehemann
(5. Mai 1885)*

Ähnlich verfuhr er als Dramatiker. Er sagte:

Es gibt einen psychischen Akt. Auch der Dramatiker muß vor allem Akt zeichnen können.

Von seinem Drama *Vor Sonnenaufgang* bis zur Atridentetralogie bewies er hohe Meisterschaft darin, schon in der ersten Szene jede Figur vom Physischen und Psychischen her fest zu umreißen; der Zusammenstoß, das Dramatische ergab sich dann von selbst. Gerhart Hauptmann konstruierte nicht eine Handlung, entwarf nicht ein Gesellschaftsbild, sondern er ging vom psychischen Akt, von der Situation und der Atmosphäre aus. Er sagte:

Das Drama ist nichts weiter als die natürliche Synthese zeitlich und räumlich weit auseinander liegender dramatischer Einzelmomente im Menschengeist.

Er verschwieg, daß nur das Gehirn eines Genies diese immanente Dramatik zu erfassen und wiederzugeben vermag. Er kleidete, was ihm als vollkommene Lösung vorschwebte und was er in seinen Meisterdramen erreicht hatte, in die Forderung:

Ein Drama muß sich selbst bewegen, nicht vom Dichter bewegt

Hohenhaus: das Altanzimmer

werden. Der Ursprung seiner Bewegung muß, wie der Ursprung des Lebens, allen verborgen sein.

Bei der Lektüre der Meisterwerke und bei manchen seiner Fragmente drängte sich mir der Eindruck auf: Gerhart Hauptmann erfindet nicht, er findet etwas vor. Oft ist es dasselbe Motiv, derselbe Typus (oder Archetypus), dasselbe Detail, aber er bestaunt es stets als etwas Neues; er kann mit ihm nicht fertigwerden.

Etwas Zweites kam hinzu und dieses machte den Aufenthalt, das Lesen und Arbeiten im Archiv, dem runden gekachelten Kellerraum, zu einem erregenden Abenteuer: es war der überraschende, oft rätselhaft anmutende und doch eigentlich niemals verwirrende Reichtum eines dichterischen Werkes, der einem in vielerlei, über die Welt verbreiteten Ausgaben, in pergamentgebundenen Manuskripten, in teils geordneten, teils ungeordneten Konvoluten, in Fragmenten, Entwürfen entgegentrat und der, unbeschadet der Tatsache, daß sich die Grenze des in Kosmos und Traum verlierenden Phantasiereiches nicht erkennen ließ, doch eine Einheit bildete, weil es im Ganzen und in jeder Einzelheit vom Gesetz einer Rhythmik durchpulst war, das sonst nur in der Natur, im Umkreis organischen Lebens anzutreffen ist. Wer ein feines Gehör für diesen Rhythmus der Sprache, der Motive und Motivreihen besaß, die von frühesten Kindheitserlebnissen in Salzbrunn, der Begegnung mit der Gutselevin Anna Grundmann in Lederose und den Erfahrungen mit problematischgefährdeten und scheiternden Künstlern in Breslau bis zu der Ehekrise reichte, die die Existenz Gerhart Hauptmanns jahrelang erschütterte und in Frage stellte, wer die bis zum Zerreißen gehenden Spannungen und die immer neu ansetzenden Lösungsversuche als einen Prozeß begriff, der durch das Schaffen zugleich genährt wurde, der überwunden werden sollte und doch niemals überwunden werden konnte, weil in ihm das Gesetz der Tragik als eine nur vorübergehend sich schließende, stets neu aufbrechende Wunde zutage trat, wer die elementare Entelechie dieses Daseins ahnend zu erfassen vermochte, dem erschloß sich wohl die Einheit und Rhythmik, die dem Ganzen und einzelnen Werken zugrunde lag — zumindest das Bemühen um diese Einheit und Rhythmik —: zugleich aber gab er es auf, eine Formel, einen literarhistorischen Begriff oder mehrere Formeln, mehrere Begriffe für dieses Schaffen zu finden.

IM ARCHIV

Stille: ist meine Wille! Wieder las ich diese Eintragung auf dem Titelblatt des *Griechischen Frühlings.* Hier unten herrschte Stille. In den Schränken und Regalen des Archivs ruhten die aus Stürmen heimgebrachten Schätze: mehr als zwanzig Romane, Erzählungen, Versepen, viele Gedichte, die autobiographischen Schriften, Reden, Aufzeichnungen, dazu mehr als jene 42 Dramen, die die 17bändige Ausgabe letzter Hand enthalten würde. «Es ist zu vermuten», hatte mir der Verleger Peter Suhrkamp gesagt, «daß die zweite Abteilung, die sogenannte Werkstattreihe, noch einmal siebzehn Bände füllen wird: epische, dramatische, lyrische Arbeiten, Dialektfassungen, Fragmente, Varianten und Entwürfe. Noch einmal etwa siebzehn Bände ohne die Tagebücher und Briefe.»

Die Tagebücher allein füllten einen Schrank.

Wohin sollte ich zuerst greifen in dieser reichen, überreichen Schatzkammer? Wichtig erschien mir jedes Manuskript, jeder Brief und Briefentwurf, kostbar jedes Fragment. Ich betrachtete die Handschrift der *Versunkenen Glocke*, die mir Gerhart Hauptmanns Sekretär, der Österreicher Ludwig Jauner, dem die Einrichtung des Archivs zu danken war, vor sieben Jahren zum ersten Male gezeigt hatte. Das Ehedrama, das sich hinter diesem «deutschen Märchendrama» abgespielt hatte, erschloß sich schon aus dem unterschiedlichen Duktus der Handschriften. Die phantasievoll punktuellen Schriftzeichen Gerhart Hauptmanns und die einfacheren und klar lesbaren seiner Sekretärinnen lösten sich ab. Einige Szenen und Versreihen waren von Marie, der ersten Gattin, geschrieben. Später kamen Eintragungen mit den steilen, keilschriftartigen Buchstaben Margarete Hauptmanns. Ich nahm ein starkes, in Pergament gebundenes Manuskript aus einem der Schränke — es enthielt das *Buch der Leidenschaft* — und ich las darin mit klopfendem Herzen, ununterbrochen und länger als zwei Stunden, denn hier fanden sich Eintragungen, die in der gedruckten Ausgabe fehlten.

Der Tragiker Gerhart Hauptmann, der — wenn man das Wort nicht in einem zeitgebunden-politischen Sinne verstehen will — im Kern heroische Mensch trat mir vor allem in zwei Briefentwürfen entgegen. In dem ersten dieser Diktate — einem nicht abgeschickten, wahrscheinlich vom Oktober 1941 stammenden Brief an einen Wiener Intendanten — ging es um das Tragische im *Florian Geyer*. Ein Kritiker — Guido Reif — hatte es in Hauptmanns Drama vermißt, zumindest nicht vollgültig dargestellt gefunden. Dazu bemerkt der Dichter:

Erstens hat diese Tragödie in Wirklichkeit stattgefunden, und diese Wirklichkeit scheint mir immun gegen Kritik.

Auch in dem tragischen Schicksal, das Prometheus, Wallenstein, Egmont erleidet, unterliege der Held vor den stärkeren Verhältnissen: *In der Tragödie zerbricht der Held, sagen wir, am Fatum, das ist in dieser Kunstgattung unerläßlich. Zu Ihnen gesagt, ist die vorliegende Tragödie eigentlich Schluß einer Trilogie. Die vorangehenden beiden Stücke sollen noch geschrieben werden. Der Heroismus Florian Geyers muß jedem einleuchten, der vom Scheitel über das Herz bis zur Sohle ein Deutscher ist.* Hauptmann beschäftigt sich dann mit der Behauptung des Kritikers, unsere Zeit habe sich eine «neue Form des Dramas» geschaffen. Mit höflicher Ironie räumt er ein: *Dies mag sein, aber das Wesen der Tragödie, wonach der Held an seiner Aufgabe zerbricht, wird keine Form ändern können.*

Die Laßensche Villa in Erkner

Im Archiv des Wiesenstein lagen, von der sorgsam edierenden Hand Felix A. Voigts geordnet, nicht weniger als 33 Konvolute, insgesamt etwa 1100 Blatt Entwürfe und Ausarbeitungen zur *Geyer*-Trilogie, Beispiel eines angespannten Ringens, das sich an anderen epischen und dramatischen Werken und Werkreihen Hauptmanns, am *Armen Heinrich*, am *Veland*, am *Quint* und dem *Till*-Epos, an der jahrzehnte-, ja lebenslangen Beschäftigung mit dem Hamlet-Stoff ebenso dokumentieren ließ wie an der Atridentetralogie. Ergriffen las ich in dem Briefentwurf an Rudolf G. Binding:

Man hat einen sonderbaren Beruf, der dem einer befestigten Stadt nicht unähnlich ist. Was hab' ich im eigentlichsten getan? Meiner Berufung, meiner Kunst gelebt, meinem universellen menschlichen Ausdruck. Aber man mußte erfahren: Werk ist zugleich Herausforderung. Es wird bekämpft, muß täglich gedeckt und verteidigt werden. Das ist ein Umstand, der in der Natur eines Dichters nicht ohne weiteres vorgesehen ist. Mauer, Brustwehr, innerer Wehrgang hat sich aber doch im Laufe von beinahe fünf Jahrzehnten bei mir herausbilden müssen. Wer diesen Prozeß in seiner Schmerzhaftigkeit und die Funktionen des Gewordenen nicht kennt, der weiß nichts vom Schicksal eines Dichters, insonderheit eines Dramatikers: man wird sein Leben nicht gerade bequem und keineswegs unheroisch nennen.

Wen kann es verwundern, daß der im tiefsten mitfühlende, mitleidende Gerhart Hauptmann, überwältigt von der chaotischen Unruhe der Zeit, von der pressenden Bitterkeit ihrer Schmerzen, gegen Ende des Ersten Weltkriegs in seiner Abschiedsdichtung *Indipohdi* wie einst Shakespeares Prospero den Zauberstab zerbrochen und «klaftertief vergraben» hatte? Erstaunlicher als Zeichen einer fast frevelnden Lebens- und Schaffenskraft, mochte es manchem erscheinen, daß der alte Magier den Zauberstab wieder aus den Abgründen hervorgegraben, daß er aufs neue der sich immer grauenhafter verzerrenden Medusa ins Antlitz geblickt hatte. Aber bei einem Menschen wie Gerhart Hauptmann hieß weiterleben auch weiterdichten, das Schaffen war ihm so nötig wie das Atemholen, naturhaft und zwingend wie Schlaf und Traum. Und so milderte sich nun der Schrecken, die Befürchtung, es könne die ins Unwiderrufliche gesteigerte Nirwana-Vision, die in dem Gedicht zum Ausdruck kam, das Gerhart Hauptmann der Ausgabe letzter Hand als Geleitwort vorangesetzt hatte, sich lähmend oder zumindest die plastische Kontur auflösend über die Schlußphase seines Schaffens legen. Das Gedicht steckte in einem Stoß wohl erst kürzlich abgelegter Blätter. Ich las die wie in entrückter Teilnahme halblaut hingesprochenen Verse:

> *Ich hatte viel mit euch zu tun:*
> *Gestalten!*
> *Und darum laßt mich Alten ruhn:*
> *im Alten!*
> *Ihr seid in meinem Sinnen wach,*
> *wie immer,*
> *und allem Lebensungemach:*
> *ein Abendschimmer. —*
> *Das Dasein selber ist zu groß,*
> *selbst um es nur*
> *zu ahnen: es versinkt im Mutterschoß,*
> *wie es entstanden, ohne Spur.*

War dies der Weg: aus dem Nichts ins Nichts? Was Montezuma, der Kaiser der Azteken, im *Weißen Heiland* schöpferisch-träumend — *In den Schoß und Kern der Sonne / eingegangen, heimgenommen* — entworfen:

> *. . . wölbe Himmel,*
> *schleudre, wie der Sämann Körner,*
> *Sternensaaten in den Raum.*
> *So ins Große, so ins Kleine,*
> *wünschend ohne Wunsch, mich wandelnd,*
> *schalt' ich über Weltalls Grenzen,*
> *oder bilde diese Erde*
> *frei zum Paradiese aus . . .*

Dieser magisch-prometheische Weltentwurf wurde noch einmal, Shakespeare nachsinnend und ihn dem eigenen Kosmos einfügend, im Schlußmonolog Prosperos, hart und realistisch, mit *Haß und Mordsucht* der Menschenwelt konfrontiert und dann dem Nichts anheimgegeben, um aufs neue aus ihm aufzutauchen.

So setzte sich das Ringen fort. Nichts war gelöst, nichts war zu lösen. Denn etwas lösen wollen, hieß: dogmatisch werden, und das Dogmatische (einer Religion, einer Ideologie, einer Kunstlehre) war für Gerhart Hauptmann der äußerste Gegensatz zum Dramatischen. Dogmatisch werden hieß: versteinern, unmenschlich werden. Es gab nur das Sehen, das Sich-Ausliefern, Sich-Hingeben an die Menschen und Dinge, ein Sich-Hingeben bis zur Ermattung, bis zum Versinken in den Weltengrund. Man hätte diese Anschauung buddhistisch nennen können, wenn Buddhismus eben nicht auch eine Religion, ein Dogma gewesen wäre. Gerhart Hauptmann fühlte sich von dem tiefsinnlichen und das Sinnliche heiligenden Wesen des Buddhismus und seiner Dichtungen angezogen. Er sagte: *Der Blumensaft, das Blütenarom, die weiche, brünstige Natur des indischen Dramas entspricht meiner Wesenheit.* Er akzeptierte diese und andere Lehren aus dem Nahen und Fernen Osten, soweit sie ihn offener machten für Mensch und Kreatur, soweit sie seine mitfühlende Liebe zu allem Leben erweckten. Er verschloß sich diesen Lehren, soweit sie nicht nur das Leben, sondern auch das Leiden am Leben für Maya, für einen bunten nichtigen Schleier erklären und ihn fühllos machen wollten für den Schmerz des Nächsten.

Früh auch lehnte darum Gerhart Hauptmann Kunstlehren ab, wenn sie um irgendwelcher Theorien willen das Menschentum zu verengen drohten. Realismus und Naturalismus, das waren schon für den Autor des als naturalistisch geltenden Dramas *Vor Sonnenaufgang* nichts weiter als *Schilder in einem Magazin. Aber was darin steckt, bezeichnen sie nicht.* Und weiter heißt es in der Aufzeichnung vom 5. November 1890: *Wenn ich das Wort Idealismus höre, so habe ich die Vorstellung von dilettantischen Künstlern, die an Krükken gehen und borgen. Wenn ich das Wort Realismus höre, so denke ich an eine grasende Kuh. Spricht jemand von Naturalismus, so sehe ich Emile Zola vor mir mit einer dunkelblauen großen Brille.*

Gerhart Hauptmann, dessen Wunsch es war, *ein möglichst phrasenfreies Werk zu hinterlassen,* sah im Drama *eine Urform menschlicher Geistestätigkeit,* eine gewaltige, niemals auszuschöpfende Entelechie. Er rang in immer neuen Ansätzen um sie. Er sah den Fortschritt darin, immer mehr «Undramatisches» dramatisch zu begreifen. Er sagte:

Das Drama regiert die Welt, nicht das Theater.

Und:

Ein Drama, das nicht vom ersten bis zum letzten Wort Exposition ist, besitzt nicht die letzte Lebendigkeit.

Im März 1905, bei einer Ansprache vor der Wiener Akademie der Wissenschaften, hatte der Dichter als eine seiner Schwächen das Unvermögen genannt, aus der Polyphonie seines Geistes eine Stimme gesondert sprechen zu lassen: *...es meldeten sich in meinem Innern stets viele Stimmen zum Wort, und ich sah keine andere Möglichkeit, einigermaßen Ordnung zu schaffen, als vielstimmige Sätze: Dramen zu schreiben.*

Und ein Jahr später, in der zu Venedig niedergeschriebenen Einleitung zu der Ausgabe seiner Gesammelten Werke in sechs Bänden, führte Gerhart Hauptmann den Gedanken, daß das Drama ein Ausdruck ursprünglicher Denktätigkeit auf hoher Entwicklungsstufe sei, fort:

Aus dieser Anschauungsart ergeben sich eine Reihe von Folgerungen, die das Gebiet des Dramas über das der herrschenden Dramaturgien nach allen Seiten hin unendlich erweitern, so daß nichts, was sich dem äußern oder innern Sinn darbietet, von dieser Denkform, die zur Kunstform geworden ist, ausgeschlossen werden kann.

In der Arbeit an dem Atridenstoff, der einer verfinsterten Zeit entsprach, ging nun der gewaltige, seit Kindheitstagen nicht aussetzende dramatische Schaffensprozeß weiter. In Hiddensee hatte er begonnen und hier, in den Räumen eines fast verwunschen anmutenden Schlosses, im Turmzimmer und in der Bibliothek, auf der Terrasse, und in der Wandelhalle, auf Gartenbänken und -wegen und wo es sich sonst gerade ergab, setzte er sich fort, genährt aus Intuition und Erfahrung, Wissen und Traum, bald von hohem Kunstverstand geleitet, bald wie in Trance Satz um Satz, Vers auf Vers diktierend, bald mühsam sich von Wort zu Wort tastend, verwerfend, abbrechend, immer aber im Banne einer Anschauung, in der Beobachtung und Denken zu

Verein Freie Bühne.

Sonntag, den 20. October 1889.

Vor Sonnenaufgang.

Soziales Drama in fünf Aufzügen von Gerhart Hauptmann.

Krause, Bauerngutsbesitzer	Hans Pagay.
Frau Krause, seine zweite Frau	Louise von Pöllnitz.
Helene, Krause's Tochter erster Ehe	Elsa Lehmann.
Hoffmann, Ingenieur, verheirathet mit Krause's anderer Tochter erster Ehe	Gustav Kadelburg.
Wilhelm Kahl, Neffe der Frau Krause	Carl Stallmann.
Frau Spiller, Gesellschafterin bei Frau Krause	Ida Stägemann.
Alfred Loth	Theodor Brandt.
Dr. Schimmelpfennig	Franz Guthery.
Beibst, Arbeitsmann auf Krause's Gut	Paul Pauly.
Guste,	Sophie Berg.
Liese, Mägde auf Krause's Gut	Clara Hayn.
Marie,	Antonie Ziegler.
Baer, genannt Hopslabaer	Ferdinand Meyer.
Eduard, Hoffmann's Diener	Edmund Schmasow.
Miele, Hausmädchen bei Frau Krause	Helene Schütz.
Die Kutscherfrau	Marie Gundra.
Golisch, genannt Gosch, Kuhjunge	Georg Vaselt.

Ort der Handlung: ein Dorf in Schlesien.

Regie: Hans Meery.

Nach dem ersten Akt findet eine Pause statt.

Der Theaterzettel zur Uraufführung von «Vor Sonnenaufgang»

jener «Tätigkeit der einfachen Wahrnehmung» (activity of simple perception) verschmolzen waren, von der James Joyce (den Satz des Thomas von Aquin «Pulcera sunt quae visa placent» auslegend) gesagt hatte, daß das wahre Begreifen nicht nur zwei, sondern drei Tätigkeiten umfasse, nämlich außer der Tätigkeit des Kennens und des Erkennens (cognition and recognition) noch die Tätigkeit der Befriedigung (satisfaction). Durch diesen Akt des Begreifens gelang es Hauptmann wie vor ihm Tolstoj, Dostojevskij und Ibsen und neben oder nach ihm Joyce neue, bis dahin für «häßlich» gehaltene und nicht bearbeitete Stoffe in sein Schaffen einzubeziehen. Dieser neue Akt des Begreifens, einer Hauptmann angeborenen «activity of simple perception», war es auch, die ihn eine Zeitlang an der von Arno Holz entwickelten Kunstlehre des Naturalismus faszinierte. Bald jedoch sah er ein, daß hier höchstens zwei der von Joyce geforderten Tätigkeiten — Beobachtung und Erkennen — Nahrung fanden. Hauptmann, der seit seiner Kindheit sehr genau beobachtete und alles erfaßte, was sich durch Beobachtung erfassen ließ, wußte, daß sich Entscheidendes einer solchen Beobachtung von außen entzog. Er sagte einmal:

Episodenfiguren können geschaut, Gestalten des engeren Dramas müssen gelebt sein.

Um dieses inneren Lebens willen wehrte sich Gerhart Hauptmann gegen religiöse und politische Dogmen, gegen Kunsttheorien, gegen *gedachte Gedanken.* Er hütete sich davor, *das unbewußt Wirkende aufzustören* und *Mechanik für Wachstum zu setzen.* Er erblickte sogar, zuweilen zum Schaden eines Werkes, in der Vollendung der Form, in der Meisterschaft eine Gefahr; manchmal müsse man, so meinte er, in der Arbeit auch auf sie zu verzichten wissen.

Auf zweierlei verzichtete er niemals: auf Wahrhaftigkeit und auf Bewegung. Am Rhythmus seiner Sätze war das genau zu erkennen, und zwar an den oft unterbrochenen, oft korrigierten, mit einem «und so weiter, und so weiter» weder beendeten noch fortgeführten Sätzen seiner Gespräche ebenso wie an den Sätzen und Satzfetzchen, die er seinen Gestalten in den Mund legte. Er unterschied zwischen denkenden und gedachten Gedanken und war der Meinung, daß gedachte Gedanken im Drama selten oder nie formuliert werden dürfen. Er sagte:

Der denkende Gedanke soll laut werden. Höchstens der Gedanke in seiner Geburt, oder kaum erst geboren, ungebadet und mit noch unzerrissener Nabelschnur. Vielleicht auch ein blindgeborener Gedanke, der die Augen zum erstenmal hell aufschlägt.

Das eminent Dramatische, das seine Meisterwerke und Meisterszenen bis in jeden Satznerv, ja gleichsam bis in den noch zuckenden Stummel eines von Schmerz oder Freude zerrissenen Wortes, einer Silbe mit pulsierendem Leben erfüllte, war zugleich Realität und

Symbol eines Ringens, dem sich Gerhart Hauptmann fast ununterbrochen, bis in Schlaf und Traum hinein, ausgesetzt fühlte. Er suchte sich dieses manchmal beglückenden, meist bedrängenden Ansturms zu erwehren, indem er seiner Sprache den Rhythmus gab, in welchem sich Realität und Symbol, Wirklichkeit und Wahrheit deckten, in welchem der Prozeß des Lebens, seine Bewegung, seine immanente Dramatik zum Ausdruck kam. In den rein mundartlich geschriebenen oder mundartlich gefärbten Dramen war der Rhythmus als Resultat dieses Ringens, als Übereinstimmung zwischen Dialektik und Dialekt oder als Widerspruch zwischen beidem am reinsten abzulesen. Hier lag aber auch das Mißverständnis sehr nahe, Gerhart Hauptmann habe die sprachliche Lebensäußerung als Lebensbewegung nur naturalistisch abgeschrieben. So einfach war es niemals. Dem dramatischen Ringen, das Hauptmann darstellte, ging nicht nur das Ringen des innerlich Erlebten voraus, sondern auch ein künstlerisches Ringen, das sich vor dem mühelos Strömenden einer wortberauschten Phantasie ebenso hüten mußte wie vor einer Reproduktion der Realität im Bericht. Beide Gefahren, das Klassizistisch-Rhapsodische und die reportagehafte Wiedergabe, bedrohten Gerhart Hauptmann, bald stärker, bald schwächer bis ins hohe Alter. Am heftigsten war der weite und leere Schwung des Klassizistisch-Epigonalen in den epischen und dramatischen Versdichtungen seiner Jugend *(Promethidenlos, Germanen und Römer)*. Während der mittleren Lebensjahre trat – wie längere Passagen in *Atlantis* und *Wanda* bezeugen – die Gefahr einer an den Unterhaltungsroman grenzenden, vordergründigen Wiedergabe stark hervor.

Man muß diese Gefahren, die Hauptmann selbst erkannt und die er bekämpft hat, unterstreichen, um deutlich zu machen, unter welcher Anspannung die Meisterwerke vollendet wurden. Sie sind weder aus einer Nachahmung vorhandener Kunstformen noch aus einer abschreibenden Wiedergabe des Lebens entstanden, sondern *aus dem Nichts*, wie Hauptmann selber sagte. Ich fand diese Formulierung in dem Stoß von Blättern, die ganz oder zur Hälfte oder zu einem Viertel beschrieben, in immer neuen Ansätzen sich bemühten, eine Deutung des Gesamtwerkes und damit eine Selbstdeutung zu geben. Ich las:

> *Wir Dichter haben eigentlich kein Objekt, nicht einmal den Bildhauerton, den Marmor, die Farbe. Aber wir schaffen uns darum die fehlenden Objekte – und zwar aus dem Nichts.*

... aus dem Nichts – so stand es auf dem Papier. Wer Gerhart Hauptmann überheblich nennen wollte, hätte es angesichts dieses Satzes tun können. Und doch wäre nichts falscher gewesen. Aus diesem Satz sprach eher Demut als Hybris. Man brauchte nur an das weitausgreifende Hexameter-Epos der ersten Nachkriegszeit, an *Till Eulenspiegel*, zu denken, an *Das Meerwunder, Das Märchen* oder *Mignon*, an Fragmente aus dem Themenkreis der «Wieder-

täufer», an die ersten Gesänge der Terzinen-Dichtung *Der große Traum* — in diesen Werken gab es eine Fülle gleichsam aus dem Nichts gerufener Gestalten. Diese Gestalten und der ins Unendliche sich dehnende Raum um sie war allein der Phantasie eines Dichters zu verdanken, der durch den Mund Prosperos verkündet hatte:

> *Mein Leben ward Magie. Ich ward zum Magier.*
> *Es lag bei mir, Gestalten aufzurufen,*
> *gastlich sie zu bewirten oder sie*
> *mit einem Wink zu scheuchen in das Nichts.*

So führte also der Weg, den der Dichter bald wachend, bald traumwandelnd auf schmalem Grat ging: aus dem Nichts ins Nichts. Die Gestalten, vom Schemenhaften ins Helle dringend, vom Plasmatischen ins Plastische, waren Nothelfer gegen die andrängenden Gewalten. Nothelfer für den Dichter, solange ihr Ringen Ausdruck des eigenen Ringens, des eigenen Lebens war; Nothelfer für die anderen, die Zuschauer, die Leser, solange sie dieses Ringen als ihr eigenes Ringen, erhöhend, reinigend, befreiend, ansehen konnten — Nothelfer gegen den Schmerz, gegen den Tod, gegen das Nichts waren diese Gestalten, von denen ihr Schöpfer annahm, daß sie, wenn auch der Sterblichkeit der Modelle für einige Zeit entrückt, dennoch im Mutterschoß des Daseins ohne Spur versinken würden.

Der Plastiker Gerhart Hauptmann, der im «Größenwahn» seiner Jugend gesagt hatte: *Aus dem Gebirge von Carrara will ich ein Monument meiner Größe meißeln*, sah tiefer als irgend jemand die Vergeblichkeit schöpferischen Ringens und setzte es doch fort. Seltsam ergreifend war es, den fast Achtzigjährigen mit dem Modellierholz vor der Porträtplastik seines Enkelkindes Arne zu sehen, daran zu denken, daß zur gleichen Zeit die Arbeit an den Atridendramen weiterging, und damit die Aufzeichnungen zu vergleichen, in denen der Dichter versucht hatte, sein Werk zu deuten. Das gestaltenformende, plastische Bemühen war ein heroisches Sich-Aufbäumen gegen die Vernichtung, gegen den Untergang. In diesem Kampf erfüllte sich die Bestimmung des Menschen. Dieser Kampf war das Leben, und darum stand das Drama und der Mensch, in dem es sich abspielte, in der Mitte:

> *Ursprung des Dramas ist das zwei-, drei-, vier-, fünf- und mehr-*
> *gespaltene Ich.*

Diese Spaltung war weder Willkür noch Schizophrenie. Sie vollzog sich in enger Umschlingung, in einem fast physischen Verwachsensein mit der Familie, der Sippe, den Menschen der Heimat und seines Volkes, mit aller Kreatur und mit den Elementen. Sie verband sich durch den Traum und durch den tiefen Glauben an eine Wiedergeburt — *Wiedergeburt mit Haut und Haar* — dem Vergangenen und dem Zukünftigen. Das Väterlich-Fürstliche, das Thomas Mann

«Vor Sonnenaufgang» (aus einer Aufführung des Schauspielhauses Zürich im Jahr 1948 mit Gustav Knuth als Hoffmann und Walter Richter als Loth)

an Gerhart Hauptmann empfunden und gerühmt hatte, erwuchs aus dem Umfassenden einer kosmischen Phantasie.

In den Entwürfen zum Geleitwort der Ausgabe letzter Hand, die ich vor mir hatte, tauchten immer wieder Gedanken und Vergleiche auf, die eine Werk- und Weltdeutung auf der Grundlage der bildenden Kunst anstrebten. In einer längeren Aufzeichnung wurden diese Zusammenhänge besonders eindringlich hervorgehoben:

‹Schreiben Sie uns den neuen Faust›, hat man da und dort zu mir gesagt. In meinen Fragmenten gibt es dazu auch Ansätze. Aber ich würde damit nicht weitergekommen sein als andere Dichter, die es versucht haben. So wird man die Einheitsformel meines Wesens anderswie und anderswo suchen müssen. Ist doch schließlich auch das Ende von Goethes Faust Resignation und ohne des Zauberers wahren Zauber . . .

Der Einheitsgedanke, wie er sich in dem Worte Weltanschauung kundgibt, worin sich angeblich Mensch und Welt zu geistiger Einheit verbindet, ist mir in dem Sinne, wie man ihn heute braucht, ein leerer Begriff. Nirgend natürlich fehlt die Welt, aber was ihm fehlt, ist das andere, was er behauptet: nämlich es fehlt die Anschauung. Sie war da, als man sich statt scholastisch durch bildende Kunst ausdrückte. Die Primitiven der Südseeinseln, die Vorstellungswelt der Inder baute den sogenannten Weltberg auf, in den sie Symbole aller Art bis zu einem Höchsten hinauf gestalteten. Sie umspannten damit im Kleinen die Welt, alle Gottheiten in sie einbegriffen, und trennten sie durch Begrenzung von der Unendlichkeit.

In Deutschland besteht ein seltsamerweise verwandter Versuch: das von Peter Vischer und seinen Söhnen gebildete und in Erz gegossene Sebaldusgrab, das in der Sebalduskirche zu Nürnberg steht.

Ihm vergleicht Gerhart Hauptmann sein Werk:

Grob genommen, ist dies Sebaldusgrab ein Gemisch von Gotik und Renaissance, und ich möchte glauben, daß auch ich, verborgen in meinem Werk, etwas Ähnliches darstelle. Selbst eine symbolische Zusammenfassung meiner im Werk geäußerten Wesenheit, wie Faust oder das Sebaldusgrab es sind, zu versuchen, wo sich denn allerdings auch in dichterischer Gestalt eine Art Bekenntnis ergeben würde, habe ich oft geplant und nie durchgeführt. Etwas wie eine zwingende Weltanschauung würde sich aber nicht ergeben, selbst wenn sich der Plan vollenden sollte.

*Karikatur auf «Vor Sonnenaufgang», 1889 im «Kladderadatsch»
erschienen*

Ich hörte, während ich mir diese Sätze abschrieb und über sie nachdachte, Schritte auf dem Gartenweg. Erst nach einer Weile bemerkte ich, daß ich beobachtet wurde. Gerhart Hauptmann sah durch das von Weinlaub umrankte, vergitterte Kellerfenster, das weit offen stand, in den Archivraum. Schweigend, mit einem halb freundlichen, halb bedauernden Lächeln blickte er mich an. Draußen lockt die Sonne — siehst du das nicht? schien er zu fragen. Dann winkte er mir zu und verschwand.

Ich nahm einen anderen Bogen zur Hand und las:

Ich stamme aus einer Gruben- und Bergmannsgegend, habe mich gern als Bergmann betrachtet und mein Licht eine Grubenlampe genannt. Meine Aufgabe war das Zutagefördern. Ich gestehe, daß ich verborgenen Schätzen der Erde zu dienen glaubte, die zur Sonne aufstreben.
In diesem Sinne betrachte man meine Werke.

An den acht oder zehn Entwürfen, die Gerhart Hauptmann korrigiert und handschriftlich ergänzt hatte, war zu erkennen, daß sich bei dem Versuch, durch die Selbstdeutung eine Summe der geistigen und künstlerischen Existenz und zugleich eine Weltdeutung zu geben, ein erregender Kampf im Dichter abgespielt hatte. Ich las:

Mein Werk will und kann auch keine allgültige Weltanschauung schaffen . . . Auch bleibe ich den mechanischen Naturwissenschaften verhaftet, weil — mag man über sie hinauswachsen, wie man will — heute eine Weltanschauung ohne sie nicht denkbar ist. Im übrigen hat noch niemand eine allgültige Weltanschauung in Wort und Schrift aufstellen können. Ich glaube aber, daß wohl Vorarbeiten dazu in meinen Werken verstreut zu finden sind, mögen sie auch vielleicht noch nicht entdeckt worden sein.

Zwischen den zahlreichen Entwürfen, die in einem fast dramatisch anmutenden Ringen um die beste und das heißt schlichteste Formulierung etwas von dem mehrgespaltenen Autors verrieten, lag das Gedicht. An dieses — wenn ich mich recht erinnere — kaum korrigierte Typoskript schloß sich, aus mehreren Diktatteilen zusammengefügt, der Prosatext, der als Endfassung gewählt worden war. In ihm war gesagt, man möge diese Ausgabe letzter Hand *als eine Ernte ansehen aus reicherfüllten Phasen langen Lebens, darin sie der jeweilige Kreislauf einanderfolgender Jahre wie andere Früchte gezeitigt hat. Vieles von dem, was sich hier bietet,* so hieß es weiter, *— längst nicht mehr mein Eigenbesitz — ist in die deutsche Volksseele eingegangen: ein Umstand, der den bedingten Stolz des Urhebers rechtfertigt und letztem Sinn der Dichtung entspricht.*
Ich sah den langen Zug der Gestalten, die, der Volksphantasie und dem heimatlichen Leben entsprungen, dank der Sprachkraft

ihres Schöpfers zum Volks- oder Weltbesitz geworden sind: Hannele und Pippa, der alte Hilse und Emanuel Quint, der Narr in Christo, zogen voran, die Mutter Wolffen, umtanzt von ihren Töchtern, und die Frau des Maurerpoliers John, begleitet von der Polin Piperkarcka, folgten, in gemessenem Abstand ging Herr von Wehrhahn, am Wege hockte pfiffig und verschämt das Stromerpaar Schluck und Jau, Rose Bernd, gestützt von dem schmächtigen August Keil, ging im breiten Schatten des Fuhrmanns Henschel, in der sich heiter gebenden Gruppe eines bunt aufgeputzten Künstlervölkchens bewegten sich schweigend Arnold und Michael Kramer, Gabriel Schilling sah über den trinkfroh lärmenden Malerkollegen Crampton hinweg in die Ferne, aus Seitenwegen und Hecken kamen immer neue altertümlich und phantastisch, korrekt und abgerissen gekleidete Gestalten: Griselda und Markgraf Ulrich, Ottegebe und der Arme Heinrich, Rautendelein und die alte Wittichen, Kaiser Karl und Gersuind, der alte Huhn und der weise Wann, Inken Peters und der Geheimrat Clausen samt seiner schlimmen Sippe, Dorothea und ihr unchristlich handelnder Vater, der Pastor Angermann, und wildere, aus Abgrund und Nacht auftauchende Gesellen, mehr Fabelwesen als Mensch, drängten heran: Sir Archie und Veland und die zwischen Mensch und Tier hangende Chimaera des Meerwunders, und in das Gewimmel der Weber und der bündischen Bauern, der zwei-, dreitausend Gestalten und Statisten aus zwei-, dreitausend Jahren, die hier auf einer Straße sich fortbewegten, schob sich der Planwagen Till Eulenspiegels, an dessen Weltkriegs-Fliegerkappe Schellenkugeln baumelten, Gule, seine lemurische Gefährtin, hielt die Zügel und schimpfte über den schier endlosen Zug von Verrückten und Hungerleidern, in den man geraten war ...

Die Grenzen dieses Zuges und die Höhen und Tiefen der Landschaft, aus denen er herbeiströmte, waren nicht abzusehen. Keine der Selbstdeutungen Gerhart Hauptmanns erklärte den Ursprung und den Reichtum dieser plastisch gezeichneten Gestalten. Ihre Entstehung würde wie die Entstehung des Lebens wohl noch lange, wohl immer Geheimnis bleiben. Am nahesten an dieses Geheimnis führt ein Satz, der nicht in den zum Druck bestimmten Text des Geleitwortes aufgenommen worden war. Ich las ihn mehrmals. Er lautet:

Ich habe wohl kaum beim Werden meiner Werke anders als gewissermaßen schweigend zugeschaut und sozusagen medial gedient.

Auf diesen medialen Dienst, der eine tiefe, keineswegs gelähmte, sondern wache Passivität voraussetzte, war das Leben Gerhart Hauptmanns auch in den Tages- und Nachtstunden abgestimmt, in denen er nicht diktierte. Es ist oft gesagt worden — auch von Menschen, die das Werk des Dichters und seinen Charakter kritisch bis zur Ablehnung beurteilten —, daß Gerhart Hauptmann im Gespräch Widerspruch nicht nur duldete und wünschte, sondern geradezu herausforderte. Wohl ließ sich der alle Eitelkeit dieser Welt durchschauende

43

Albert Bassermann in der Titelrolle
von «Kollege Crampton»

Dichter in der Öffentlichkeit gern und ausführlich feiern. Er besaß ein starkes, wenn auch nie aufdringlich sich gebärdendes Selbstgefühl. Aber dieses Selbstgefühl, das seinem Lebensgefühl entsprach und darum wie dieses heftigen Schwankungen ausgesetzt war, hätte nicht einen so tiefen und sicheren Grund besessen, wenn es jener Bestätigungen von außen bedurft hätte, die dem schlesischen Dichter oft nur im Sinne einer posierenden und paradierenden Eitelkeit ausgelegt wurden. Natürlich brauchte und suchte Gerhart Hauptmann wie jeder in die Öffentlichkeit wirkende Mensch Verständnis und Anerkennung. Aber stärker als dieser Drang und die Neigung zur Selbstbestätigung war seine bis ins hohe Alter nicht erloschene Neugier, zu ergründen, wie es im Innern seiner Gesprächspartner, seiner Zeitgenossen aussah.

Wenige Dichter erfahren, was die Menschen ihrer Umgebung, die Menschen der verschiedensten Schichten wirklich denken, wenige erleben sie in einem unverstellten Handeln und Sprechen. Gerhart Hauptmann gehörte zu diesen wenigen. In seiner Gegenwart schwand sofort jede Befangenheit. Das Herz öffnete sich. Da es ihm darum ging, verstehend teilzunehmen, nicht zu urteilen — *Alle Urteile sind Vorurteile*, hat er einmal gesagt —, so lag in der reinen, nicht um Deutung bemühten Aufnahme, der einfachen Wahrnehmung bereits der Beginn jenes medialen Dienstes, aus dem die Darstellung der Gestalt und der Rhythmus ihrer Bewegung, ihrer Sprache ohne Zwang erwuchs.

Schon als Unterprimaner hatte ich etwas von der Art des Dichters, mit Menschen umzugehen, ihre tiefsten, geheimsten Regungen zu erforschen, ohne den Kern ihres Wesens anzutasten, wie in einem Spiegelbild erkannt, als ich zusammen mit einem Freund und Schulkameraden von Agnetendorf zur Burg Kynast am Taleingang gewandert und dort mit dem alten Wächter ins Gespräch gekommen war. Ich wußte damals nicht, daß Gerhart Hauptmann vor der Jahrhundertwende eine dramatische Dichtung *Kynast* in fünf Akten konzipiert und in einigen Szenen bereits ausgeführt hatte, die im Hof und in den Gemächern der nun arg verwitterten, aber noch immer machtvoll wirkenden Mauern spielte. Der grauhaarige Wächter erzählte uns im schlesischen Dialekt, nicht ohne verhaltenen Stolz, wie sich Gerhart Hauptmann «viele Jahre vor dem Krieg» von ihm auf der Burg habe einschließen lassen: «der Herr wollte allein sein»; wie er langsam umhergegangen, in die Luft gesehen und sich nach Einzelheiten erkundigt habe — «er wollte halt wissen, wie ich mir das alles zusammenreimen täte mit dem Ritt auf der Mauer» —, ab und zu habe er sich etwas «in ein Büchelchen» eingeschrieben. Nach dem Kriege sei er dann noch einmal heraufgekommen; da habe er nichts mehr von Kunigunde und ihren Freiern wissen wollen. Da habe er ihn nur gefragt, was er jetzt vom Leben und von den Menschen halte. Der grauhaarige Schloßhüter, der alle seine Söhne im Kriege verloren hatte, hielt nichts, rein gar nichts mehr vom Leben, das sah man ihm an. Er stand auf seiner Turmruine hoch über dem Tal, nicht bereit, wie Lynkeus, der Wächter, seine glücklichen Augen und was je sie gesehen zu preisen: die Sonne war ihm ein Höllenfeuerloch, die Berge waren ihm Schorf, die Menschen Geziefer. Mit bebender Stimme wiederholte er, was er damals dem Dichter gesagt hatte: «Ich ha bloß en Wunsch: uf an Knopp dricken un die ganze Menschheet in die Luft sprengen!» Um den Bann dieser dunklen Lebensverzweiflung zu lösen, die sich auf uns gelegt hatte, fragte mein Freund, ob er denn mit seinem alles zerstörenden Dynamit auch Gerhart Hauptmann töten wolle. Da sagte der Alte, indem er leise verneinend, ohne zu lächeln, den Kopf schüttelte: «Nu nee, nee, das is ja bloß asu a Tummheet von mir!»

Ich dachte an dieses Gespräch, an die kurzen *Kynast*-Szenen, die Felix A. Voigt veröffentlicht und erläutert hat. Bei der Beschäftigung mit dem mittelalterlichen Turnier auf Schloß Kynast waren Gerhart Hauptmann die Figuren des Ulrich von Lichtenstein, des Hartmann von Aue und des Armen Heinrich vor Augen getreten. Den Plan, eine neue Dramatisierung des Nibelungen-Stoffes zu versuchen, ließ er bald fallen, aber eine prometheische Gestalt aus frühgermanischer Zeit, der Schmied Veland (oder Wieland), drängte sich damals in die Phantasie Hauptmanns und hielt sie länger als ein Vierteljahrhundert in ihrem Bann. Von den derben Eingangsszenen des *Kynast*-Fragments führten Wege zu *Schluck und Jau* und sehr verschlungene auch zu der wundersamen *Pippa*. Sie war ein Fünkchen, das in einem großen Themenkreis, in einer damals geplanten Trilogie von Riesengebirgsdramen auftauchte. Unter dem Gesamttitel *Valenzauber* sollte sie die Werke *Kynast*, *Die Abendburg* und *Die Gaukelfuhre* enthalten. Anders als um die Jahrhundertwende geplant, hatte sich dann die gewaltige Metamorphose der Motive in immer neuen Ansätzen und Entfaltungen umgebildet und vertieft: von den Fragment gebliebenen *Galahad*-Szenen und den frühen Romankapiteln des *Venezianers* gingen, wie C. F. W. Behl nachgewiesen hat, sichtbare und verborgene Verbindungsfäden zu dem zunächst unter dem Titel *Merlin*, später unter dem Titel *Der neue Christophorus* nur zum Teil veröffentlichten und unvollendet gebliebenen epischen Alterswerk.

Wenn man schon versucht, für den dichterischen Prozeß, den Gerhart Hauptmann als einen medialen Dienst ansah, Vergleiche aus dem Bereich der Natur heranzuziehen, wenn man von einem organischen Wachstum spricht, von Keim, Blatt, Blüte und Frucht, so darf man die Einflüsse der Atmosphäre, Sonne, Wolke, Wind und Regen, nicht vergessen. Die Früchte dieser großen Lebensernte sind nicht im Treibhaus gezogen. Von seinem Drama *Der Bogen des Odysseus* sagte Gerhart Hauptmann, es sei *Freiluftprodukt*. Aber Freiluftprodukt ist *Der Ketzer von Soana* ebenso wie *Das Meerwunder*, *Der Narr in Christo* ebenso wie *Till Eulenspiegel*, Freiluftprodukt ist fast alles, was Gerhart Hauptmann geschrieben hat, allerdings in einem besonderen Sinn: so weit auch die Phantasie, die als Erkenntnisorgan benutzt wurde, bei der Fülle der Motive und Gestalten ins Kosmische, Magische, Mystische ausgriff und sich verzweigte, sie blieb stets auf das Elementare bezogen, auf Erde, Fluß und Fels der schlesischen Heimat, auf ihre Menschen. Ein Ich, das, ins schier Grenzenlose sich dehnend, bald im Wunschbild des weisen Wann, bald in dem des Pater Christophorus sich zu verkörpern suchte, hielt, indem es sich als Glied einer großen Heimats- und Menschheitsfamilie zu geistig-medialem Dienst verpflichtet fühlte, das Ganze zusammen. Der Entelechie dieses Ichs, seinem Ingenium, ward aufgetragen, vom Leben dieser Menschen als vom Leben und Wachstum schlechthin Kunde zu geben.

Im Hause des Dichters, in seinem Garten, auf den Wegen, die von Hermsdorf nach Agnetendorf und von Agnetendorf nach Schreiberhau führten, konnte man das Wirken Gerhart Hauptmanns, die leise Veränderung, die sein Blick, sein Wort hervorgerufen hatten, ebenso spüren wie in dem weltweiten Echo seines Werkes. Auf dem ersten Türschild, das mir kurz hinter Hermsdorf ins Auge gefallen war, hatte ich den Namen Hilse gelesen, ein Schulmädchen war mir entgegengekommen, schüchtern grüßend wie Hannele Mattern, auch die Waldarbeiter unterhalb des Kynast und die Bauersfrau, bei der ich wohnte — sie alle kamen mir bekannt vor. Bis zum achtzigsten Geburtstag Gerhart Hauptmanns waren noch mehr als drei Monate Zeit und doch schien es mir, als würden ringsum in den Ortschaften Vorbereitungen getroffen für eine Huldigung. Welcher Art diese Huldigung sein sollte, wußte ich noch nicht. Nur fühlte ich mich irgendwie hineingezogen in eine trotz des Krieges fast familiär anmutende festlich-nervöse Unruhe, die sich am späten Nachmittag durch Besucher auf dem sonst so stillen Wiesenstein bemerkbar zu machen schien.

Ich blätterte in einigen der Übersetzungen. In mehr als dreißig Sprachen waren Werke Hauptmanns bis jetzt übertragen worden. Nächst Goethe war er der am stärksten im Ausland vertretene deutsche Autor. Von seinen ersten Dramen waren *Die Weber, Der Biberpelz, Hanneles Himmelfahrt*, getragen von der sozialistisch-naturalistischen Welle, über die ganze Erde gegangen. *Die Versunkene Glocke*, die als Textbuch in kurzer Zeit achtzig Auflagen erreicht hatte, wurde in fast allen Theatern ein Sensationserfolg, sogar in Japan gab es Schallplatten mit den Liedern von Rautendelein und Nickelmann; ich hatte eine Vorstellung von dem Ruhm, den Gerhart Hauptmann in Rußland und in den Vereinigten Staaten genoß, ich wußte, was Antoine in Paris für ihn getan hatte, wußte auch, daß der schlesische Dichter in Italien, wo er fast jedes Jahr einige Monate zu verbringen pflegte, schlechthin «il poeta» oder «il poeta classico» genannt wurde; nachdem der Fünfzigjährige in Stockholm den Nobelpreis erhalten hatte, war er auch in den skandinavischen Ländern weitberühmt, aber wichtiger, lebendiger, tiefer als dieser Ruhm, der mir in Urkunden, Briefen, Glückwunschadressen, in Büchern, Aufsätzen und dicken Mappen voller Theaterkritiken aus aller Welt entgegentrat, wichtiger und wärmer als dieses oft übertrieben laut und verzerrt klingende Echo des Werkes erschien das Echo, das mir aus der Nähe seiner schlesischen Heimat ans Ohr drang. Ich stellte die Ordner zurück in die Regale, schob die Bücher beiseite. Wieder hörte ich Schritte auf dem Kiesweg, sie kamen näher, verhielten vor dem vergitterten Fenster des Archivs. Nun stand ich auf und ging in den Garten. Gerhart Hauptmann erwartete mich an der Turmseite des Hauses. Er sagte: «Morgen nachmittag werde

In Berlin, 1892

ich Sie nicht stören. Wir werden nach Schreiberhau fahren, zu meiner Schwester.» Und nach einer Weile, mit einem mehr ernsten als schalkhaften Lächeln: «Ich verspreche Ihnen, ich werde mich nicht zanken!»

Ich stutzte, begriff nicht gleich, was der alte Herr meinte. Dann dämmerte mir, daß das Verhältnis zu der sechs Jahre älteren Schwester Johanna, die Lotte genannt wurde, seit Kindheitstagen wohl etwas gespannt war und leicht aus dem Gleichgewicht geraten konnte. Die Schwester, die sich mehr zu dem verstorbenen Bruder Carl hingezogen gefühlt hatte, wohnte, von Gerhart großzügig unterstützt, in Schreiberhau. Ihre Eigenwilligkeit machte dem Herrn des Wiesenstein immer wieder einiges zu schaffen, aber er nahm sich vor, Frieden zu wahren. Nun, man würde sehen, wie es ausging.

Zunächst wurde nicht weiter davon gesprochen. Gerhart Hauptmann, dessen Dichtungen in so hohem und in so umfassendem Maße Selbstbekenntnisse sind, hütete sich, im Gespräch an die Narbe jener im Grunde niemals verheilten Wunden zu rühren, die ihm aus den zum Teil tragischen Familienkonflikten geblieben waren. Er verbarg auch in seinen Schriften mehr davon, als er enthüllte. Er schrieb einmal:

Es gibt nichts so Grauenvolles als die Fremdheit derer, die sich kennen.

Er baute sich, direkt und indirekt, kleine Schutzmauern. Auch das Versprechen, keinen Streit aufkommen zu lassen, erschien mir als eine solche selbsterrichtete Wand.

Später am Abend, wir saßen wieder am Eichentisch unter dem funkelnden Kristalleuchter in dem kleinen holzgetäfelten Speiseraum, brachte ich das Gespräch auf Knut Hamsun. Der Hausherr, in das würdevoll-altmodische Schwarz eines Gehrocks von eigenem Schnitt gekleidet, betrachtete voller Entzücken die farbigen Lichtreflexe auf den Weingläsern und der schöngeschliffenen Karaffe.

«Trinken Sie! Trinken Sie!» ermunterte er mich. «Es ist griechischer Landwein. Wir haben ein Fäßchen davon im Keller. Ein guter Freund hat es uns geschickt.»

Ich weiß nicht mehr, wie der noch immer in das Farbenspiel Vertiefte plötzlich auf Friedrich Nietzsche und seine «Geburt der Tragödie» kam. «Vom Dionysischen ist da fortwährend die Rede», sagte er grollend. «Aber ich bitte Sie, in der ganzen Schrift kommt nicht einmal das Wort Wein vor!» Und er schüttelte den Kopf.

Ich fragte noch einmal nach Knut Hamsun. Von den späten Werken habe er wenig gelesen, sagte Hauptmann. Er rühmte die Romane «Hunger» und vor allem «Mysterien». Er nannte Knut Hamsun «den nordischen Dostojevskij».

Ich fragte nach Selma Lagerlöf.

«Ich traf die Dichterin in Stockholm», sagte Hauptmann, «als mir der Nobelpreis verliehen wurde. Wir saßen nebeneinander bei Tisch.»

«Erinnern Sie sich noch an die Unterhaltung?»

«Wir sprachen von ihrer Novelle ‹Herrn Arnes Schatz›, die ich dramatisch behandeln wollte.»

«Äußerte sich Selma Lagerlöf über Ihre Bühnenwerke?»

Gerhart Hauptmann goß Wein in die Gläser, er stellte die Karaffe behutsam zurück auf den Tisch, eine etwas verstellt wirkende Feierlichkeit lag in dem Zeremoniell, mit dem er seiner Frau und mir zuprostete, sich dann aufrichtete und, zu mir gewandt, leise sagte: «Die wunderbare schwedische Dichterin sprach …» — er dehnte die Pause — «sie sprach …» — neue Pause — «vom Honorar, von ihrem prozentualen Anteil an der ‹Winterballade›. Sie sprach nur vom Honorar. Jedenfalls erinnere ich mich nicht an andere Aussprüche. Ich glaube, der von meinem Verleger vorgeschlagene und von ihrem Verleger akzeptierte Anteil erschien ihr zu gering.»

Es tauchten noch andere Namen auf, Bilder, Situationen. Die Plastik der Schilderung blieb auch in den Nachtstunden erhalten, wenn der alte Dichter, wie es sein Sekretär Erhart Kästner sehr schön beschrieben hat, «Weinzerflocktes und Begeistertes und tiefsinnig Halbvollendetes sprach». Wer solche Nachtstunden miterlebt hat, drei- oder viermal, in immer wechselnder und überraschender Stimmung, weiß, daß Reihenfolge, Inhalt und Ziel der oft ins murmelnd Unverständliche abschweifenden Gespräche schwer wiederzugeben sind. Es geht da so vieles in- und durcheinander — aber plötzlich sind dann doch genau umrissene, ich möchte sagen szenisch, dramatisch erlebte Aussprüche wieder lebendig, sie sind nur echt in dieser oft ungemein schlichten Umrahmung, als eine Darbietung, die in jeder Beschreibung oft etwas Theatralisches erhält und die doch eben ausgezeichnet war durch das Ungestellte, Unverstellte einer impulsiven, oft ungemein jugendlich anmutenden Lebensäußerung.

Vom Bruder Carl wurde gesprochen. Ich erinnerte mich an eine aphoristische Aufzeichnung, in der es heißt:

Die Bruderzwiste in der Geschichte sind die in jedem Betracht grauenvollsten Phänomene der menschlichen Psyche. Ich glaube, daß Beethoven nur durch Vermittlung seines Bruders den tiefsten Abgrund der Hölle kennengelernt hat und damit einen Grad des Leidens, von dem alle diejenigen nichts wissen, die den Schatten nicht kennengelernt haben, den Bruderliebe zu werfen vermag.

Von diesem Schatten war in der nächtlichen Stunde nichts zu spüren. Heitere Erinnerungen stiegen auf. Ich hatte eine Biographie über Carl Hauptmann gelesen. Der Hausherr kannte sie nicht. Er ließ sich erzählen. Mehr, noch mehr wollte er wissen.

«Was sagt der Herr Biograph von meinem Bruder und mir?»

Das klang schon ein wenig drohend. Ich berichtete weiter, vorsichtig, mit kritischen Einschränkungen.

«Nur weiter, weiter!» drängte der ungeduldige Zuhörer.

Als ich geendet, nach einer unheimlichen Pause, stand der alte Herr auf, schlug mit den flachen Händen auf den Tisch, daß die Gläser hüpften, und rief:

«Wissen Sie, was das ist? Kitsch ist das! Kitsch! Wie will er denn wissen, was zwischen mir und meinem Bruder war?»

Zornesrot, böse sah das Gesicht Gerhart Hauptmanns aus. Verschwunden die Heiterkeit und Harmonie, verschwunden «il poeta classico» und drohend, fast unheimlich das andere, aus dem Untergrund seines Wesens aufsteigende Bild: «il poeta Etna», wie der Dichter des *Veland* und des *Magnus Garbe*, des *Florian Geyer* und der *Weber* ebenfalls in Italien genannt wurde.

Sechs Jahre später, im Sommer 1948, als mir Elisabeth Jungmann, die beste, verständnisvollste Sekretärin, die Gerhart Hauptmann jemals gehabt hat, von ihrer Arbeit mit dem Dichter erzählte, dachte ich an diese nächtliche Szene: «Als ich zu ihm kam», sagte sie, «arbeitete Hauptmann an *Veland*. Er w a r das alles, was in seinen Dramen lebt. Wenn er die Verse der Bödwild sprach, dann glättete sich sein Gesicht, es verwandelte sich und erhielt etwas von der Lieblichkeit eines jungen Mädchens. Und dann wurde er wieder Veland.» Elisabeth Jungmanns Augen funkelten bei der Erinnerung in zornigem Glanz. «Er konnte auch böse, unvorstellbar böse sein, der Alte. Aber auch von einer wunderbaren Güte. Und wenn er seine Dichtungen diktierte, oft sehr, sehr langsam, Wort für Wort, aber ohne Änderung, ohne Verbesserung in einer oft durch lange Pausen unterbrochenen Arbeit — ja, wenn er seine Dichtungen diktierte, dann stammelte er nicht wie Mijnheer Peeperkorn im ‹Zauberberg›, dann gab es keine großen Gesten, nein —, dann las er ab, unsichtbare Zeilen, ihm sichtbar, von einem Blatt, auf dem nichts geschrieben stand.» Elisabeth Jungmann berichtete noch manche Einzelheit. Zuweilen, allerdings ungewöhnlich selten, sei es vorgekommen, daß Gerhart Hauptmann an einem Nachmittag einen vollständigen Akt mit sämtlichen Bühnenanweisungen herunterdiktiert habe: «Er sah die Gestalten vor sich, die er sprechen ließ, und ich sah sie auch.»

Ich konnte das nur bestätigen. Wer drei, vier Tage auf dem Wiesenstein umhergegangen, zwei, drei Abende und Nächte mit Gerhart Hauptmann beim Wein gesessen hatte, sah bald mit seinen Augen. Er begriff auch, besser als aus Büchern, aus Essays und dramaturgischen Analysen, wie die Gestalten, die Szenen aus immer neuen Ansätzen entstanden, aus Situationen, aus Gesehenem, Gehörtem, Gefühltem. Sie hatten die Phasen des Traumes und des Wachtraums durchlaufen und standen nun wieder vor ihm als Momente, die nur darzustellen waren, wenn man ein ihm vertrautes Verfahren, das Aktzeichnen, auf den zu erfassenden seelischen Vorgang übertrug: aus einer Reihe psychischer Akte formte sich die Szene des Bühnenstücks, aus einer Reihe von Szenen jene durch Akteinteilungen nur mühsam zu bewältigende Aktion, die man gemeinhin Drama nennt, sie in grober, allzugrober Aufteilung gliedernd in Tragödie und Komödie oder eine ihrer niemals genau

Szene aus «Die Weber» (Schauspielschule des Deutschen Theaters Regie: Max Reinhardt)

zu bestimmenden Mischformen, das Ganze seit Urtagen ein immer wieder vergeblich unternommener Griff nach dem mit Menschenkraft nicht zu bezwingenden, nicht zu erhellenden Vorgang, den man die Schöpfung oder auch das Urdrama nennen möchte. Auch die besten Werke der Gattung, die eigenen Meisterdramen und die der verehrten Tragiker der Antike, die eines Shakespeare und Molière, eines Schiller und Kleist waren in diesem Sinne nur Bruchstücke eines sie alle umfassenden und überwölbenden Urdramas. Wie hätte es aussehen sollen? Eine Andeutung findet sich in einem Gespräch Gerhart Hauptmanns mit Joseph Chapiro:

Das ideelle Drama, das ich schreiben möchte, so heißt es da, wäre eines, das keine Lösung und keinen Abschluß hätte. Ich habe viele meiner Stücke nach ein oder zwei Akten abgebrochen, weil ich mich nicht entschließen konnte, ihnen eine Lösung aufzuzwingen.

Von hier aus wird verständlich, daß der Zauber einiger der Fragmente, die Gerhart Hauptmann hinterlassen hat, darin beruht, daß sie uns etwas vom Wesen des ideellen Dramas, das dem Dichter als eine ins Unendliche sich fortsetzende Schöpfung vorschwebte, ahnen lassen.

EINE IMAGINÄRE FLUCHT

Wo das Gespräch Tiefen berührte oder erreichte, spürte man das Angespannt-Schmerzhafte dieses niemals aussetzenden Prozesses, zugleich aber spürte man jene andere Kraft, die menschlicher Anteilnahme, mitfühlendem Verstehen, Sorge, eigenem Schuld- und Schicksalsgrübeln entsprang. Sie wähnte sich nicht erhaben über die Konflikte. Sie fühlte sich hineingeflochten in das Urdrama, sah den Ursprung der Tragödie in den Kämpfen der eigenen Brust, der eigenen Familie. Heidnische und christliche Vorstellungen verschmolzen in der Behauptung und Arbeitsforderung des Dichters:

53

Jede Familie trägt einen heimlichen Fluch oder Segen. Ihn finde!
Ihn lege zugrunde!

Unter diesem Aspekt wurden Homer, die antiken Tragiker und die nach ihnen Lebenden zu Zeitgenossen. Angesichts der von und nach ihnen immer wieder bearbeiteten Stoffe sagte Hauptmann:

Drama ist Kampf. Das größte Epos wurzelt in dem Ehebruchsdrama: Helena, Menelaos, Paris und den Kämpfen um Troja. Es hat sich zum Teil dann wieder in Dramen aufgelöst.

Die Einsicht in den unendlichen Prozeß des Lebens, das Unvollendbare des Individuums schloß zwar den gerade im Alter stark hervortretenden Gedanken einer Wiedergeburt ein — «Ich glaube an Wiedergeburt, Wiedergeburt mit Haut und Haar», sagte Gerhart Hauptmann an einem dieser Abende zu mir. Eben aus dieser Vorstellung heraus aber entsprang die tiefe Erkenntnis, daß die meisten unserer Wünsche deshalb unerfüllbar sind, *weil ihre Erfüllung irgendwie unsere Vernichtung in sich schließt.* Rätselhaft blieb neben diesem tragischen Grundgefühl von der Vergeblichkeit, der Nichtigkeit all unseres Mühens die stets neu sich regende Lust, Lebenssituationen gleichsam als elementare, im Augenblick sich erzeugende Vorgänge entstehen zu lassen. Das geschah im Gespräch und beim täglichen Diktat. Felix A. Voigt hat aus unmittelbarem Einblick in die Schaffensweise Gerhart Hauptmanns besonders hervorgehoben, welche Freude es dem Dichter machte, bei der Arbeit Szene um Szene zu entwickeln: «Er mußte seine Menschen in viel mehr Situationen schauen und miterleben, als er sie unmittelbar für den Zweck des einzelnen Dramas brauchte.» Voigt erwähnt die fast unübersehbare Menge von Entwürfen dieser Art für den *Florian Geyer* — sie würden einen Band von mehr als 400 Seiten füllen —, er spricht von packenden Szenen aus dem Studentenleben, die für das Bühnenwerk *Hamlet in Wittenberg* geschrieben und in die Endfassung nicht aufgenommen wurden, er weist eindringlich darauf hin, daß *Die Tochter der Kathedrale* fünfmal, *Iphigenie in Aulis* nicht weniger als neunmal umgeschrieben wurden.

Das Gefühl eines großen Ungenügens, das trotz aller Erfolge und eines tief begründeten, wenn auch niemals unangefochtenen Weltruhmes in Gerhart Hauptmann wach blieb, suchte in späten Dichtungen eine Motivierung zu finden, indem es die Unausschöpfbarkeit der Welt und des Weltgeheimnisses als ein Menschen und Göttern auferlegtes Gesetz der Entsagung darstellte. Im zweiten Teil der Terzinen-Dichtung *Der große Traum* lesen wir:

Dies bunte Werk, dies Riesenwerk zu schildern
— was selbst der Meister sich versagen muß —,

Menschen und Göttern fehlt's dazu an Bildern.
Des Schöpfers Geist selbst, wenn er's unternimmt,
er muß in Wahnwitz fallen und verwildern.

Das ist dem Menschen leider so bestimmt.
Er kann von seiner Gottheit nichts verschenken,
und was der eine von dem andern nimmt,

es ist ein bißchen abgestandnes Denken! —

Auch hier wieder der Gedanke: die Erfüllung des tiefsten Wunsches wäre Vernichtung, Selbstvernichtung des Menschen und seines Werkes, Selbstvernichtung Gottes und seiner Welt. Dem Ungenügen, dem Nicht-zu-Vollendenden einen Sinn zu geben, zumindest eine resignierende Rechtfertigung, war das vielleicht uneingestandene Motiv dieser und der folgenden Verse:

Denn das Vollenden ist nicht seine Stärke,
da, was Vollendung hieße und Beschluß,
dem Meister wär' und seiner Meisterwerke

Nach Heraklitens Wort der Todeskuß!

Neben dieser durch Gedanken und Verse niemals zu beschwichtigenden großen Unruhe gab es in den letzten Lebensjahren Gerhart Hauptmanns ein Unbehagen, das er nicht aufkommen lassen wollte, gegen das er sich wehrte. Dieses Unbehagen stammte aus der Zeit, aus dem Hitler-Staat, dem Hitler-Krieg. Da Gerhart Hauptmann, was ihm viele seiner Freunde verübelt und niemals verziehen haben, zu diesem Gewaltstaat nicht laut und entschieden Nein gesagt, da er sich dem großen Zuge der zwangsweise und der kleinen Gruppe der freiwillig Emigrierenden nicht angeschlossen hatte, so mußte er nun gleichsam täglich eine imaginäre Flucht ins Werk setzen. Thomas Mann hat von der Leidenskraft der letzten vier Greisendramen gesagt, daß sie «wohl ein Flüchten sind aus dem gewürgten Verstummen der Hitler-Zeit in die Masken der Blutwelt der Atriden». Es wäre nun falsch anzunehmen, es habe in diesen Jahren im Hause Gerhart Hauptmanns eine bedrückende Atmosphäre geherrscht. Das Gegenteil stimmt eher. Es herrschte oft eine fast unwirklich anmutende Heiterkeit. Es war eine errungene, erzwungene, fast schon jenseitige Heiterkeit. Mit einer an Stoizismus grenzenden Kraft und Gelassenheit dichtete sich Gerhart Hauptmann in des Wortes doppeltem Sinne Tag für Tag ab gegen die menschen- und werkzerstörenden Einflüsse der Zeit. Der Wiesenstein mit seinen meterdicken Mauern bot ihm Schutz. Und auch als die Trutzburg es nicht mehr vermochte, als nach der Vernichtung Dresdens, die der Zweiundachtzigjährige miterlebt hatte, seine Schaffenskraft gebrochen war, als er nun, wirklich zur Maske erstarrt, im Sessel saß, blieb sein Haus, «die mystische Schutzhülle seiner Seele», für seine Frau, seine Freunde und für alle, die dorthin geflüchtet waren, so etwas wie die windstille Mitte eines verheerenden Taifuns.

In den Augusttagen des Jahres 1942 kam es mir manchmal so vor, als sei gerade die erzwungene Stille des Hauses Anlaß einer

Unruhe, die sich auf verschiedene Art äußerte: Gerhart Hauptmann diktierte weniger als sonst, er las ein paar Zeilen und brach die Lektüre ab, er modellierte, er unterhielt sich, er trank Abend für Abend, er sagte: «Ich muß trinken, ich finde sonst keinen Schlaf» oder: «Ich muß trinken, ich bekomme sonst Fieber!» Im übrigen war das Leben, trotz der Kriegszeit, auf Bequemlichkeit abgestellt. Gauleiter Hanke aus Breslau ließ Kohlenvorräte anfahren, der Weinkeller barg noch manche gute Flasche. Aber die merkwürdige, bohrende Unruhe konnte durch Wein nicht besänftigt werden. Als Gerhart Hauptmann am nächsten Tage vom Besuch bei seiner Schwester zurückkehrte, schien über seinem frischen, faltenreichen Gesicht ein Schatten zu liegen. Er nahm mich beiseite und sagte: «Ich schäme mich, es zu sagen, aber ich muß es doch gleich tun: ich habe mein Versprechen nicht gehalten, wir haben uns doch wieder gezankt!»

Neben der schöngeschliffenen, bis zum schlanken Hals gefüllten Karaffe lagen Photographien. Gerhart Hauptmann reichte mir eine der Aufnahmen:

«Sehen Sie sich das an, was ist das?»

«Ein Bett.»

«Ein Bett?»

«Ein schönes altes Bett.»

«O ja, das kann man wohl sagen. Es ist das schönste Bauernbett, das man hier weit und breit auftreiben konnte. In diesem Bett stirbt Frau Henschel.»

So also erklärte sich das Kommen und Gehen während der letzten Tage auf dem Wiesenstein. *Fuhrmann Henschel* wurde einstudiert.

«Sie proben hier in Agnetendorf in einem kleinen Saal», sagte Frau Margarete. «Das Stück soll zu Gerharts Geburtstag in Hirschberg aufgeführt werden.»

Noch einmal betätigte sich der fast Achtzigjährige als Regisseur. Er sagte, daß ihm diese Laienaufführung eine Probe bedeute. Ich verstand nicht sogleich, was er damit meinte. Ich hatte zwar niemals eine Inszenierung Gerhart Hauptmanns gesehen, aber ich kannte seine Bühneneinrichtung und Nachdichtung des «Hamlet», mir war gegenwärtig, was er über Theorie und Praxis einer solchen Inszenierung in seinem Roman *Im Wirbel der Berufung* geschrieben hatte. Ich wußte, das dort Geschilderte beruhte weitgehend auf eigener Erfahrung. Hauptmanns Inszenierungen des «Wilhelm Tell» und des «Zerbrochenen Krugs» im Berlin der

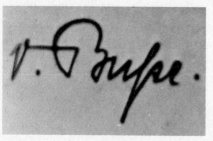

Unterschrift des Herrn von Buße, der das Vorbild zum Herrn v. Wehrhahn abgab.

Vorkriegszeit waren auch von strengen Kritikern gerühmt worden. In welchem Sinne sollte jedoch gerade diese Aufführung des *Fuhrmann Henschel* eine Probe für den weltberühmten Dramatiker sein? Gerhart Hauptmann, der meine fragende Unsicherheit bemerkt hatte, zeigte andere Photographien, auf denen die Menschen zwischen Bett, Tisch, Kachelofen und Stühlen seltsam eng zusammenstanden.

«Das sind keine Schauspieler», sagte er. «Es sind Leute aus der hiesigen Gegend.»

Er sprach von «Charakter im nicht übertragenen Niveau», den jeder Darsteller in seinem Stück verkörpert, und zeigte mehrmals auf die rührend dilettantischen Aufnahmen. Er war aufgeregt, als müsse er sich zum ersten Mal vor der Öffentlichkeit behaupten. Wie in einer Art Lampenfieber sagte er:

«Stellen Sie sich vor, es kommt einmal eine Zeit, in der es Schlesien nicht mehr gibt. Diese herrliche Provinz ist verschwunden. Aber irgendwo in der Welt leben noch ein paar Schlesier. Sie geraten an das Stück und wollen es spielen. Stellen Sie sich das bitte vor! Werde ich diese Probe bestehen?»

Am nächsten Abend lagen wieder Szenenphotos und Bühnenbilder auf dem Tisch. Diesmal von berühmten Aufführungen am Burgtheater, von Lothar Müthels Inszenierung der *Iphigenie in Delphi*, die den Dichter begeistert hatte. Und Aufnahmen von weiter zurückliegenden, höchst prunkvollen Premieren. Ein Stück Theatergeschichte, Lebensgeschichte, glänzend, unvergeßlich strahlend stieg beim Anblick dieser Bilder in der Erinnerung Gerhart Hauptmanns auf.

«Sehen Sie sich das an», sagte er. «Das ist schön, sehr schön.»

Dann schob er die Bilder beiseite. Er starrte vor sich hin, als sei da etwas, das er nicht genau erkennen könne. Dann sagte er leise, langsam, mit einem Ernst, dessen Bedeutung mir erst später aufgegangen ist:

«Wir müssen zurück in die Scheune!»

Das gültige Bild Gerhart Hauptmanns in jenen dunklen Jahren hat der geistig bedeutendste Sekretär des Dichters, Erhart Kästner, gezeichnet. Er erzählt von Herbst- und Winterwochen auf dem Wiesenstein, in denen die Stürme oft so laut donnerten, daß man in den Zimmern einen gesprochenen Satz nicht verstand. Kästner schildert das hell erleuchtete, immer verschwenderisch überheizte Haus, in welchem in den Zimmern und in der großen Halle zusätzlich Kachelöfen angezündet wurden: «Im Turmzimmer brannte der offene Kamin. Im tiefen Sessel davor, zum Feuer gewandt, saß Gerhart Hauptmann, vom Haar wie von Eisluft umweht. In sich gekehrt, war er wie allein. In den Stunden, in denen es galt, dem Tag seinen Wert abzuringen, war er fast zu zu demütiger Milde erweicht. So saß er, dunkel gekleidet, und Terzine um Terzine, ein Stab nach dem andern köstlichen Stab, ward aneinander gelegt, langsam, unfehlbar, im Ton beruhigten Gesprächs. Indessen im Feuer die Scheiter zersprangen und der Sturm mit der Faust auf das Hausdach schlug —: Terzinen vom Traumwandel im Vaterhaus, vom Schlagen der alten vertrauten Uhr, vom rotbärtigen Brudergesicht und vom schwarzbleichen Antlitz der Frau.»

Erhart Kästner, dem Gerhart Hauptmann im Jahre 1937 *Die Finsternisse*, das Requiem für seinen verstorbenen jüdischen Freund Max Pinkus, diktierend anvertraut hatte, schließt seine Schilderung mit einer Betrachtung über das Werk des noch ganz gegenwärtigen und doch schon entrückten Dichters:

«Ein alter Dichter: wie anders wird alles, was er nun spricht! Im Alter vervielfältigt sich alles. Nichts, was er sagt, ist nur mit der einen Stimme gesprochen, mit der er sein Jugendlied sang; es ist, als sei das Register gezogen, in dem alle Oktaven in Chören mitsingen, wenn man nur eine Taste berührt.

Einfachheiten, Dinge, so gründlich wie die Elemente es sind, werden nur wahr, wenn sie aus einem Munde erklingen, der schon vieles wahrgesagt hat. Großes wird nur von Großen gesagt. Alle Kraft sammelt sich in einem alternden Mund. Das vordem Gesagte ist nicht verweht, es ist gegenwärtig und da.»

DER LEBENSBOGEN DER LYRIK

Gegenwärtig und da war die Erinnerung an die Jugend, waren die Erstlingswerke, einst (kurz nach oder kurz vor dem Erscheinen) verworfen, nun wieder in Gnaden aufgenommen wie die Stanzendichtung *Promethidenlos* und die frühen Verse des *Bunten Buches*, mit denen die Ausgabe letzter Hand eröffnet wurde. Im Archiv lag das Vorwort zu dem Neudruck von 1924, den der «Leipziger Bibliophilen-Abend» veranlaßt hatte. Ich las:

Diese kleinen Gedichte sind in Hamburg, Kötzschenbroda, auf Rügen und in Erkner entstanden. In Erkner die meisten. Ob sie nun dichterischen Wert haben oder nicht, sie sind da, und ich werde sie nicht ableugnen. Sie gehen von einfachen Empfindungen aus, und hierin sehe ich noch immer das Wesen der Lyrik.

Selbstkritisch sagte der Dichter, er habe *nach all diesen immerhin gesuchten Zufälligkeiten* mit den Erzählungen *Fasching* und *Bahnwärter Thiel* (1887) *eine ruhige, ernste, aussichtsreiche Bahn* betreten. Er fügte hinzu, daß der kleine Versband noch heute mehr für ihn als für jeden anderen Leser enthalte: *Bei jedem seiner Gedichte steigen Situationen, Jahreszeiten der Seele, Schicksale auf. Insofern ist eine ursprünglich überaus schlichte Äußerung mit der Zeit zum unerschöpflichen Reichtum für mich geworden.*

Die reichste (und umfangreichste) Entfaltung hatte das Schaffen Hauptmanns in der Dramatik, nicht in der Lyrik und der Epik gefunden. Wenn man von einer Ausformung der volksliedhaft schlichten, frühen Verse sprechen will, von einer dem dramatischen Werk vergleichbaren Vielstimmigkeit, so muß man an die Verknüpfung von Epik und Lyrik in den Versgedichten *Till Eulenspiegel* und *Der große Traum* denken. In ihnen lag, wenn eine Steigerung und Zusammenfassung der Motive und Motivreihen beabsichtigt oder eine Synthese überhaupt möglich war, so etwas wie die Krönung des Lebenswerkes. Lyrik steht am Anfang des Schaffens und ein paar, halb in unmutiger Prosa, halb in Euphorie sich auflösende Verszeilen sollten das Ende sein.

Stammbuchreime, die der achtzehnjährige Landwirtschaftseleve der Tante Julie Schubert gewidmet hatte, eröffneten *Das bunte Buch*. In diesen um Originalität ringenden Versen war wie in einem pathetisch gedämpften Paukenwirbel ein Lebensprogramm verkündet:

> *Ich kam vom Pflug der Erde*
> *zum Flug ins weite All*
> *und vom Gebrüll der Herde*
> *zum Sang der Nachtigall.*
>
> *Die Welt hat manche Straße,*
> *und jede gilt mir gleich,*
> *ob ich ins Erdreich fasse,*
> *ob ins Gedankenreich.*
>
> *Es wiegt mit gleicher Schwere*
> *auf Erden jedes Glied.*
> *Ihr gebt mir eure Ähre,*
> *ich gebe euch mein Lied.*

Jahreszeiten der Seele: das waren Gedichte wie *Weltweh und Himmelssehnsucht, Sonnenflug, Falter im Schnee*, das war ein meist auf Moll gestimmtes Lebensgefühl, wie es das Meer und der märkische Kiefernwald im Herbst und Winter erweckt hatten:

> *Dämmerlicht des Föhrenwalds*
> *nahm mich auf in seine Tiefen;*
> *hing der Schnee am müden Zweig,*
> *und die grauen Krähen riefen.*

So begann eines dieser Gedichte. Ein anderes fragte zweifelnd:

> *Verlohnt's der Müh'? – Ich bleibe stehn.*
> *Verlohnt's der Mühe, weiterzugehn?*

Die auf Hiddensee und Rügen entstandenen Gedichte *Mondscheinlerche* und *Kreidebleicher Junimond* sind weitere Haltepunkte im Zyklus dieser *Jahreszeiten der Seele*. Im Widerstreit der Stimmen, Stimmungen und Tagesmeinungen sucht der Dichter, unterstützt von dem Kampfgefährten seiner Jugend, *Das Eine:*

Der Schauspieler Rudolf Rittner als Florian Geyer.
Gemälde von Lovis Corinth. Wuppertal, Städtisches Museum

> *Die Nacht webt dichter und dichter*
> *um mich der Schleier viele,*
> *ich schaue viele Gesichter*
> *und fühle tausend Gefühle.*

Situationen steigen auf in den rührend-holprigen Versen *Anna*,
in den acht Zeilen *Kapellenglöcklein auf Hohenhaus*, in der Capri-
Reminiszenz *Kanephore*, in der noch romantisch verbrämten Ma-
schinen- und Sozialpoesie des Gedichts *Im Nachtzug*.
Schicksale enthalten die Gedichte *Der Wächter, Der Selbstmörder*
und *Die Mondbraut*. Nimmt man dazu die Verse *Gestorbenes Erz*
und einige der Motive aus den Sagen und Märchen des zweiten Teiles
der Gedichtsammlung, so hat man in der *überaus schlichten Äußerung* dieser frühen Zeit in der Tat die ersten Skizzen und Vorformen

zu einer Reihe von Werken, die Hauptmanns Ruhm begründeten. Anklänge der sozialen Dramatik, des *Hannele* und der *Versunkenen Glocke*, erste Anklänge der Künstlerdramen und der *Jungfern vom Bischofsberg* sind hier ebenso zu erkennen wie das Urbild einer Frauengestalt, die in Dramen und Dramenentwürfen, im *Ketzer von Soana*, im *Till* und andernorts immer wieder auftaucht und die dem Hexameter-Epos *Anna* zwar den Titel, das schlesische Milieu und manchen autobiographischen Zug mitgegeben, nicht aber in ihm die ganze mythenbelebende und mythenschaffende Kraft dieses Archetypus ausgeschöpft hat.

Hauptmanns frühe Lyrik, Erlebnis- und Gelegenheitsdichtung im reinen Sinne, besitzt — formalästhetisch betrachtet — wenig Eigenwert. Sie ist anzusehen als Baugrund und Baumaterial eines sich ungeahnt reich entfaltenden Werkes. Unter diesem Aspekt war sie dem Dichter noch im hohen Alter lieb und wertvoll. Er fügte seiner zum 75. Geburtstag erschienenen Autobiographie *Das Abenteuer meiner Jugend* eine Reihe von Gedichten ein, um die schwankende, durch Melancholie gefärbte und gefährdete Seelenlage seiner ersten Ehejahre zu charakterisieren.

Im Agnetendorfer Archiv lag, mit Anstrichen und meist zustimmenden Bemerkungen von des Dichters Hand versehen, ein längerer Aufsatz der «Neuen Rundschau» vom April 1941, in welchem Hans Hennecke «Sprache, Gedanke und Lyrik im Lebenswerk Gerhart Hauptmanns» dargestellt hatte. Anlaß zu diesem Essay, in dem das Schaffen Gerhart Hauptmanns mit dem Victor Hugos verglichen wurde, war das Erscheinen der *Ährenlese* (1939). In diesem Band von rund 300 Seiten, in dem kleinere lyrische Dichtungen und auch größere — *Der Heros, Die Hand, Die blaue Blume* und *Mary* — aus einem halben Jahrhundert gesammelt waren, wurden überraschend weite, bisher nicht erörterte Zusammenhänge sichtbar. Die Verbindung mit Volkslied und Minnesang und mit der Wiedererweckung beider Elemente in der Romantik, auch die Anregung durch die soziale Tendenzliteratur in der Mitte der achtziger Jahre des 19. Jahrhunderts waren nebst den epigonenhaft klassizistischen Anfängen Gerhart Hauptmanns schon häufig hervorgehoben worden.

Kennzeichnend, für ein Leben bestimmend erschienen in der *Ährenlese* jedoch nicht diese Formeinflüsse, Formwiederholungen und Formabwandlungen, sondern das Erlebnis und die in ihm gegebene mystische Deutung der Existenz. Kernzelle des gelungenen Gedichts war jener Moment, in dem sich das Geheimnis des Lebens zugleich enthüllte und verbarg. Vielleicht ist es nicht falsch, wenn wir uns diesen magischen Moment, in dem tiefere Einsicht in das Weltgefüge gewährt wird, als ein spätes Teilhaben an einer prälogischen Geistesform vorstellen, wie sie der französische Forscher Lévy-Bruhl als *participation mystique* beschrieben hat. Allerdings brauchte sie Gerhart Hauptmann nicht erst bei afrikanischen Eingeborenen und den Primitiven der Südsee zu entdecken, wie es seit Gauguin und seinen Nachfolgern Mode geworden war. Jenseits aller Exotik erwies sich dieses Vermögen als ein schlesisches Stammeserbe, an dem Jakob Böhme entscheidenden und lebendig überlieferten Anteil hatte. Wer noch immer vom «ungeistigen» Gerhart Hauptmann spricht, sollte dieses dem reinen Intellekt kaum erreichbare spirituelle Element nicht ganz übersehen. Die dichterische Potenz Hauptmanns, seine ebenso oft gerühmte wie belächelte Naivität, beruht weitgehend auf seiner Fähigkeit zu echtem mystischem Erleben. C. G. Jung nennt die *participation mystique* ein Überbleibsel des Urzustandes der Menschheit und sagt, daß sie eine «partielle Identität» ermögliche, ein (vorübergehendes) Einssein von Subjekt und Objekt.

«SONNEN»

Gerhart Hauptmann, der das Dichten als einen *medialen Dienst* ansah, hat den Vorgang der Verschmelzung und mystischer Teilhabe am Sein in merkwürdig anmutenden «Meditationen» darzustellen versucht. Sie wurden unter dem Titel *Sonnen* erst 1942 in der Ausgabe letzter Hand veröffentlicht und sind in ihrer Tiefe und zentralen Bedeutung für Hauptmann bisher kaum begriffen worden. Diese Aufzeichnungen, Ende 1912 in Portofino begonnen, im Oktober und November 1933 in Agnetendorf fortgeführt und von dem Fünfundsiebzigjährigen in Rapallo abgeschlossen, ermöglichen uns, die von mystischen Gedankengängen beherrschte zweite Lebenshälfte Hauptmanns, zumindest das letzte Drittel seines Daseins, besser zu verstehen. Man kann sagen, daß die Meditationen *Sonnen* für das Verständnis des Hauptmannschen Werkes ebensoviel bedeuten wie die «Aufzeichnungen aus dem Kellerloch» für das Verständnis Dostojevskijs oder der «Brief des Lord Chandos» für das Hofmannsthals nach der Jahrhundertwende. Von den Leben und Werk erzeugenden, Leben und Werk erhaltenden und verschlingenden Elementen: Licht, Erde, Wasser und den sie aufnehmenden Sinnes- und Geistesorganen nähren sich diese «Meditationen». Sie feiern Schönheit und Leben, Geist und Traum als Emanationen einer göttlichen Macht, die Hauptmann unter allen Mächten Himmels und der Erde am stärksten verehrte: Eros.

Die Sonne, vom *Helios*-Fragment und dem «deutschen Märchendrama» vom Glockengießer Heinrich über den *Till* (mit der Vision von dem im Hades festgehaltenen Tagesgestirn), bis zum *Großen Traum*, ein zentrales Motiv im Schaffen Hauptmanns, die Sonne, oder genauer gesagt: der eigenwillig weiterentwickelte Mythos von der Sonne bildet den Mittelpunkt eines Kosmos, einer Welt und Über-Welt, den zu durchdringen, zu deuten, auszusagen die Meditationen sich bemühen.

Im Licht, durch das Licht entsteht die Erde, die Welt:

Der alternde Dichter stand in Erwartung der Sonne. Hinter einer niedrigen Wolkenbank ging sie auf.

*Sie gleicht einem rosenfarbenen Pilz — einer Feuerluft-Tulpe —
einer Seerose — einer umgekehrten Rubinschale . . .*
*Die Rubinschale bricht. Unter ihrem ungeheuren Lichtausbruch
entsteht die Welt.*
*Der alternde Dichter stellt die Frage: wo befinde ich mich? In mei-
ner eigenen Entrücktheit befinde ich mich. Und weiter gibt er sich
Antwort: ich starre ins Licht.*
*Felsenküste trägt meinen Fuß, der Abgrund rauscht, die Gewässer
der Tiefen und Fernen färben sich, der Mond verblaßt am bleichenden
Himmel.*
*Wo befinde ich mich? fragt der Dichter wieder: ins Geheimnis
mitten hineingestellt.*
*Was wäre faßbar und was nicht faßbar von allem, was ist und
nicht ist!*

Nach dem Licht tritt das andere gewaltige Element ins Bewußtsein: das Wasser:

*Der alternde Dichter wechselt den Ort die Felshöhe entlang: Söl-
ler, Kanzeln, Lorbeer, Arbutuskirsche, Wein.*
*Hier kocht das Meer und tost gewaltig, ob es auch schlummernd
liegt um alle Küsten.*
*Der Dichter sinnt: es schläft die See, sie schläft, und wühlten sie
Taifune auf.*
*Es schläft der Mensch gleichwie die See, gleichwie Gestein und
Luft. Es schläft und träumt der Tod im toten Raum. Und doch: die
Kirchenglocke, die zur heiligen Messe mahnt: Gestein, zum Klang
berufen.*
*Der Dichter steht, derweil sich alles rings in Licht verhüllt, und
lauscht dem Erz.*
Er schaudert.
*Aus der Erde Tiefen spricht sein Wort, erfüllt von dem, was über
ihr im Licht steht, verschwebend in das unbekannte Reich.*

Am nächsten Morgen ist der Sonnenaufgang, das Urschauspiel
des schwebenden Gestirns, für ihn gleichsam ereignislos, der Dichter
hat schlecht geträumt. Am übernächsten Tag, als sich die Sonne im
Aufgehen nur durch mattes Dämmerlicht und durch jähes, heftiges
Musizieren der Vögel verrät, tritt die Erde, der Mensch in die Meditationen ein:

*Der Dichter betrachtete schwarze Weinstöcke. Hatte die Erde Schlan-
gen geboren? Sie schienen ihm über das Gras zu fliehen, sie spran-
gen aus der Erde in verknoteten Bogensprüngen, sie schlängelten
sich an Bäumen und Steinmauern gierig hinauf.*
*Ein Mädchen kommt, ein halbes Kind, den Korb voll gewasche-
ner Wäsche auf dem Scheitel. Sie nimmt ihn ab, weil sie müde ist oder
weil sie den Dichter begrüßen will.*
Wie schön du bist, fühlt ohne Worte der Dichter.

Und er dachte bei sich: Ist es nicht viel mehr Schmerz als Lust, dies Gefühl?

Einmal ist dieses Wesen. Nie wird es zum zweiten Male sein. Ein Stern hat immer eine andere Klarheit als der andere, sagt Luther — aber das Wesen schwindet hin, indem ich es ansehe. Ich möchte seine Schönheit, das unbekannte flüchtige Wunder seiner Schönheit festhalten, möchte das Wunder sehen und anbeten. So übermächtig ist diese Offenbarung, daß sie das Gefäß, den Dichter, darein sie sich ausschüttet, zu sprengen droht.

Die kleine Wäscherin Palmyra, Palmyra-Madonnetta, grüßt und geht vorüber, und der Dichter spürt: *Ich bin nicht mehr ein Ganzes.* Die Festlichkeit des Lebens, Glück und Schönheit berühren ihn:

Schönheit macht Kranke gesund, weiß man das nicht? Schönheit kann in Erscheinung treten als die volle Summe des Glücks, alles überhaupt mögliche Festliche einschließend. Was ist sie aber, die Schönheit? Unter anderm das, was die große Illusion der Liebe zu wecken die Kraft hat.

Der Dichter, in dessen Leben bereits fünfundzwanzigtausendfünfhundertfünfzig Sonnen heraufgestiegen sind, setzt seine Meditationen fort, um zu ergründen, was «Wirklichkeit» ist, wie er mit Hilfe der Sonne und seiner Sinnes- und Geisteskräfte auch das Taube und Tote durchdringen könne:

Es gibt einen Hunger der Organe. Durch die Zeugung von Vater und Mutter werden wir ins Leben gesetzt, aber nicht in ihm erhalten. Die Nahrungsaufnahme aller Sinnesorgane allein bewirkt fortlaufende Creation. Der befriedigte Hunger des Auges ist das Leben im Licht. Die Nahrung des Auges heißt Licht, Farbe, Form. Der Hunger setzt Leere, das Leben Blindheit voraus. Was ist aber das, was die Blindheit durchbrechen, was sehen will? Was will sich ernähren und was von Finsternissen befreien, und warum?

Das Gleiche ist es mit dem Geruch, dem Gehör, dem Getast, dem Atmungsvermögen mit seinem Lufthunger sowie dem Geschmack. Alle diese Sinne wollen etwas Blindes, Taubes, Anteilloses, Totes durchbrechen.

Wie kann es geschehen?
Durch Eros und Geist.
In Liebesnächten vollzieht sich die Geburt des Eros:

Nicht im Verstande treffen sich Subjekt und Objekt, sondern in einem mystischen Schmelzprozeß, den man freilich als einen durch ein mystisches Feuer bedingten auffassen muß.

Unter all den zum Scheitern verdammten Versuchen, das umfangreiche Werk Gerhart Hauptmanns aus einem Grundprinzip zu entwickeln und deutend darzustellen, ist der Versuch, Eros als die Leben, Geist und Seele erhaltende und verschlingende, Schönheit er-

Aus dem Manuskript der «Versunkenen Glocke», 1896

zeugende und den Tod besiegende Elementarkraft in den Mittelpunkt zu stellen, noch immer die fruchtbarste. Allerdings darf der
Begriff des Eros nirgends eingeengt werden. Er muß in seiner jede
philosophische Definition und jede religiöse Dogmatik sprengenden
Freiheit dichterischer Phantasie und ihrer ins Unendliche ausgreifen-
den Metamorphosen erkannt werden. In der Eros-Vorstellung Hauptmanns schwingt etwas nach von urzeitlich-heidnischen und urchrist-
lichen Anschauungen, von Gedankengängen Platons, Plotins, von

den bis Jakob Böhme und über Böhme hinaus weiterwirkenden magisch-mystischen Welt- und Menschendeutungen der Gnosis, es schwingt etwas nach von fernöstlichen Lehren, vom Pantheismus Goethes und dem Weltgeist-Regiment Hegels; es mischt sich so vieles zum Teil unentwirrbar ineinander und durcheinander, daß jede Analyse hilf- und nutzlos erscheint. Die in ihrem Ursprung nicht zu ergründende Kraft, die der französische Philosoph Henri Bergson *élan vital* nannte, wirkt auch in Eros, doch für Hauptmann ist Eros mehr als Lebensschwung im Sinne Bergsons. In seinen Meditationen gibt er einen sehr weiten und doch nicht das Ganze umschließenden Umriß dessen, was ihm Eros ist:

Als Eros verfolgt wurde, erschien er als Christos: auch Christos ist Eros.

Weltschöpfer, Weltherrscher, Allgewaltiger in jedem Betracht: Christos Pantokrator.

Etwas durch Eros Erschautes ist schön. Das Schöne verrät das Vorhandensein des Eros.

Was schön erscheint, erscheint nur so dem liebenden Betrachter.

Wer Schönheit empfindet, wie immer, wo immer, der liebt.

Die süßesten Wonnen des Körpers, das heißt, aller Sinne sowie der Seele, das heißt aller Geistigkeit, sind Eros. In dem einen beschlossen ist die Welt, in dem anderen die Paradiese.

Es gibt einen Eros des Auges, des Ohres, des Geruches, des Geschmacks, des Gefühls sowie des Denkens und der reinen Seele.

Der Manifestationen des Eros sind Legion.

Legion im Werk Gerhart Hauptmanns. In seinem dramatischen, im epischen und auch im lyrischen Werk.

Es mochte für manche seiner Zuhörer zunächst eine Enttäuschung gewesen sein, daß Hauptmann bei seiner letzten öffentlichen Lesung im Juni 1942, als Tausende von Menschen den großen Saal der Berliner Philharmonie füllten, keine dramatische Szene vorgetragen, keine bekannte oder unbekannte Passage aus dem epischen Werk, sondern daß er sich mit Proben seines lyrischen Schaffens begnügt hatte. Der Dichter saß in einem bequemen Sessel, auf dem Tischchen vor ihm stand ein Mikrophon, das anfangs nicht recht funktionierte, und er las Gedichte. Frühe Gedichte aus dem *Bunten Buch*, Gelegenheitsgedichte, einen Prolog, er las die satirischen Verse *Der Papierne spricht* und das *Requiem*, das er nach dem Tode seines Vaters geschrieben hatte:

Ein Waldhorn fand ich im Tannengrund,
ruhe, du lieber Schläfer!
das hob ich auf an meinen Mund,
ruhe, du lieber Schläfer!
Ich stieß von ungefähr hinein,
da spielte das Horn im Sonnenschein:
ruhe, du lieber Schläfer!

1896

Es war, als sei inmitten der von Bomben bedrohten und zum Teil von Bomben zerstörten Stadt Berlin des Knaben Wunderhorn, jahrzehntelang eingefroren wie einst das des Lügenbarons von Münchhausen, noch einmal aufgetaut. Es war eine Totenfeier für den Vater und eine Huldigung für den aus Schlesien stammenden Romantiker Joseph von Eichendorff, eine Verklärung des Lebens und ein Bekenntnis zum Ewig-Gestrigen, in dem für den Achtzigjährigen nicht nur das Vergangene, sondern auch das Zukünftige beschlossen lag:

> *Was leg ich auf dein frisches Grab?*
> *Ruhe, du lieber Schläfer!*
> *Das Netz, das ich gewebet hab,*
> *ruhe, du lieber Schläfer!*

67

Und auch mein güldenes Hörnelein,
das haucht und singt noch ganz allein:
ruhe, du lieber Schläfer!

Aus jedem der Gedichte, die Gerhart Hauptmann las, stiegen, wie er im Vorwort zum *Bunten Buch* gesagt hatte, *Situationen, Jahreszeiten der Seele, Schicksale* auf. Der Ring der Lyrik, ein schlichter schmaler Reif, umschloß das Leben. Antike, Traum und Eros, die dieses reiche, gesegnete Dasein bestimmten, und ihre ins Episch-Dramatische drängenden Motive klangen an in Balladen und größeren Versgedichten, wie etwa in dem wie von überirdischem Licht und prometheischem Geist erfüllten *Helios und Phaeton.*

Gerhart Hauptmann wurde stürmisch gefeiert. Noch auf der Straße umdrängten ihn, ehrfurchtsvoll und beifallspendend, junge und alte Menschen. Man sah in ihm mehr als den Poeten der eben gelesenen Verse, mehr auch als den Schöpfer einer schier unübersehbaren Fülle plastisch gezeichneter Gestalten. Gerhart Hauptmann erschien auch außerhalb seines Hauses und inmitten kriegszerstörter Städte als ein wie von einer unzerstörbaren mystischen Schutzhülle umschlossenes Wesen. Peter Suhrkamp, der als «der Zuschauer» seiner «Neuen Rundschau» diese letzte Lesung Hauptmanns beschrieben hat, sagte: «Einen Augenblick, wie ich ihn so im Saal der Philharmonie sah, in seiner Patriarchenreife und an Leben gesättigt, dachte ich, ob er vielleicht erst ganz er selbst wurde als alter Mann. Aber schimmerte nicht die Vollendung in jedem Alter bei ihm durch? Wie hat uns die asketische Schmalheit in seinen Jugendbildern ergriffen!» Suhrkamp sagte weiter, daß bei einer zerstörten gesellschaftlichen Ordnung das Wesentliche in der Erscheinung des Moments schwer erkannt werden könne, weil das Soziale dann die Maßstäbe bietet, an denen allein das Überlieferte, eine gewordene Form, niemals gemessen werden dürfe. Das Wichtigste, auch im übertragenen Sinne sei, ob einer zu dem wirklichen Herrn seines Hauses wird. Als ein Patriarch in chaotischer Zeit, wohnend im Hause des Seins, im Hause der Sprache, erschien Gerhart Hauptmann, als er die letzten Gedichte aus dem Bande *Ährenlese* sprach: *Du weißt nicht, was du gewesen bist; Das bin ich* und *Laßt uns etwas Stilles lieben:*

Laßt uns etwas Stilles lieben:
lebend sind wir, sind geblieben
trotz der allgemeinen Stürme
und dem Ansturm der Gewürme.
Aber was wir tiefst verloren,
wird hier niemals neu geboren.
Also rückt den Rest der Habe
in die Stille, nah dem Grabe.
Schaudert nicht vor seinem Rande,
denn vom unbekannten Lande
raunt das Grab und raunt die Stille,

> *und es ist ein ewger Wille*
> *still bereit, aus Erdentagen*
> *schlummernd dich dorthin zu tragen,*
> *wo, was dir die Zeit entwendet,*
> *wiederkehrt und nimmer endet.*

Das war noch harmonisierend gesagt, mit der sich gleichsam von selbst ergebenden Absicht, Natur und Kunst, Antike und Christentum zu versöhnen und das Leben nach dem Goetheschen Vorbild im Kunstwerk, als Kunstwerk zu runden. Es war eine verzweifelte, zum Scheitern verurteilte Gegenwehr, ein heroischer Kampf gegen die eigene hellsichtige Erkenntnis, daß die ihm zugeteilte Epoche mit dem Reichstagsbrand zu Ende gegangen war. Das Chaos wartete. Es brach ein in die Atridentetralogie. Aber wenn es sich hier und im *Märchen*, in *Mignon*, im *Neuen Christophorus* noch einigermaßen beschwichtigen ließ, so überwältigte es den Dichter in den düsteren Visionen des *Großen Traums* und endlich auch in der Lyrik. Das Mystische, das schon am Anfang der geheime Generalbaß seines Schaffens gewesen war, trat immer stärker hervor. In einer lässigen und zuweilen nachlässig-gelösten Sprache umspielte der Greis nach seinem achtzigsten Geburtstag schwermütig meditierend und in hymnisch-euphorischer Verklärung Figuren aus der Bibel und aus dem West-Östlichen Diwan seines geliebten «Oberkollegen». Er sann der weit über das Irdische hinaus spendenden Gestalt des heiligen Christophorus nach, von der er früher einmal gesagt hatte:

> *Siehst du Christophero ins Gesicht,*
> *am gleichen Tage stirbst du nicht.*

In kurzen Gedichten von einer sich gleichsam aufbäumenden Kraft redete er das mächtige Gebirge, das ihn umgab und bedrohend schützte, ebenso unmittelbar an wie eine Blume, einen Baum, ein Nachbarskind. Er verglich sein Leben mit dem Leben eines solchen hohen Baumes und faßte in Versen, die Zeitgeschichte in Menschengeschichte und Menschengeschichte in Naturgeschichte aufgehen ließen, das Sein im Bilde eines hinschwindenden Werdens.

Aber das Miterleben der Schmerzen und Leiden einer gemordeten Humanität ließ sich nicht gänzlich und rein auflösen im Rhythmus der Natur und Naturgeschichte. Traumvisionen rissen den Dichter zurück in die grausame Realität des Tages:

> *Stirbt eine Zeit,*
> *oh, wieviel Tote weinen da!*
> *Sie sprechen, sie lachen gebrochenen Herzens,*
> *ihr Blick ist offen, hoffnungslos:*
> *das Antlitz im Nacken,*
> *das Auge voll Sehnsucht rückwärts erstarrt,*

tragen sie ihren Tod.
Ich sah es nie, glaubte es nie zu sehn,
wie Tote aufrecht stehn und gehn
und mit brennenden Augen rückwärts sehn.

Diese Vision erstarrten Lebens sollte nicht die letzte sein. Nach dem Traumgesicht eines archaisch-grausigen Totenbannes, inmitten eines endlosen Krieges, verbot sich der Greis das Fragen:

Frage niemand, wer ich bin,
und auch nicht, wer du.
Fragen ist hier ohne Sinn!
Die lebendige Ruh'
scheint leere um uns her.
Trau nicht der Gestalt:
denn wir beide sind nur mehr
Schatten der Gewalt.

Die Gestalt löste sich auf, das Leben schwand dahin, die Sprache verstummte, doch eben in dieser Substanzveränderung, die auch ihn traf und verwandelte, erkannte der Dichter: *ohne das Schwinden ist kein Sein.* Im Verstummen offenbarte sich ihm: Geist ist mehr als Luft und See, mehr als Menschenlaut, mehr selbst als die Sprache der Götter: *Geist ist unendlich.*

In den Tagebüchern — früher oder später Zeit? — fanden sich die Zeilen:

Du hast ein Haupt,
du hast einen Mund:
und
Du sprichst.
Wer hört dich?
Niemand!
Du bist und bleibst unerkannt
wie Wasser und Sand.

ERZÄHLEN ALS NARKOTIKUM

Das klang merkwürdig ungesellig aus dem Munde eines Gastwirtssohnes und Gastwirtsenkels, der im Gegensatz zu den drei großen Skandinaviern Ibsen, Strindberg und Hamsun gesellig und menschenfreundlich, zumindest duldsam bis ins hohe Alter geblieben ist. Geselligkeit im engen Kreise, das Gespräch zu zweien und dreien, in dem es Pausen eines beredten Sich-Anschweigens geben durfte, geben mußte, war für ihn eine ebenso unabdingbare Lebens- und Arbeitsvoraussetzung wie der tägliche Spaziergang, wie Schlaf und Traum und das tägliche Zusammensein mit seiner Frau. So sehr jedoch Geselligkeit und Gespräch zu einem festen und festlichen

Teil des Lebens geworden sein mochten, so sehr in ihnen die Lust des Dramatikers an Bewegung, an Zustimmung und Widerspruch (einem notfalls provozierten Widerspruch) Nahrung fanden, in der Tiefe war diese Geselligkeit ein wenn auch nutzloser, so doch immer wieder unternommener Versuch, der Einsamkeit zu entfliehen, die Stimmen des zwei-, drei-, vier-, fünf- und mehrfach gespaltenen Ichs, die selbst durch Schlaf nicht zum Schweigen zu bringen waren, zu besänftigen, zu übertönen, mundtot zu machen. Manchmal half dieses Mittel, manchmal versagte es. Wenn um Mitternacht die Manuskripte beiseite geräumt waren, aus denen der Dichter oder einer der Gäste vorgelesen hatte, dann konnte es geschehen, daß durch die geschlossene Tür weitere Gäste eintraten und das Gespräch des Hausherrn sich ihnen zuwandte. Wer ungeübt im Zuhören war, meinte zuerst, daß der wie geistesabwesend murmelnde Zecher zu sich selber sprach. Nach einer Weile wurde deutlich: der alte Herr unterhielt sich mit einem Schatten. Vieles war in einer solchen Zwiesprache wirklich nur stammelnde, unverständlich bleibende Andeutung, wie sie Thomas Mann in der stilisierenden Karikatur seines Mynheer Peeperkorn geschildert hat. Man muß jedoch, um der Wirklichkeit näher zu kommen, das Komplementärbild dieses Vorgangs, eine Art Selbststilisierung Gerhart Hauptmanns dagegen halten. Er hat den Vorgang in dem «phantastischen Erlebnis», dem er den Titel *Die Spitzhacke* gab, Stufe für Stufe in einer durch Weingenuß bewirkten Fabulierfreudigkeit und -kunst genau beschrieben. Dieses Erzählen war elementar. Wie töricht, wenn man bald den Dramatiker Gerhart Hauptmann gegen den Erzähler, bald den Erzähler gegen den Dramatiker ausspielte und dabei übersah, daß schon in den frühen, im Grunde szenisch komponierten Erzählungen *Fasching* und *Bahnwärter Thiel* sich eine ursprüngliche dramatische Begabung ebenso verriet wie in den epischen Personenbeschreibungen und Bühnenanweisungen des sozialen Dramas *Vor Sonnenaufgang* der geborene Erzähler hervorgetreten war. Auch Hauptmanns Lyrik malt in einem oft sehr schlicht, fast prosaisch anhebenden Parlando Szenen, die der Wandernde, der Träumende gesehen.

Dieser Alltagston, dieses Parlando bleibt charakteristisch für Hauptmann in allen Lebens- und Schaffensphasen. Es weitet sich nicht aus zu einer Zeit- und Daseinsprobleme umspielenden Plauderei wie in Fontanes Gesellschaftsromanen, es ergießt sich nicht in schier endlose metaphysisch-religiöse Dialoge wie bei Dostojevskij oder in weitgespannte humanistische und antihumanistische Bildungsgespräche wie bei Thomas Mann — dieser Gesprächston des Alltags bleibt auch da, wo die Handlung ins Phantastisch-Spukhafte, ins Mystisch-Symbolische aufsteigt, immer wach und der Sinnenwelt, der Realität mit groben oder feinen, manchmal kaum noch sichtbaren Fäden verbunden. Wir dürfen nicht vergessen: dramatisches Darstellen und Erzählen war für Hauptmann, der fast alle seine Werke diktierte, stets ein sozialer Vorgang. Der Dichter wußte dabei

ENTHAL
NN HENTSCHEL

Adolf von Sonnenthal
als Fuhrmann Henschel

genau, worin der dramatische Schaffensakt sich vom epischen unterscheidet:

Die dramatische Kunst fingiert Gegenwart. Sie hat einen unsichtbaren Schöpfer, allerdings einen unsichtbar Gegenwärtigen, der sich in seinen Geschöpfen dokumentiert.

Die epische Kunst lebt von der historischen Fiktion. Sie setzt einen Erzähler voraus.

Manchmal ist die Erzählung echte oder fingierte Ich-Erzählung. Ein unverwechselbarer Grundton bleibt immer erkennbar. Beim Gespräch klang er durch. In Gerhart Hauptmann steckte, wie man noch an dem Achtzigjährigen beobachten konnte, eine ursprüngliche Lust am Erzählen. Sehr gern hörte er Geschichten, Anekdoten, Reiseabenteuer, dialektgefärbte Schilderungen; besaß der Erzähler oder die Erzählerin gar eine mimisch-humoristische Begabung, Erlebtes kabarettistisch auszumalen wie die Schauspielerin Else Eckersberg, so kannte sein Entzücken keine Grenzen. Hauptmann selbst vermochte mit einer Geste, mit einem Blick, vor allem mit der Nachahmung des Ganges die Eigenart von Menschen ebenso genau und mindestens ebenso plastisch karikierend vorzuführen, wie dem Autor des Mynheer Peeperkorn im prägnanten Wort die Darstellung jenes Mannes gelungen war, der sich, um den treffenden Ausdruck seines geheimnisvoll flutenden Innenlebens zu finden, in grimassierender Pathetik abquälte. Und doch läßt sich nicht leugnen, daß Hauptmann trotz oder vielleicht gerade wegen der Mühe, die ihm das Erzählen machte, eine ebenso ursprüngliche epische wie dramatische Begabung besaß, ja, daß beide Begabungen der gleichen Quelle entsprangen.

Diese Quelle war das Leben, dessen elementare Äußerungen sich bald in der fingierten Gegenwart des Dramas, bald in der historischen Fiktion der Erzählung entfalteten. In der Erzählung geschah es nicht so rund und schlicht wie in der Lyrik. Es vollzog sich trotz aller Bändigung durch die Form oft eruptiv, in Bruchstücken einer Konfession, die ein Erlebnis der Jugend, der Ehekrise, eine Glücksempfindung, ein Schuldgefühl abwandelte, bald ins Geschichtliche, bald ins Mythische projiziert, angestachelt von einem dämonischen Trieb, sich mitzuteilen, sich auszuschöpfen bis auf den Grund, ähnlich, wie es bereits in früher Kindheit geschehen war. Aus Gehörtem und Geträumtem, aus dem Unbewußten der Knabenseele war es hervorgebrochen, mit Naturgewalt, nicht zu hemmen. Hauptmann berichtet:

Wer mir die ersten Märchen erzählt hat, weiß ich nicht, ich nehme an, meine Mutter. Ich selbst aber habe sehr früh den Kindern des Fuhrmanns Krause, Gustav und Ida, Märchen erzählt, und zwar in der Stube der Krauseleute, winters, zur Zeit der Dämmerung. Wir hockten auf Fußbänkchen in der «Helle». Das war ein gemütlich beschienener, warmer Winkel zwischen Ofen und Wand. Ida und Gustav wurden nicht müde, mir zuzuhören, selbst wenn ich Erfindungen auf Erfindungen stundenlang gehäuft hatte.

Acht Jahre später, vom Elternhaus getrennt, zwang er die Kinder des Pastors Gauda in der Breslauer Pension in seinen Bann:

Ich glaube, dieses Geschichtenerzählen war mein wesentliches Narkotikum. Ich weiß, daß ich dabei die ganze verlorene Welt meines ersten Jahrzehnts immer wieder erneuert und variiert habe. Ich selbst war der Knabe, dessen natürlich heldenhafte Geschichte immer wieder zur Sprache kam. Der Gasthof zur Krone, sein Hof, sein Vorder- und Hintergarten, seine Säle, Zimmer und Bodenkammern, war der Schauplatz seiner Wirksamkeit, nur daß ich ihn bald in ein mystisches Schloß oder eine Zauberburg umwandelte, darin eine Liebes-, Hexen- und Räuberromantik, von Dornröschen über Rotkäppchen bis zum Menschenfresser und Blaubart, sich auslebte.

Und wiederum ein paar Jahre später auf dem Dominium des Onkels Schubert in Lohnig erzählte er den Dorfkindern in den Arbeitspausen Geschichten und dann, auf seiner ersten Seereise nach Italien, den Matrosen des Frachtschiffes «Livorno». Die Seeleute wollten dem neugierigen zwanzigjährigen Kunstschüler keine Klabautergeschichten erzählen: *nur hören wollten sie. Nie, außer dem kleinen Gustav und der kleinen Ida Krause vor dem Ofenloch im Souterrain des Gasthofs zur Krone und den Kindern von Lohnig im Heu, hatte ich ein so unersättliches Publikum.*

Erzählungen begleiteten des Erzählers Leben. Noch in den letzten Jahren, wenn man zu ihm nach Agnetendorf kam, erfuhr man es beglückt. Was er sah und hörte, was er zeigte — antike Münzen aus seiner schönen Sammlung, ein Porträt des Schauspielers Moissi, gemalt von Leo von König —, auch Fragen, die deutliche oder weniger deutliche Erinnerungen in ihm erweckten, all das setzte sich um in

Handlung und oft wurde es, ohne Vergewaltigung der Realität, zu einem erregenden Abenteuer oder bedeutsamen Schicksal. «Da ich nur elementare Äußerungen behalte und sie sehr genau von den übrigen unterscheide ...», so sagte er in einem Gespräch, das sich um Probleme der Bildhauerei bewegte. «Meine Tendenz war Rodin-Tendenz», erklärte er und schilderte dann mit vielen humorvollen Einsprengseln einen etwas mißglückten Besuch bei Adolf von Hildebrand in Florenz, der ungefähr sechzig Jahre zurücklag. Er, Hauptmann, habe damals vor allem Bewegung und stark bewegten Ausdruck in der Plastik gesucht, Hildebrand habe ihn vom Gegenteil überzeugen wollen. An seine Argumente könne er sich nicht mehr erinnern, und als Begründung dafür wiederholte Hauptmann, was er eingangs gesagt hatte: «Da ich nur elementare Äußerungen behalte und sie sehr genau von den übrigen unterscheide ...»

Ein Hauptkennzeichen des Erzählers (und des Dramatikers) Hauptmann ist das Bemühen, elementare Äußerungen aufzuspüren, in den rechten Zusammenhang zu bringen, ins rechte Licht zu setzen. In Hauptmanns Novelle *Der Schuß im Park* heißt es von dem Erzähler, einem alten Forstmann, daß er ein Krater war, *der ununterbrochen aus den Tiefen seiner Vergangenheit, gleichsam achtlos, Schätze emporschleuderte. Das tat er, obgleich er am Sprechen merklich gehindert war und wieder und wieder nach Atem ringen mußte.* Der Alte erzählt die spannend aufgebaute Geschichte des baltischen Barons Degenhart, dessen Schicksal mit dem einer Farbigen, eines Mischbluts, und dem der schlesischen Baronin von Weilern merkwürdig verflochten ist, beim Wein. Auch Hauptmann tat es gern. Und auch er sprach stockend, ja zuweilen stammelnd-unverständlich, und doch wirkte dieses Erzählen packend und suggestiv. Die elementare Äußerung verriet sich ebenso im Detail wie im beharrlich durchgehaltenen Tonfall, in der charakteristischen Sprache des Dialogs oder des jeweiligen Erzählers. In der Novelle *Der Schuß im Park* wird die zum großen Teil in Kisten verstaute Bibliothek des Barons Degenhart erwähnt. Sie enthält vor allem Musikerbiographien, Afrikaliteratur, Brehms Tierleben: *Von den Dichtern war nur Scheffel vertreten.* Mit einem Male versteht man, woher der merkwürdig altdeutsch-forsche Ton stammt, der in dem vulkanisch brodelnden Erzählen des weitgereisten Forstmannes mitschwingt: Scheffel!

Die Fülle einer mühelos strömenden Phantasie ist der erste und stärkste Eindruck, den man von dem Erzähler Gerhart Hauptmann gewinnt. Über fast sechs Jahrzehnte spannt sich der Bogen: von der märkischen Erzählung *Fasching* (1887) bis zu der letzten, in das transparente Licht einer Geisterbeschwörung getauchten Novelle *Mignon* (1944). Da steht die Naturkraft des *Ketzers von Soana* und das Naturmythische des *Meerwunders* neben dem Naturalistischen im *Bahnwärter Thiel* und der Breslauer Kriminalgeschichte *Phantom*, in welcher, wie in der *Hochzeit auf Buchenhorst* und *Der Schuß im Park* das nur unterhaltend Hingeplauderte plötzlich durchsichtig

wird und die guten Stuben der bürgerlichen Kultur unter dem Einbruch elementarer Mächte wie wurmstichige Kulissen zu wackeln beginnen.
Nur der bürgerlichen Kultur?

So wie Hauptmann wenig Verständnis für das Historische im Sinne einer strengen quellenkritischen Forschung besaß, so reizte ihn auch das Soziologische wenig, obgleich er doch in seinem Gesamtwerk das umfassende Gesellschaftsbild einer Epoche gezeichnet hat. Was ihm nicht durch die Sinne zugänglich war, das ließ er beiseite. Aber es war nicht allzuviel, was ihm da entging, denn seine sinnliche Aufnahmefähigkeit war so erstaunlich weit, daß sie sowohl nach der Seite des Elementaren, der Natur, wie der des Geistes, der Kultur, Dinge wahrnahm, die vor ihm kaum jemand gesehen hatte. Das geschah oft unbewußt. Dieser Hinweis soll allerdings nicht dazu verführen, anzunehmen, daß sich Hauptmann als Erzähler einfach seinen Einfällen überlassen und bunt und kraus, so wie es ihm zuströmte, fabuliert hätte. Wohl kommt es vor, daß er sich gehen läßt wie in *Wanda* oder in *Atlantis*. Aber auch hier muß man unterscheiden zwischen sprachlichen Nachlässigkeiten, über die Hauptmanns Freund Oskar Loerke, Lektor des S. Fischer-Verlages, sich in seinen Tagebüchern oft stöhnend beklagt («Hauptmanns Autobiographie von Schludrigkeiten des Diktierens, von Altersphrasen befreit. Erschreckend, wie stereotyp dieser große Dichter werden kann. Etwa 5 000 Änderungen.»), und dem Versuch, mit Hilfe des Unterhaltungsromans, gleichsam im Schutze des Zwielichts dieser Gattung, in Bereiche vorzudringen, die Hauptmann solange fremd oder verschlossen geblieben waren: in die morbide Schicht der Zivilisation, der *fin de siècle*-Kultur, in der dennoch elementare Äußerungen vor allem in den Erscheinungsformen von Macht und Sexualität zu finden waren, in Geld- und Geschlechtsgier, die so stark zutage traten, daß das Individuelle der geprägten Persönlichkeit sich darin aufzulösen drohte. Als Hauptmanns Schwager, der Kritiker Moritz Heimann, den Dichter auf Mängel des Romans *Atlantis* aufmerksam machte, schrieb ihm dieser unter dem 2. August 1912:

Ich habe mich einmal bewußt gehen lassen. Es war ein Experiment, und ich werde es nicht wieder tun.

Nachdem wir in zwei Weltkriegen und den ihnen vorangegangenen und folgenden Krisenzeiten erfahren haben, daß der Mensch «ethisch nahezu etwas Gestaltloses, unerwartet Plastisches, zu allem Fähiges ist» (Robert Musil), wird uns das in mancher Hinsicht Prophetische dieses zum Teil reportagehaften Romans deutlich. Das Willenlos-Geworfene kommt in der Figur des Arztes Friedrich von Kammacher und seiner mit Puppen und Männern spielenden Geliebten, der Sex-Tänzerin Ingigerd Hahlström, ebenso zum Ausdruck wie in der Seereise und der den «Titanic»-Untergang vorwegnehmenden Schiffskatastrophe. *Beinahe die ganze Welt, jedenfalls aber Europa ist für mich eine stehengebliebene kalte Schüssel auf einem*

Bahnhofsbüffet, die mich nicht mehr reizt, so heißt es ziemlich zu Beginn in einem Brief Friedrich von Kammachers. Und am Ende findet sich, gewissermaßen als ein Zukunftsprogramm die Äußerung des Arztes Peter Schmidt (hinter dem sich als Modell ein Jugendfreund Hauptmanns, der Rassenhygieniker Dr. Alfred Ploetz verbirgt): *Wir müssen erst alle amerikanisiert und dann zu Neueuropäern werden!*

Ähnlich wie der Plastiker Gerhart Hauptmann dem Mystiker Widerstand leistete, so begegnete der um die Form ringende Erzähler den gestalt- und formauflösenden Tendenzen seiner Epoche auf eigene Art. Hauptmann beherrschte die Technik der Erzählung: jede seiner Figuren, Bahnwärter Thiel im Osten Berlins, der Priester Francesco Vela im Gebiet des Monte Generoso, ein schlesischer Forstmann in Jauer, der Seefahrer Cardenio-Mausehund in Genua und hundert andere Haupt- und Nebenpersonen sind in ihrer Sprache und ihrem Milieu mit wenigen Strichen sicher gezeichnet, aber diese Plastik und Prägnanz und das kluge und anscheinend absichtslose Ritardando, das Hinauszögern und wohlüberlegte Steigern der Span-

Illustration zum «Fuhrmann Henschel». Radierung von Ferdinand Staeger

nung, das Abbrechen auf oder kurz vor dem Höhepunkt der Handlung, das Abwandeln von Leitmotiven — dieses im besten Sinne virtuose Erzählenkönnen ist ohne einen hochentwickelten Kunstverstand nicht denkbar. Wenn man das Geheimnis des Erzählers Gerhart Hauptmann ergründen will, darf man dies nicht beiseitelassen. Aber man darf es auch nicht überschätzen, denn erstaunlicher als die Beherrschung der traditionellen Mittel der Erzählung ist ihre Erweiterung, die von der frühen Studie *Der Apostel* über die kaum bekannten *Jesus-Studien* zum Roman *Der Narr in Christo Emanuel Quint* und von dort zu den *Wiedertäufer*-Fragmenten und dem unvollendet gebliebenen letzten epischen Werk, dem *Neuen Christophorus*, führt.

In der *Mignon*-Novelle wird ein Satz Guardinis erwähnt: «Das Gewesene weilt in einem Bereich der Welt, der entrückt ist, aber dennoch zu ihrem Ganzen gehört.» Hauptmann fügt hinzu: *Das Entrückte hätte sonach seine eigene Wirklichkeit.* Nimmt man dazu eine andere Äußerung, in der Hauptmann erklärt, die drei Phasen seiner Produktion seien: *das am Tag Erlebte, der Traum, der es gestaltet, und schließlich der Wachzustand, der das Gestaltete in Formen zwingt,* so erkennt man klar, daß Hauptmanns Wirklichkeitsbegriff andere, weitere Dimensionen umschließt als die vom Realismus und Naturalismus erfaßten und die vom Symbolismus und Expressionismus weithin ausgeklammerten Bereiche.

Entbinden wir nur unsere Phantasie und machen wir sie zum Erkenntnisorgan, das ist der höchste und letzte Sinn unseres Lebens, sagt der Erzähler im *Meerwunder*. Die Phantasie also erschließt die materielle und die immaterielle Sphäre, und zuteil wird uns die Wirklichkeit dieser Welt samt der seiner Hinterwelten (oder Metakosmien, wie Hauptmann gern sagte) durch eine vom Eros bewirkte *participation mystique*, durch unsere Sinne, die ins Übersinnliche vorzudringen vermögen, durch medialen Dienst. Die Sprache ist Zeichen, Symbol. Aber, so fragt der Dichter in einer *Sonnen*-Meditation: ist Geist und Wahrheit nicht ein und dasselbe? Und er gibt die gleiche Antwort wie der Narr in Christo, Emanuel Quint:

Der Mensch wird nicht eigentlich geboren außer im Geist, er wächst nur im Geist, und was er von Wahrheit weiß oder nicht weiß, ist ganz und gar beschlossen im Geist.

Wenn irgend etwas universell ist, so der Geist. Freilich ist er nicht etwa nur heiliger Geist: *Er ist guter und böser Geist. Und als solcher, nämlich als böser Geist, spukt er in allen Religionen.* Als solcher spukt er auch im Werk und in der Weltvorstellung Gerhart Hauptmanns. Er spaltet den Kosmos der Wirklichkeit und den des Werkes, indem er Satanael, den abgefallenen älteren Sohn Gottes und Bruder Christi, zum Weltenschöpfer macht, indem er das Ur-Drama, das mit dieser Schöpfung begonnen hat, sich fortsetzen läßt bis in unsere Tage und damit auch das Totenreich, das Jenseits, das Entrückte als Wirklichkeit mit einbezieht in den immer aufs neue anhebenden Kampf.

Das dramatische Werk Hauptmanns mit mehr als einem halben
Hundert veröffentlichter Arbeiten und wahrscheinlich noch mehr
unveröffentlichten Entwürfen, Skizzen, Fragmenten, zum Teil beendeten, aber nicht als reif betrachteten Stücken spannt den weitesten Bogen über dieses weitverzweigte fruchtbare Dasein. Und doch
ist weder in den Werken, die zwischen den symbolisch betitelten
Dramen *Vor Sonnenaufgang* (1889) und *Vor Sonnenuntergang*
(1932) liegen, noch in dem mit der Atridentetralogie abschließenden
Lebensabschnitt eine Gestalt zu finden, die gleich Goethes Faust die
beherrschende Tendenz der Epoche in sich sammelt. Es ist, als fände
der Pluralismus einer sich umformenden Gesellschaft, die wider-
spruchsreiche Vielfältigkeit der geistigen Bestrebungen im mehrgespaltenen Ich des Dramatikers ein antwortendes Gegenbild. Als sei
es darum nur möglich, mehr oder weniger umfassende Fragmente
als plastische Projektionen dieses Ichs in eine Vielzahl von Werken
zu entsenden; als setze sich das Urdrama nur um den Preis fort, daß
sich sein Schöpfer ihm preisgibt in immer neuen Manifestationen.
Alle Hauptmannschen Dramen, auch die mißglückten oder nur äußerlich beendeten Arbeiten enthalten zumindest einige jener elementaren Äußerungen, aus denen Meisterwerke wie *Die Weber* oder
Fuhrmann Henschel Akt für Akt, Szene für Szene, fast möchte man
sagen: Wort für Wort komponiert sind.

Elementare Äußerungen im Sinne einer Konfession enthält auch
das Dramen-Fragment *Der Dom*, an dem Gerhart Hauptmann seit
Beginn des Ersten Weltkrieges, wie es die Stimmung ergab, ohne festen Plan, fast in Tagebuchmanier, gearbeitet hat und von dem
die erste Szene — «Auf dem Turm» — schon 1917, eine umfassende
Sammlung der Fragmente und Splitter 1942 von F. A. Voigt veröffentlicht wurde. Es mag mehr als Zufall sein, daß sich Gerhart Hauptmann in seinen um «faustische» Sinndeutung bemühten Arbeiten,
den dramatischen, epischen und lyrischen, gern traditioneller, zum
Teil sogar konventioneller Formen und Symbole bedient. Die Mi-
schung von Gotik und Renaissance, die für ihn das Sebaldusgrab
darstellte, kann zugleich als Spiegelung und als Schutzhülle für einen
Vorgang angesehen werden, den Hauptmann nicht als einen begrenzten historischen, sondern ebenfalls als einen elementaren, sich aus
der Vergangenheit in die Gegenwart und von der Gegenwart in die
Zukunft erstreckenden Prozeß begriff: die Reformation. In .der als
Trilogie angelegten Tragödie *Florian Geyer* ist mehr die politisch-
materielle, in den epischen und dramatischen Fragmenten *Die Wiedertäufer* mehr die spirituelle Seite dieser mächtigen Bewegung dargestellt. In dem fragmentarischen Alterswerk, dem Roman *Der neue
Christophorus*, heißt es: *Alle Konfessionen haben Ursache, auf Luther zurückzuführen, was heute in ihrem Glauben innig, seelenvoll
und segensreich für ihr Leben ist. Der Ketzer von Wittenberg ist Re-
formator der deutschen Katholiken wie der Protestanten.*

Auf Hiddensee: Gerhart Hauptmann mit seinen drei Söhnen Ivo, Eckart und Klaus, 1901

Die Reformation stellte also, auf die Konzeption des Ur-Dramas bezogen, den über Deutschland und über Europa hinauswirkenden Prozeß einer permanenten Revolution dar, den F. A. Voigt in seinem Nachwort zum *Dom*-Fragment im Anschluß an eine Notiz Hauptmanns erläutert. Das seitdem oft angeführte Zitat lautet: *Urdrama. Die Brüder Satanael und Christus. Satanael dasselbe wie Maro. Er bildet den Willens- und Gewaltmenschen aus. Jesus, Schöpfer und Herr der Verfolgten.* Unter Maro ist, wie Voigt erklärt, der gemeinhin Mara genannte Urversucher der buddhistischen Lehre gemeint. Hauptmann, ähnlich wie Goethe ein großer Mythenfreund und Mythenmischer, hat, indem er Gedanken, Vorstellungen, Visionen Jakob Böhmes und Miltons ebenso weiterführte wie Sagen und Symbole der Antike und der Gnosis, einen eigenen Mythos, zumindest Ansätze zu einem solchen Mythos entwickelt. Satanael, der als zwielichtige Führergestalt den Dichter durch Chaos und Kosmos des *Großen Traums* geleitet, erscheint hier und in anderen Werken Hauptmanns bald in der Maske Luzifers, bald in der des Herakles oder des Prometheus, bald in der des antiken Gottes Dionysos.

79

«Der Gott führt, treibt, peitscht die Menschen, seine Geschöpfe, hinein ins Leben, zur Erfüllung und Übersteigerung von sich selbst: deshalb ist er der Urgrund aller Kunst, der Steingebilde in den Domen ebenso wie der Musik und der höchsten aller Künste, des Dramas. Beethoven, Michelangelo und Shakespeare sind für Hauptmann geradezu die eigentlichen luziferischen Meister unserer Welt. Erst dieser Urgegensatz Christos-Dionysos», schreibt F. A. Voigt weiter, «hat den Weltprozeß mit all seinen Entsetzlichkeiten und großartigen Schöpfungen entbunden, einen Prozeß, der sich ebenso in der Brust des Einzelmenschen wie im Leben der Völker abspielt.»

In dem dritten und gewaltigsten Bogen, dem dramatischen, der das breite Lebensdelta Gerhart Hauptmanns überspannt, sind die in der Lyrik anklingenden *Situationen, Jahreszeiten der Seele, Schicksale* und die in der Epik sich entfaltenden Motive elementarer und zeitgeschichtlicher Mächte am weitesten aufgefächert und differenziert. Es wird gut sein, um die bei aller Vielfältigkeit bestehende Einheit des dramatischen Werkes nicht aus dem Auge zu verlieren, neben der sehr früh empfundenen, wenn auch noch nicht formulierten Konzeption des Ur-Dramas den ungemein stark entwickelten praktischen Theatersinn Gerhart Hauptmanns zu betonen, sein «Theaterblut». Unterhält man sich mit Schauspielern, so hört man sie immer wieder begeistert rühmen, man könne in die Rollen Hauptmanns geradezu hineinschlüpfen, Wort und Gebärde ergebe sich so zwingend, daß es fast unmöglich sei, irgend etwas zu verfehlen. Und auch bis zur Ungerechtigkeit strenge Kritiker, die Gerhart Hauptmann den Rang eines großen Dramatikers absprachen, nannten ihn im gleichen Atemzug, im gleichen Satz «ein Genie des Theaters». So Walter Muschg, der von Gerhart Hauptmann sagt: «Er dachte in Bildern und Satzmelodien. Sein Blick für das Szenische, für die echte und bühnenwirksame Gebärde war untrüglich. Um seine Figuren war immer Luft, ihre Gespräche strotzten von Leben . . .»

Es war merkwürdig und seltsam ergreifend, zu sehen, wie sich in dem fast Achtzigjährigen diese beiden Elemente seines Wesens noch immer schöpferisch begegneten und durchdrangen. In der Arbeit an der Atridentetralogie setzte sich das Ringen um das Ur-Drama, das Ringen um eine metaphysische, religiöse Sinndeutung des menschlichen Daseins fort. In den Proben zum *Fuhrmann Henschel* mit den niederschlesischen Laienspielern erregte sich sein praktischer Theatersinn. Etwas Drittes kam hinzu: das von Gerhart Hauptmann Geschaffene, sein dramatisches Werk, war nun selbst ein Stück Mythos oder Legende, nüchtern gesagt: Geschichte geworden. Wie wurde der Greis damit fertig? War das früher Gesagte, Erlebte dem alternden Dichter immer gegenwärtig oder war es «aufgehoben» in jener ans Mystische grenzenden Doppelbedeutung, die Hegel der Geschichte und der Lebensgeschichte in seiner dialektischen Entfaltung zugeschrieben hatte? Auch der alte Gerhart Hauptmann sah zuerst die aus der Gebrechlichkeit des Einzelmenschen sich ergebende Tragik, er sah die Verflochtenheit des Individuums mit Angehörigen der Familie und mit Freunden, mit Heimat, Volk und Gesellschaft, er ahnte, daß dahinter ein über den Einzelnen und die Gruppe oder die Gemeinschaft hinausreichendes Schicksal walten mochte, aber das Gesetz, dem der Mensch und auch die Gottheit, ohnmächtig revoltierend oder stumm bejahend, unterworfen waren, dieses Weltgesetz, von keinem Philosophen, von keinem Religionsstifter bisher erkannt, war und blieb für Hauptmann ein dem Menschengeist und -blick entzogenes Geheimnis, halb Fatum, halb Fügung, und wo es sich tief erfüllte, von Leiden derart durchtränkt, daß der Blick ins Antlitz eines von den Moiren, den Schicksalsgöttern, gezeichneten Menschen gleichzusetzen war mit dem Blick ins Antlitz der Medusa. Diesen Blick auszuhalten, an ihm nicht die Sprache zu verlieren, erforderte Kraft. Als zu einem späten Geburtstag Gerhart Hauptmanns eine fremde Dame geschrieben hatte: was müsse es ihn gekostet haben, ein solches Werk über ein einziges Leben zu türmen, sagte der Dichter zu seinem Sekretär Erhart Kästner: *Die meisten Menschen glauben, es sei mir immer sehr leicht gefallen. Dabei,* fuhr er fort, *bin ich an meinen ersten Stücken fast zugrunde gegangen.*

Immerhin: es gab Gestalten, an die der Dichter nicht ungern dachte. Die Mutter Wolffen gehörte dazu und Hannele und Pippa. Auch die saftstrotzende Baubo, dieses Götterweib der Antike. Ihre Liebesidylle mit Till Eulenspiegel erwähnte Hauptmann mehrmals mit einem gewissen Behagen, schmunzelnd.

Was zu einem Problem, zu einer Lebenskrise zu sagen war, war in der Dichtung gesagt oder nicht gesagt worden. In der Gestalt hatte sich nicht immer das Problem «erledigt», wie es der Gerhart Hauptmann stets etwas fremd gebliebene Hugo von Hofmannsthal formulieren konnte. Eine Neigung oder ein Vermögen, Essays über das eigene Werk zu schreiben oder im Gespräch sich selbst kommentierend unter oder über das Niveau seiner Kritiker zu gehen, bestand bei Hauptmann nicht oder doch nur sehr selten. Sich polemisch zu äußern, hatte er, um der produktiven Arbeit willen, schon in jungen Jahren aufgegeben. *Ich hasse Polemik,* war in einem Briefentwurf an Rudolf G. Binding zu lesen, *sie ist allmählich selbst in den besten Vertretern ein allzu abgegriffenes Instrument.*

Auf Gestalten seiner Werke kam Gerhart Hauptmann von sich aus nur zu sprechen, wenn Lebenssituationen ähnlicher Art berührt wurden oder wenn von einem Schauspieler die Rede war. Als ich bei einem Besuch im Sommer 1935 auf dem Wiesenstein eine Tante meiner Familie gar zu sehr lobte, winkte er ab: «Ach, wissen Sie, Tanten ...», und er begleitete dieses Satzfragment mit einer etwas geringschätzigen Gebärde. Als ich mich nun erst recht ereiferte, fragte er: «Aber kennen Sie denn meine Tante Emilie nicht?» — dann half er mir weiter: «Meine Tante Emilie aus den ‹Jungfern vom Bischofsberg›?» Errötend mußte ich gestehen, daß ich dieses Lustspiel weder gelesen noch auf der Bühne gesehen hätte. «So, so», brummte der alte Herr, «nun, das macht ja nichts, aber ich möchte doch, daß Sie meine Tante Emilie kennenlernen!» Zwei Monate spä-

Der Wiesenstein, Gerhart Hauptmanns Besitz in Agnetendorf

ter wurde mir durch einen Anruf vom Hotel Adlon in Berlin mitgeteilt, eine Karte für die Premiere der «Jungfern vom Bischofsberg» könne dort abgeholt werden, Herr Doktor Hauptmann lasse
grüßen und wünsche viel Vergnügen. So lernte ich Gerhart Hauptmanns Tante Emilie kennen — Elsa Wagner spielte sie — in einer ungemein beschwingten Aufführung mit Hilde Weißner, Marianne
Hoppe und Käthe Gold.

In dieser Inszenierung Lothar Müthels wurde übrigens deutlich,
daß auch bei den schwächeren Stücken Hauptmanns, in denen nicht
alles Erlebte in Gestaltetes umgesetzt ist, der ausgesparte Raum um
die Figuren und die ihnen erhaltene innere Freiheit so groß und
anregend sind, daß bei geeigneter Besetzung und einfühlsamer Regie eine weit über den Theatereindruck hinausgehende Lebensstimmung mitgeteilt werden kann, eine Lebensstimmung, die nicht in
den gedruckten Dialogen sich äußert — diese wirken, gelesen, an
manchen Stellen hölzern und verstaubt —, sondern die in der Atmosphäre des Hauses Ruschewey und in dem herbstlichen Leuchten
des Weinbergs sich ebenso sinnenhaft-sinnfällig zeigte wie in der
jenseits aller Worte liegenden, fast pflanzenhaft anmutenden Ver-
bundenheit der vier Schwestern zwischen 15 und 25 Jahren, das Gan-

ze ein Stück kunstenthobener oder doch nur lose mit Kunst verbundener Natur, etwas Luftiges, Elementares, das in der Darstellung dieses Ensembles Ereignis wurde. So war es einmal erlebt und gefühlt und so war es nun gespielt worden. Ein beglückendes Erlebnis für Gerhart Hauptmann, der wohl wußte, daß er es den Schauspielern verdankte. Der angeborene geniale Blick für szenische Möglichkeiten und jahrzehntelange Theatererfahrung gaben ihm Gewißheit, daß einige der von ihm geschaffenen Rollen — etwa die der Mutter Wolffen, des Fuhrmann Henschel, der Rose Bernd und der Frau John — jeder nachwachsenden Schauspielergeneration neue Aufgaben stellen würden. Hauptmann wußte aber auch, daß er manche Rolle nur für einen Schauspieler innerhalb eines bestimmten Zeitabschnittes geschrieben hatte. Das galt in der Vergangenheit für Rudolf Rittners Florian Geyer und für die Darstellung des Armen Heinrich durch Josef Kainz. Es galt in den dreißiger Jahren vielleicht für den Michael Kramer des Werner Krauß, für die Pippa der Käthe Gold und die Dorothea Angermann der Paula Wessely. Es galt unter den 1942 noch Lebenden bestimmt für Heinrich George. Als sein Name im nächtlichen Gespräch erwähnt wurde, sagte Hauptmann: «Es gibt unter allen heut Lebenden nur einen, der meinen Veland spielen kann: Heinrich George!» Als dies zum 80. Geburtstag des Dichters im Berliner Schiller-Theater geschah, bereitete es dem Jubilar besondere Freude. Er hielt sehr viel von dieser dunklen Tragödie aus frühgermanischer Zeit, der in der Figur des Schafhirten Ketill ein rätselhaftes, christlich anmutendes Element beigemischt ist.

PUPPENTHEATER

Einige der selten gespielten und seiner Meinung nach ungerecht beurteilten Werke waren ihm die liebsten: *Veland* gehörte dazu, auch *Indipohdi* und *Der weiße Heiland*; in gewissem Sinne auch seine Nachdichtung und Neueinrichtung des Shakespeareschen «Hamlet». Früh schon war neben den Figuren aus Defoes «Robinson» und den Heldengestalten aus Coopers «Lederstrumpf» der dänische Prinz Hamlet in die Wachträume des Sieben- und Achtjährigen aufgenommen worden. In seiner Autobiographie erzählt der Dichter:

Ich lag krank am Mumps oder sonst einer Kinderkrankheit im Zimmer Numero Sieben am Ende des Flurs. Es war Winter, in einer Zeit, wo man um vier Uhr die Kerzen anzündet. Es brannte eine an meinem Bett. Da hatten Carl und Johanna den Gedanken gefaßt, mir die Zeit zu vertreiben. Sie brachten ein kleines Kistchen herein, aus dem sie allerlei Dinge herausholten. Es waren kleine Kulissen aus Pappdeckel, die einen feierlich-gotischen Raum, das Innere eines Domes, vorzauberten. Was Prinz Hamlet mit diesem Dom zu tun hatte, wußte ich nicht. Er war eben da! In schöner Rüstung mit gel-

bem Haar, ausgeschnitten aus Pappdeckel, unten mit einem Klötzchen versehen. Mir von Johanna und Carl als Prinz Hamlet vorgestellt und durch ihren Mund allerlei Worte hersagend, stand er jedoch nur kurze Zeit auf dem Holzklötzchen. Dann wurde er auf zwei Puppenstühlchen gelegt und lag dort, ich weiß nicht zu welchem Zweck, eine Weile ausgestreckt.

So blieb er mir in Erinnerung. Die Antwort auf die Frage weshalb wird nie erschöpfend zu geben sein. Eine Pappfigur, ein Theaterchen, das gewiß nicht mehr als acht Groschen kostete, und doch kam das Ganze der feierlichen Grundsteinlegung eines Baues gleich, der durch siebzig Jahre gewachsen ist.

Gewachsen in die Breite, Tiefe und Höhe. Der früh entwickelte praktische Theatersinn fand hier ebenso Nahrung wie das Grübeln über das Ur-Drama, dem der in die Nacht, in das Nichts ausgesetzte Mensch preisgegeben ist. In der von leichtem Fieber erhitzten Phantasie des Kindes spielte das große winterleere Hotel «Zur Preußischen Krone» mit seinen eisigen Sälen und Bildern, den langen Fluren und gespensterbewohnten Zimmern mit:

Sie waren mit Nacht gleichsam vollgestopft und haben vielleicht im Sturme gezittert. Mit Finsternis vollgestopft waren die Küchen, die Vorräume, die Büffetstube. Die verlassenen Galerien des Großen Saals waren mit Finsternis vollgestopft. Durch all das seufzte vielleicht der Wind. Er fauchte, er ächzte, er krächzte und rasselte. Gegen alles das, was einem schwarzen Universum vergleichbar mich einkerkerte, kämpfte der kleine Schein eines Lichts, das ein Achtgroschentheater mit einem gotischen Dom beleuchtete ... Aber was wurde mir dieser Dom, diese unterirdische, in die Schwärze der Nacht versenkte Kathedrale! Ich muß an Westminster Abbey denken, wenn ich einen schwachen Abglanz davon haben will. Sie war gehüllt in schwarzes Licht als leuchtendes Mysterium.

Die Hamlet-Gestalt wurde zu einem Richtmaß für das Schaffen Gerhart Hauptmanns. In Hamlet, in Shakespeare manifestierte sich die Idee des Urdramas. Ihrer Dynamik fühlte sich Hauptmann unterworfen. Mühelos könnte man die geistige, künstlerische und menschliche Entwicklung des schlesischen Dichters, seine Entfaltung als Dramatiker, die enge Verbindung zwischen seinem epischen und dramatischen Werk, das Einströmen autobiographischer Elemente und einer denkerischen Bemühung, die sich in erster Linie dramaturgisch, ja handgreiflich praktisch äußert, an der lebenslangen Beschäftigung mit dem Hamlet-Stoff, der Hamlet-Welt darlegen. Schon der Quintaner sah bei einem Gastspiel der Meininger im Breslauer Lobe-Theater den «Julius Caesar» und ein Jahr später «Macbeth». Als Kunstschüler erlebte er Ludwig Barnay in der Rolle des Hamlet. In Rom dann, als angehender Bildhauer, trug sich Hauptmann mit dem Gedanken, Shakespeares Dramengestalten zu modellieren; ein vom Wahnsinn gezeichneter König Lear wurde entworfen. Bei der Lektüre Herodots war er auf die Geschichte des Tyrannen Periander von Korinth, seiner Gemahlin Melissa und seines Sohnes Lykophron gestoßen. *Die Tragödie dieser drei Menschen,* erzählt er im *Griechischen Frühling* (1907), habe ihn *in ihrer unsäglich bittersüßen Schwermut* viele Jahre beschäftigt: *Vielleicht ist das Problem Periander-Lykophron noch rätselhafter und furchtbarer, als es das Rätsel Hamlets und seiner Mutter ist. Dabei hat dieser göttliche Jüngling Lykophron mit dem Dänenprinzen Ähnlichkeit... man könnte ihn als den korinthischen, ja den griechischen Hamlet* bezeichnen.

Was Hauptmann aus verschiedenem Anlaß öffentlich und in privater Aufzeichnung über Shakespeare und über Hamlet geäußert hat, ist in hohem Maße Selbstdarstellung. Ähnlich wie Goethe die «Urpflanze», suchte Hauptmann das «Urdrama». Im «Sturm» sah er ein Symbol des Schöpfungsprozesses. In einem Rede-Entwurf für die Tagung der Deutschen Shakespeare-Gesellschaft in Bochum (Juni 1927) sagte er: *Ich weiß, was es heißt: eine Mission als Dramatiker durchkämpfen.* Indem Hauptmann die Mission Hamlets zu ergründen suchte, erkannte er die seine und wuchs in sie hinein. In seinem Jugenddrama *Germanen und Römer,* das er im August und September 1882 einem alten, beschäftigungslosen Turnlehrer diktiert hatte, wirkten noch klassizistisch-romantische Shakespearevorstellungen nach. Allmählich wurde aus dem melancholischen, tatscheuen Grübler, als den noch Goethe den Dänenprinzen gesehen hatte, ein Mensch, der eine Mission zu erfüllen hat. F. A. Voigt und der amerikanische Hauptmann-Forscher W. A. Reichart haben diese Entwicklung in ihrem Buch «Hauptmann und Shakespeare» eingehend dargestellt. Indem Gerhart Hauptmann trotz philologischer Einwände bei seiner Bearbeitung des Shakespeareschen «Hamlet» den von Laertes angezettelten Aufstand gegen den König auf den Prinzen übertrug, indem er in seinem Drama *Hamlet in Wittenberg* den Helden vor eine Schicksalswende stellte, ließ er ihn eine ähnliche Entwicklung durchlaufen wie den jungen Erasmus Gotter des Romans *Im Wirbel der Berufung.* Wenn überhaupt, so müßte an der Metamorphose der Hamlet-Gestalt, an der Umformung eines tatgehemmten, fast willenlosen Menschen in einen aktiv, zielbewußt Handelnden, deutlich werden, daß Hauptmann alles andere als ein «Mitleidsdichter» war. Er war Tragödiendichter von einer oft geradezu erschreckenden Härte. Wer es bezweifelt, lese *Veland* und *Magnus Garbe.*

Mit dem Hamlet-Drama, mit dem Hamlet-Roman hatte Gerhart Hauptmann Abschied genommen. Er sah der vor fast siebzig Jahren zum ersten Mal aufgetauchten Figur mit Rührung nach. Vor der Uraufführung seines *Hamlet in Wittenberg* am Alten Theater Leipzig sagte er:

Blick von Agnetendorf auf den Kamm des Riesengebirges

Unter den Gestalten, die wir nicht vergessen, sind Vater und Mutter, enge Verwandte sowie Freunde, aber auch Gestalten der Dichtkunst. Manche davon überleben die Nachbilder wirklich verstorbener Menschen, und zwar mit nicht verblassender, sondern zunehmender Realität. Zu diesen gehört die Hamlet-Gestalt. Ich habe Hamlet ein langes Leben hindurch zum unsterblichen Freunde gehabt. Überall ist er um mich gewesen und hat sich dabei allmählich von den schönen Fesseln der Shakespeareschen Dichtung ganz befreit. In unzähligen Stunden, Wanderungen durch Feld und Wald, Vigilien der Nächte meiner Gebirgsheimat, haben wir miteinander gesprochen und Meinungen ausgetauscht.

Hamlet war für Hauptmann wie Beethoven, wie Shakespeare, wie die Tragiker der Antike eine luziferische Erscheinung, ein lebenschaffendes, lebenvernichtendes Werkzeug der Dämonen. *Hamlet, der gefallene Engel,* heißt es in einem frühen Entwurf zum Drama *Hamlet in Wittenberg.* Und ähnlich lautet eine Stelle des Romans *Im Wirbel der Berufung: Hamlet, lange vor Beethoven, ist sozusagen ein gefallener Erzengel.* Hauptmann stand, als Protestant im ursprünglichen Sinne, vor allem deswegen auf der Seite der Rebellen, der Ketzer, weil in ihnen, den *verlorenen Kindern Gottes,* luziferischer Geist lebendig ist. Sie leiden doppelt, weil sie die Menschheit lieben und nicht lügen dürfen, und darum ähnlich wie der tragische Dichter unter seherischem Zwang *die grausame Wahrheit der menschlichen Blindheit aufzudecken gezwungen* sind. Denn *die Vernunft, die trotz ihrer Beschränkung ein Geschenk der Gottheit ist, ist im Handel und Wandel der Menschheit nicht das Herrschende, vielmehr wird sie durch beschämende Fehlschläge ihrer Versuche, sich durchzusetzen, durch Blindheit der Triebe und Leidenschaften, durch das Walten von Irrtum und Zufall, mehr als eingeschränkt.* Indem der Tragiker Hauptmann noch einmal auf Hamlet, den unsterblichen Freund seines Lebens blickt, enthüllt ihm die Schöpfung Shakespeares *das Urdrama, das mit Leben und Tod, Liebe und Haß, Blut und Tränen, Honig und Galle gesättigt ist, worin Wahn und Sinn einen Wahnsinn ausmachen, vor dem höherer Sinn ins Entsagen flüchtet: einen Wahnsinn, mit dessen verschiedenen Formen sich die Menschheit zersetzt, zerreißt und zerfleischt.*

DIE TAT DES FRIEDENS

Den Weg der Entsagung hatte Hauptmann beschritten, als er in seiner dramatischen Phantasie *Der weiße Heiland,* zwei Jahre vor Beginn des Ersten Weltkriegs begonnen und im Winter 1914 abgeschlossen, den mexikanischen Kaiser Montezuma, waffenlos, wie einen Heiland der Wilden, den christlichen Eroberern, den Barbaren einer pervertieren Dulder-Religion entgegenschreiten ließ. Hier und in dem folgenden Drama *Indipohdi*, 1913 in Portofino begonnen und 1919 beendet, war die gefährliche Metaphysik, die Friedrich Nietzsche im «Willen zur Macht» und in der Lehre von der ewigen Wiederkehr entwickelt hatte, in der Tiefe widerlegt, das Abschiedswort Gerhart Hauptmanns an die Welt lange vor der Verfinsterung durch neue Menschheitskatastrophen ausgesprochen worden. Gerhart Hauptmann hatte eine Friedensbotschaft. Man wollte sie nicht hören. *Indipohdi*, erst 1922 unter dem Titel *Das Opfer* in Dresden uraufgeführt, wurde wenig gespielt. *Der weiße Heiland* fand bei der Berliner Uraufführung im März 1920 nur dank der schauspielerischen Leistung Alexander Moissis als Montezuma stärkere Beachtung. Es gehört zu den tragischen Lebenserfahrungen Gerhart Hauptmanns, daß seine Friedensmahnungen nicht gehört, daß sie mißverstanden und unterdrückt wurden. Sein *Festspiel in deutschen Reimen*, zur Erinnerung an die Freiheitskriege geschrieben und von Max Reinhardt in der Breslauer Jahrhunderthalle inszeniert, war nach der elften Aufführung im Juni 1913 abgesetzt worden. Hauptmann hatte die Machthaber als Marionetten auftreten lassen und am Ende aus dem Munde der Athene nicht die Waffentaten, sondern die durch Eros und Geist bewirkten Taten des Friedens gefeiert.

Hauptmann ist zeit seines Lebens ein nationaler, fast könnte man sagen patriotischer Dichter gewesen. Er wollte, ähnlich wie er in Napoleon, in Blücher und anderen Nationalhelden der Freiheitskriege nur Marionetten gesehen hatte, auch in Hitler nur eine Marionette sehen. Sie würde, wie er meinte, den guten Kern des deutschen Volks nicht korrumpieren können — das war eine gefährliche Selbsttäuschung. Erst am Ende erkannte Hauptmann, welche Wahnsinnstat diese doch wohl falsch eingeschätzte Marionette ins Werk gesetzt hatte. Auf dem Notizblatt von Erkner, das die 30 Arbeitsthemen enthielt, hatte Hauptmann wie ein Motto folgende Zeilen gesetzt:

Friedenshymnus
Frieden. Schreibt mit Sonnenfeuer
In das schwarze Buch der Erde

Als Walter Requardt im März 1944 dem Dichter diese Zeilen zeigte, sagte Hauptmann nachdenklich: *Das ist gut! Man könnte sie in unserer Zeit geschrieben haben.* Lange bevor die Feuerschrift des Zweiten Weltkriegs sich in den Erdball eingrub, von Kontinent zu Kontinent springend, hatte Gerhart Hauptmann geschrieben: *Wenn Gott den Frieden nicht will, ich will ihn.* Der Greis fand seine Einsicht in das tragische Weltgesetz durch die Ereignisse fürchterlicher bestätigt, als er es sich jemals hätte träumen lassen.

Das Urdrama setzte sich fort. Aber die Wirkung des Dichters, der von Jahr zu Jahr tiefer in sein Geheimnis eindrang, hatte, wenn man die Zahl der Aufführungen, die Resonanz der Kritik und die Reaktion des Theaterpublikums zum Maßstab nahm, seit der gro-

*Die Daliborsche Dorfschmiede in Kagel. Hier spielt der 2. Akt
der Tragikomödie «Der rote Hahn»*

ßen Geburtstags-Huldigung von 1922 mit der Fülle ihrer Festauf-
führungen erheblich nachgelassen. Darüber konnte auch der starke
Erfolg des Dramas *Vor Sonnenuntergang,* das in den großen Theater-
städten der Welt bald überall nachgespielt wurde, nicht hinwegtäuschen. Man nahm Hauptmanns Stücke, die nach den *Ratten* (1911),
genau genommen nach *Und Pippa tanzt* (1906) uraufgeführt wurden, mit Achtung, mit Interesse, ja mit einem gewissen Enthusiasmus für Einzelheiten in der Öffentlichkeit auf, das war nicht zu
leugnen. Aber stärkere Anteilnahme fanden jetzt die Werke der
nachrückenden Generationen. Man spielte die Stücke der Expressio-
nisten. Die satirischen Komödien von Carl Sternheim erregten Auf-
sehen. Man spielte Georg Kaiser, Carl Zuckmayer und Bert Brecht.
Zeitstücke von Bronnen, Bruckner und Friedrich Wolf machten eine
Zeitlang von sich reden. Wie erratische Blöcke, aus dem Niemands-
land der Poesie in das von Wirtschaftselend und Kunstfanatismus
gezeichnete Berlin der zwanziger Jahre hineingeschoben, wirkten
die selten gespielten Dramen von Ernst Barlach und Hans Henny
Jahnn. Es war damals Mode geworden, über den altmodischen Gerhart Hauptmann mit seiner abgestandenen naturalistischen Technik
und seinem neuromantisch-klassizistischen Bildungsbemühen zu
lächeln. Nur einer, der ihm viel verdankt und der dies immer kräf-
tig betont hat, tat es nicht: Carl Zuckmayer. In seiner Festrede zum
70. Geburtstag Hauptmanns in der Berliner Messehalle am Kaiser-
damm sagte er: «Seit Gerhart Hauptmann die Fülle seiner Gesichte,
seiner Gestalten über die deutsche Bühne aussäte, eine Saat, deren
Frucht noch lange nicht erschöpft und abgeerntet ist — seitdem ist

90

noch nicht wieder die Gnadenstunde des großen Dramas für uns angebrochen, seitdem formt sich nur spärlich und vereinzelt das dramatische Bild einer Welt, die selbst allzusehr zum Schauplatz tragischer Erschütterungen geworden ist.»

Zuckmayer hatte recht. Wenn man von Brecht absah, der neben Barlach und Georg Kaiser, aber stärker als diese beiden von der Theaterpraxis aus, eine neue Gesamtkonzeption des Dramas, eine auf Weltveränderung abzielende Dramaturgie entwickelt hatte, so gab es — jedenfalls in Deutschland — keinen Autor, der nach dem Tode Hofmannsthals neben Gerhart Hauptmann genannt, mit ihm verglichen werden konnte. Und doch war, obgleich Hauptmann weiterhin viel gespielt wurde, ein Nachlassen seines Einflusses zu spüren. Seine Dramen, ob man an *Veland* dachte, an die zwei Einakter *Die schwarze Maske* und *Hexenritt*; ob man das romantische und die Romantik verklärende Schauspiel *Die goldene Harfe*, den schon erwähnten *Hamlet in Wittenberg* oder ob man das sprachlich so rein und reich gefügte Versdrama *Die Tochter der Kathedrale* und die Komödie *Ulrich von Lichtenstein* sich in die Erinnerung zurückrief: bei all diesen Uraufführungen hatte es Beifall gegeben, aber eine mächtige mitschwingende Erregung wie einst bei den *Webern*, bei *Hanneles Himmelfahrt*, bei *Fuhrmann Henschel* oder *Rose Bernd* war nicht mehr hervorgerufen worden. Die verunglückte Tragikomödie des unfähig-unglücklichen Kaiserbildchenmalers *Peter Brauer* war ein schwächlicher Nachklang der Künstlerdramen *Kollege Crampton* und *Michael Kramer*. Das Schicksal der *Dorothea Angermann* bewegte die Zuschauer stärker, aber im ganzen war und blieb das Bild Gerhart Hauptmanns im Bewußtsein des Publikums, der Tages- und Literaturkritik geprägt durch die Frühzeit. Hauptmanns Konzeption des Urdramas, von der die *Winterballade* ebensostark Zeugnis ablegte wie *Veland*, von der die Nachdichtung des Shakespeareschen «Hamlet» und *Hamlet in Wittenberg* mancherlei verrieten und von der auch die unter dem Sammeltitel *Spuk* vereinigten Einakter (*Die schwarze Maske* und *Hexenritt*) in ihrer zwielichtig-dunklen Atmosphäre durchdrungen waren: diese kühne Konzeption, in der nichts, was sich dem äußeren oder inneren Sinn darbot, ausgeschlossen werden sollte, traf Hauptmanns Zeitgenossen zwischen dem Ersten und dem Zweiten Weltkrieg weder als geistige Erschütterung noch als ein Nervenreiz. Die Vision der Welt und der tragischen Bestimmung des Menschen, die sich hinter dem vieldeutigen Begriff Urdrama verbarg, blieb unverstanden. Vielleicht ahnte der eine oder andere Zuschauer in Berlin bei der Aufführung der *Iphigenie in Delphi* (1941) oder in Wien bei der Aufführung der *Iphigenie in Aulis* (1943), daß Hauptmann noch immer als Zeitgenosse, als Leidensgenosse sprach, auch wenn er sich einer Handlung bediente, die als sogenannter Bildungsstoff durch Lehrbücher und Parodien plattgewalzt war wie Blech. Hörte man da wirklich die Stimme eines alten Griechen, der Kritolaos hieß, oder eine Stimme unserer Tage?

Die Erde hat gebebt. Der Menschen Städte
erzittern, fürchten ihren Untergang.
Was für die Ewigkeit gemauert schien,
zerbröckelt knisternd, knirscht und wankt im Grund.
Die Sterne werfen sich aus ihren Bahnen,
die Erde fiebert und der Mensch mit ihr.
Die Götter kommen wiederum zu Ansehn,
die man im Wohlergehen fast vergaß:
sie zeigen drohend sich allüberall
dem Menschenvolk, das nun voll jähen Schrecks
allüberall auf seine Götter stößt.
Es geht nicht mehr um Wohlsein, Königin,
ein Weniger, ein Mehr davon, o nein:
es geht um alles — Sitte, schöner Schein,
der hohe Adel köstlicher Gewöhnung
ward losgebundener Dämonen Raub.
Vertrocknet und zersprungen glüht die Erde.
Der Würger Hunger mordet Mensch und Tier,
die Pest, wie eine Wölfin, neben ihm.
Es wird der Mensch sogar des Menschen Wolf
und stillt mit seinesgleichen seinen Hunger.

Bildungstheater, Klassizismus, aufgewärmter Goethe? Wohl kaum. Was Hauptmann früh abgelehnt hatte — nach epigonischem Selbstversuch! —, was ihm Reduzierung, Verkümmerung des Menschen auf die stilisierte Pappfigur eines verlogenen Idealismus war, das wurde nicht in milder Altersverklärung nachträglich wieder eingeschmuggelt. Es blieben die Affekte, es blieb das Pathologische, Naturalismus und Mythos berührten, durchdrangen sich, das Gegenwärtige und das Ewig-Gestrige traten wechselweis ineinander über. So wie Hauptmann das Gespräch mit Hamlet fortgesetzt hatte, so wie ihm in den Bettlern und Hirten auf seiner Griechenlandreise im Frühjahr 1907 Odysseus und Eumaios entgegengetreten waren, so gingen in ihm die Monologe und Dialoge des Urdramas weiter, die in den Tragödien der Antike den bisher mächtigsten Ausdruck gefunden hatten.

Die Einwände dagegen kannte er. Sie berührten ihn kaum. Oder er häufte, wenn er sie hörte, Fragezeichen über Fragezeichen, so wie er es vor Jahrzehnten getan, als Paul Ernst den Vorwurf erhoben hatte, ein Dichter, der zum Pathologischen seine Zuflucht nehme, habe schlecht komponiert. Ironisch fragte Hauptmann:

Darf der Dichter den Menschen universell betrachten? Muß er die medizinischen Fachunterscheidungen zwischen krank und gesund machen und dann das krank ausschalten? Wieviel ärztliches Fachwissen würde aber allein dieser Prozeß voraussetzen, und nach seiner Vollziehung, was bliebe übrig? ein Restermensch? Würde dieser in seiner notwendigen Existenzunfähigkeit noch Objekt der Kunst sein können? Warum nicht ebensogut der vollkommene Mensch?

1900

Der vollkommene Mensch war für Hauptmann eine idealistische Fiktion, ein *Unding, von Subalternen gesucht.*

Hauptmann war und blieb Realist. Naturalismus und Mythos waren ebenso wie der Traum und das mystische Erlebnis Hilfsmittel, die die Phantasie als Erkenntnisorgan benötigte, um tiefer in das Geheimnis des Urdramas einzudringen. Den Versuch, seine Kunst als Armeleutekunst herabzusetzen, schob Hauptmann als überholt beiseite: *Man sollte endlich damit aufhören, die Kunst der Klassiker durch einen solchen Ausdruck zur Reicheleutekunst zu degradieren. Volk und Kunst gehören zusammen, wie Boden, Baum, Frucht und Gärtner.*

DER BAUM VON GALLOWAYSHIRE

Gerhart Hauptmann fühlte sich als ein volkstümlicher Dichter, und er war es. Shakespeares Dramen, Lessings «Minna von Barnhelm», Schillers «Kabale und Liebe» und «Wilhelm Tell», Kleists «Zerbrochener Krug» waren für ihn Schauspiele von volkstümlicher

Kraft und Wirkung. Man konnte sie ebenso und mit gleichem Erfolg wie den *Biberpelz* und *Fuhrmann Henschel,* wie *Rose Bernd* und *Die Ratten* vor einem Parkett von Arbeitern, Bauern und Intellektuellen spielen. Dabei unterschied Hauptmann sehr genau zwischen echter und falscher Volkstümlichkeit: im Zirkus, im alten Jahrmarktstheater fand er echte Volkstümlichkeit, im Kino falsche: *Es hat seine Wurzeln nicht im Volk, sondern in den Büros und Kalküls internationaler Geschäftsleute.* Selbst bei Lessing machte er eine Einschränkung: *Das Drama Lessings war nur bürgerlich und darum nicht eigentlich volkstümlich, aber es stand der Volkstümlichkeit nahe durch sein Bekenntnis zur schlichten Natur.*

In seiner Rede zur Eröffnung der Heidelberger Festspiele (Juli 1928) hatte Hauptmann die Entstehung des deutschen Dramas mit dem «Baum von Gallowayshire» verglichen. In einer Rede, bestimmt für die vierte Volta-Tagung der Königlichen Akademie in Rom (Oktober 1934) nahm er den Gedanken auf und sagte:

Auf den Mauerruinen von New Abbey in Gallowayshire befindet sich eine Art Ahorn. Von Mangel an Raum und Nahrung gedrängt, schickte er eine starke Wurzel, welche sich in den Boden unten festsetzte und in einen Stamm verwandelt wurde. Und nachdem er die übrigen Wurzeln von der Mauer losgemacht hatte, wurde der ganze Baum, von der Mauer abstehend, unabhängig. Der Baum ging auf diese Weise von seinem ursprünglichen Platze. Er suchte die Kraft des Mutterbodens auf und durchdrang ihn mit allen Wurzeln.

Das deutsche Drama hat seit etwas über anderthalb Jahrhunderten diesen Prozeß durchgemacht, fuhr Hauptmann fort. *Vollständig hat es erst in neuerer Zeit deutschen Wurzelboden wieder erreicht. So habe ich bäurische Zustände der Heimatscholle in «Vor Sonnenaufgang», in «Fuhrmann Henschel», in «Rose Bernd», den Jammer kleiner Gebirgsweber, den Lebenskampf einer Waschfrau, das Leiden eines Bettelkindes in «Hanneles Himmelfahrt», zweier Armenhäusler «Schluck und Jau» im Drama behandelt, in «Die Ratten» eine unterirdische Welt des Leidens, der Laster und Verbrechen.*

Ich habe dann, mit «Florian Geyer», mein Drama in die Leidenshistorie unseres Volkes hinein verbreitet. Aber ich werde nicht weiter von mir reden, es mußte, um der Wahrheit die Ehre zu geben, geschehen: weil ich als eine der Wurzeln des Baumes von Gallowayshire zu werten bin.

Selbstbewußt und genau hatte Gerhart Hauptmann sich und seiner dramatischen Lebensleistung den Platz angewiesen, an der er sie zu sehen wünschte, an der sie tatsächlich zu fixieren ist. Nach den *Ratten* waren — bis 1933 — nicht weniger als siebzehn bisher zurückgehaltene oder neue Dramen, Einakter und ein kurzer Festaktus zur Eröffnung des Deutschen Museums in München uraufgeführt worden. Ist es Zufall, daß Hauptmann kein Drama dieser neuen

Reihe erwähnte? Offenbar hatte sich doch etwas in ihm verändert. Vielleicht hatte sich das Schwergewicht vom dramatischen Schaffen auf das epische verlagert? Der Roman *Die Insel der Großen Mutter* (1924), das Hexameter-Epos *Till Eulenspiegel* und die in diesen Jahren fortgeführte Arbeit am Terzinen-Epos *Der große Traum* und dem Roman *Der neue Christophorus* sprächen ebenso dafür wie der Abschluß der *unwahrscheinlichen Geschichte: Das Meerwunder* (1934). Hinzu kommt wohl noch etwas anderes. Die Gestalt des Menschen löste sich auf. Hofmannsthals «Brief des Lord Chandos», kurz nach der Jahrhundertwende erschienen, beschreibt den Prozeß präzis und unheimlich. In der Zusammenfassung, die Gottfried Benn seinem erkenntnistheoretischen Drama «Der Vermessungsdirigent» voransetzt, (1916 in Brüssel geschrieben und 1919 in Berlin gedruckt) heißt es: «Das Ich ist ein Phantom. Kein Wort gibt es, das seine Existenz verbürgte, keine Prüfung und keine Grenze.» Die Physik geriet in eine Zone der Unanschaulichkeit, die Kunst in die der Abstraktion oder der Gegenstandslosigkeit. Jünger nannte nachträglich die um 1900 anhebende neue Epoche «das Zeitalter der Strahlung». Den Schnittpunkt der beiden Epochen

Auf Hiddensee, 1902

im Werk Gerhart Hauptmanns genau zu bezeichnen, wäre nur nach eingehender Analyse möglich. Einen Anhalt dafür bietet ein Interview, das der Dichter im Jahre 1932 dem Schriftsteller Walter Tritsch gewährt und das Willy Haas in seiner «Literarischen Welt» veröffentlicht hat. Das Interview ist eine Abrechnung mit den «naturalistischen Theoriepedanten» und ein Bekenntnis zum «Ewig-Gestrigen». Zu ihm hatte sich Gerhart Hauptmann schon einmal, in seiner Wiener Rede über «Generationen» vom 28. November 1929 bekannt. Es hieß darin:

Ich weiß sehr wohl, was jemand mit sieben, mit zwölf, mit sechzehn, mit zweiundzwanzig Jahren ist. Ich erkenne vollauf das Recht und den Anspruch dieser jüngeren Jahre. Aber sofern er an Bildung, an geistigem Wachstum fortschreitet, wächst er von Phase zu Phase mehr ins Ewig-Gestrige. Ein göttliches Aufblitzen mag es sein, wenn er plötzlich dem Wahn unterliegt, daß die ungeheuer alte Welt mit ihm erst beginnen will oder begonnen hat. Aber dann wird er unabwendbar geistig in die nicht erlebten Jahrhunderte, Jahrtausende, Jahrhunderttausende der Welt, nämlich ins Ewig-Gestrige hinabwachsen und wird zwar immer noch fühlen, wie einmalig köstlich sein kurzes ewiges Dasein ist, aber, ins Ewig-Gestrige eingebettet, wie wenig neu und wie so sehr geringfügig.

Im Werk Gottfried Benns, in dem sich die Epoche nach Gerhart Hauptmann stimmführend fortsetzt, ist nachzulesen, wie Lyrik, Epik und Dramatik sich umformten, als das Ewig-Gestrige in Gestalt eines absinkenden Erdzeitalters ins Bewußtsein trat: «Es handelte sich nicht mehr um den Verfall des einzelnen Menschen, auch nicht einmal den einer Rasse, eines Kontinents oder einer sozialen Ordnung, sondern etwas weit Ausholenderes geschah: die Zukunftslosigkeit eines ganzen Schöpfungswurfes trat in das allgemeine Gefühl, eine Mutation — an ein Erdzeitalter gebunden, an das hominine — mit einem Wort: das Quartär ging hintenüber... Das Dogma, das vom Homo sapiens, war zu Ende.» («Der Ptolemäer», 1947)

Hält man dagegen das Gerhart-Hauptmann-Interview von 1932, so wirkt es ebenso erhaben wie hilflos. Wenn alles ringsum wankte, zwei Säulen standen für Gerhart Hauptmann fest: das Ich und die Natur. Gleich am Anfang erklärte er:

Geschichte des Naturalismus gibt es nicht! Oder vielmehr, es gibt sie nur im Sinne einer Geschichte von ewigen Mächten. Denn Nachahmung der Natur ist weder eine Zeitkrankheit, noch gesunde Reaktion auf Zeitkrankheiten, sondern eine menschliche Grundhaltung, ein Grundwille: also eine ewige Macht.

Später nahm er den Gedanken noch einmal auf. Er sagte:

Gerade der schöpferische Mensch wird immer auf die Natur zurückgreifen, um menschliche Formeln durch neues Leben zu füllen oder zu sprengen. Die Nachfahren, die dann ihn nachahmen, weil sie nicht genug Natur in sich selbst finden, schaffen daraus eine neue Überlieferung und neue Starre — bis ein neuer Schalen-Sprenger, ein neuer Natur-Nachahmer kommt, der den Gang zu den Müttern wagt.

Als Tritsch hier vorsichtig zu bedenken gab, daß jetzt eine neue Generation auf den Plan getreten sei, die in der Natürlichkeit nur ein Chaos sehe, das erst der Mensch nach seinem Gesetz zu formen habe, statt sich von diesem Chaos nur natürlich-chaotische Gesetze aufdrängen zu lassen, und als er den Siebzigjährigen fragte: «Mißversteht eine solche Generation die wahre Nachahmung der Natur?» antwortete Gerhart Hauptmann mit einer geradezu goethisch anmutenden Eloquenz:

Sie mißversteht nur sich selbst! Soweit ein Mensch schöpferisch ist, ist er es durch Findung neuer Wirklichkeit und durch Formung dieser Wirklichkeit nach seiner Natur. Ich wiederhole: alles kommt darauf an, wie groß ein Mensch ist, nicht nach welchen Formeln er Ausschau hält. Die Kleinen und Kurzsichtigen finden in jeder Natur allerdings nur Chaos, aber soll man deshalb an Stelle der unmittelbaren Naturanschauung vorsichtshalber nur noch Formeln betrachten, die von früherer schöpferischer Naturanschauung übrig geblieben sind? Im Gegenteil: Immer gilt es, frühere Formeln durch Natur, durch neue Unmittelbarkeit der Beobachtung zu ersetzen: die Jugend von heute findet hierin keine grundsätzlich andere Aufgabe vor als die Jugend von damals. Bloß die Schalen, die aufgebrochen werden müssen, sind natürlich jedesmal andere. Damals das erstarrende bürgerliche Epigonentum, heute die starren Formeln abstrakter Programme. Im Wesen, in der Notwendigkeit des Aufbruchs, der Rückkehr zur Naturbetrachtung hat sich aber nichts geändert.

GENERATIONEN

Liest man das lange Interview im Ganzen, so ist auch von Böswilligen zweierlei nicht zu leugnen: Gerhart Hauptmann weiß wie Benn um die auch in zerstückelter Natur noch wirksame prägende Kraft der Archetypen, der Urbilder der Seele. Zugleich aber weiß er um die Hinfälligkeit jeder plastischen Prägung. In seinem Tagebuch findet sich die Erwägung: *Bild und Bildersturm ist vielleicht eine ewig notwendige Ergänzung.* Diese Einsicht befähigte ihn, die an das Generationserlebnis gebundene Prägung zu relativieren und hinauszugreifen über den expressionistischen oder abstrakten Weltentwurf. Zugleich aber blieb er doch gerade in seiner Größe und Einmaligkeit gebunden. Klar und entschieden hat er das ausgesprochen: *Die Trennung der Generationen ist ein zu wenig beachtetes Phänomen: diese Trennung ist absolut; größte Vertraulichkeit, ja Freundschaft (selbst von Vater und Sohn) können sie nicht aufheben. Die neue Generation lebt in einer neuen, jungen, selbstgeschaffenen Welt, die aber doch etwas Einmaliges hat. In diese hinein sind sie geboren, in ihr leben und sterben sie. Wir aber sind nicht hineingeboren, noch leben und sterben wir darin.*

Man muß sich diese Distanz verdeutlichen, um zu verstehen, daß schon einige der um 1880 geborenen Künstler dem Realisten Gerhart Hauptmann verständnislos oder ablehnend gegenüberstanden. Zwar

Stehend: Werner Sombart, Robert Kahn, Hermann Stehr, Margarete Marschalk, Carl Hauptmann, der Verleger Samuel Fischer. Sitzend: Gerhart Hauptmann, Frau Fischer. Um 1903

rühmte zum Beispiel Franz Marc am *Quint*-Roman die abstrakte Linie. Man entdeckte sogar, und wahrscheinlich nicht zu Unrecht, in späten Werken Hauptmanns surrealistische Elemente. Man wird vielleicht in Zukunft in Hauptmann einen Tachisten sehen und einige seiner Stücke à la Ionesco spielen (bei der Komödie *Ulrich von Lichtenstein* und dem *Festspiel in deutschen Reimen* würde das Experiment möglicherweise sogar glücken und höchst amüsant sein!). Ähnlich wie in Goethes Werken, bei Novalis, Kleist und Kafka gibt es auch bei Gerhart Hauptmann — vor allem in den Weltraumfahrten und -visionen des *Till Eulenspiegel* und des *Großen Traums* — mancherlei, das als Prophetie gedeutet werden könnte. Diese zufällige Verknüpfung mit Zeittendenzen oder Zukunftsprojekten darf aber nicht darüber hinwegtäuschen, daß zwischen einer auf Intellekt, Analyse, Montage und Abstraktion gegründeten Kunst, wie sie seit Joyce, Ezra Pound und Benn sich durchzusetzen begann, und einer auf Natur und Sinnesanschauung im weitesten Umfang bezogenen Kunst, wie sie Gerhart Hauptmann anstrebte und verwirklichte, ein unüberbrückbarer Gegensatz bestand. Mochte auch der Ausgang, jene «Aktivität der einfachen Wahrnehmung» bei Hauptmann und Joyce die gleiche sein: die Ausformung zum Kunstwerk vollzog sich nach anderen Gesetzen, und eben die Faszination dieser neuen Technik verführte die jungen, formal oft recht begabten Literaten der zwanziger Jahre (und ebenso die ihnen heute Nacheifernden) dazu, über den naiven Realisten Gerhart Hauptmann zu lächeln. Die Faszination dieser neuen Technik, von einem technisch bestimmten Zeitalter gefordert, läßt bald nach. Am Ende entscheidet nicht sie, sondern was mit ihrer Hilfe geschaffen wurde, und darauf zielte Gerhart Hauptmann, wenn er beim Interview mit Walter Tritsch auf das Verhältnis der *Schalen*, d. h. der vom Zeitgeist geprägten Formungsmöglichkeit (oder Technik) und der dichterischen Substanz des Individuums hinwies: *Wie weit der Einzelne hinter diese Schalen zu greifen vermag, ist eine Frage des persönlichen Umfangs und des Gewichts, eine Frage seiner Sendung, nicht seines Zeitgeistes.*

An seiner Sendung hat Gerhart Hauptmann nicht gezweifelt. Er wußte auch, was es bedeutet, von den Wogen des Zeitgeistes getragen zu werden, gegen sie anzukämpfen oder abseits zu schwimmen. Nachdem sein so vielfältigen Zeittendenzen verbundenes Werk zu einem reichgegliederten Ganzen zusammengewachsen war, machte er sich zuweilen rückschauend ein wenig über die Versuche lustig, ihn bald auf diese, bald auf jene Strömung des Zeitgeistes festzulegen. Zu Richard Katz sagte er 1933 in Lugano pfiffig lächelnd: er, Hauptmann, habe für jede Partei ein Stück geschrieben: *Bei den Nazis kann ich mich auf den ‹Florian Geyer› berufen — ‹Der Deutschen Zwietracht mitten ins Herz!› —, bei den Kommunisten auf ‹Die Weber› und bei den Klerikalen aufs ‹Hannele›.*

Wie das Leben überhaupt, so genoß er auch seinen Ruhm. Es gibt wenig weltberühmte Zeitgenossen zwischen 1890 und 1940, mit denen Gerhart Hauptmann nicht zusammengetroffen, mit denen er nicht photographiert wurde. Er war mit Eugen d'Albert und Richard Strauss befreundet. Er duzte Walther Rathenau und kannte den Reichskanzler von Bülow und den Reichspräsidenten Friedrich Ebert. In seiner Jugend hatte er mit Gustav Freytag und Theodor Fontane korrespondiert. 1891 war er zweimal mit dem alten Henrik Ibsen zusammengetroffen. Die Verbindung mit den berühmtesten Regisseuren und Schauspielern, mit Otto Brahm und Max Reinhardt, mit Josef Kainz und Agnes Sorma, mit Else Lehmann und Rudolf Rittner, Oscar Sauer und Hugo Thimig, Lucie Höflich, Alexander Moissi, Werner Krauß und Heinrich George und vielen, vielen andern, war mehr als nur ein Zweckbündnis. Auch die Begegnung mit André Antoine, nach dessen Pariser Vorbild, dem «Théâtre Libre», die «Freie Bühne» in Berlin begründet worden war, und die Begegnung mit dem berühmten russischen Regisseur Stanislawskij entsprach ebenso einem inneren Bedürfnis wie der Umgang mit bildenden Künstlern. Ludwig von Hofmann und Leo von König waren mit Hauptmann befreundet. Orlik und Slevogt, Leonid Pasternak und viele andere Zeichner, Maler und Bildhauer besuchten ihn auf dem Wiesenstein. Wie der am meisten photographierte, so war Gerhart Hauptmann wohl auch der am häufigsten

Margarete Hauptmann, des Dichters zweite Frau

modellierte, gezeichnete und gemalte Dichter seiner Zeit. Besonders hoch schätzte Hauptmann, und zwar als Menschen und Künstlerin, Käthe Kollwitz. Ihr *Weber*-Zyklus stand als kongeniale Leistung zum Bühnenwerk unbestritten an der Spitze aller Versuche, literarische Arbeiten Hauptmanns bildnerisch abzuwandeln. Auch viele Schriftsteller der älteren und jüngeren Generationen fühlten sich mit Hauptmann verbunden. In jungen Jahren der sogenannte Friedrichshagener Dichterkreis, später Rilke, Moritz Heimann und Loerke, die Lektoren des Verlegers Samuel Fischer, dem Hauptmann während seines ganzen Lebens die Treue hielt. Von den schlesischen Dichtern war die Freundschaft mit Hermann Stehr am dauerhaftesten. Komplizierter war das Verhältnis zu Frank Wedekind und zu Thomas Mann. Hauptmann schätzte Arthur Schnitzler und vor allem Hugo von Hofmannsthal, den er nach dem Mißerfolg des «Geretteten Venedig» im Januar 1905 mit auf den Wiesenstein nahm. Bei seiner großen Amerika-Reise 1932 lernte Hauptmann

Theodore Dreiser und Eugene O'Neill kennen. Er traf Ezra Pound und Sinclair Lewis, er traf Nansen, Sven Hedin, Filchner. Er fühlte sich mit dem Oxforder Germanisten Professor Fiedler (Urbild des Dr. Geiger in *Vor Sonnenuntergang*) freundschaftlich verbunden, auch mit älteren und jüngeren amerikanischen Germanisten wie den Professoren Heuser und W. A. Reichart. Es wären noch viele Namen von berühmten Komponisten, Solisten, Dirigenten zu nennen, von Prominenten, deren Tagesruhm inzwischen verwelkt ist. Der Achtzigjährige fühlte sich einsam, verlassen, fremd in fremder Zeit. Schon die Photographierfreundschaften des Mannesalters waren nicht das richtige gewesen. Nun starben die letzten alten Freunde aus der Breslauer Kunstschulzeit, aus Jenaer und Berliner Studententagen. Im Jahre 1934 waren die jüdischen Freunde und Gönner Max Pinkus und Samuel Fischer gestorben, 1935 Max Liebermann, 1938 Rudolf G. Binding und der Jugendfreund Max Müller (Urbild des Kühnelle in *Hochzeit auf Buchenhorst*), 1939 Wilhelm Bölsche, 1940 Alfred Ploetz (Urbild des Loth in *Vor Sonnenaufgang*), der Schwager Max Marschalk, Komponist der *Hannele*-Musik, 1941 Johannes Schlaf, Oskar Loerke und Werner Sombart. Schon im September 1932, als ein Gedenkstein mit dem Bildnis Gerhart Hauptmanns vor seinem Geburtshause in Obersalzbrunn enthüllt wurde, war dem Siebzigjährigen das Gemäuer mit seinen *Fensterhöhlen abgrundtief* wie ein Grab vorgekommen.

Wie lange wir leben, wie lange Werke lebendig bleiben — es hängt nicht allein von uns und noch weniger von den Literaturkritikern ab. In dieser Hinsicht war Hauptmann unbesorgt. Im Agnetendorfer Archiv stapelte sich das Material der Tagesdeutungen. Was waren sie, bis auf wenige Ausnahmen? Stroh, Spreu, Staub, der rasch verwehen würde oder schon verweht war. Blätterte man in den Mappen, las man die eine oder andere Besprechung, so erschienen einem die gut gemeinten, blumenreichen Lobsprüche und die Vergleiche mit irgendwelchen Zeitgrößen wie die Papiergirlanden einer Kaiserparade, die nun schon grau und zerstampft von den Hufen der apokalyptischen Reiter ebenso unansehnlich am Boden lagen wie die einst funkelnden Sätze einer Polemik, in denen Gerhart Hauptmann ein «Talent in unsauberer Verpackung», ein «poetischer Anarchist», ein «Schnapsbudenrhapsode» oder schlichtweg «der unsittlichste Bühnenschriftsteller des Jahrhunderts» genannt wurde, während die «Freie Bühne» als eine «zotende Herrengesellschaft», eine «Theaterdestille» und im Preußischen Abgeordnetenhause sogar als «intellektuelles Bordell» bezeichnet worden war.

Ging man weiter durch die Jahrzehnte, so ergab sich bei überwiegender Verneinung ein merkwürdiger, gleichsam nachhinkender Ruhmesrhythmus. Die meisten Kritiker tadelten nämlich das jeweils neu aufgeführte oder im Druck erschienene Werk auf Kosten einer älteren Veröffentlichung. Machte man sich die Mühe nachzuschlagen, was ebendieser Kritiker zu dem jetzt gelobten Werk damals gesagt hatte, so ergab sich oftmals, daß wiederum ein noch früher publiziertes Stück oder Buch von ihm als das weitaus bessere bezeichnet worden war. Den Anfang des immer wieder umstrittenen Ruhmes bildete die skandalauslösende Uraufführung des Dramas *Vor Sonnenaufgang*, die kaum einer dieser Kritiker miterlebt hatte.

Gerhart Hauptmann, dessen einst als pralle Gegenwartsdramen geschriebenen Werke nun Geschichte geworden waren, während historische Dramen wie *Die Weber* und *Florian Geyer* plötzlich als Zeitstücke ins Bewußtsein traten, dachte über das Leben, die Lebensdauer seiner Arbeiten ähnlich wie Gärtner oder Förster über ihre Pflanzungen. Als Emil Ludwig in einem Beitrag zum 70. Geburtstag Gerhart Hauptmanns verkündet hatte, welche Werke des Dichters bleiben und welche vergehen würden, hatte Hauptmann seinen Duz-Freund Loerke gefragt, woher Emil Ludwig denn wisse, was dauern werde: *Wir alle wissen es nicht; nur das wissen wir, daß nicht alles dauert.*

In Erkner waren die vier Ecksteine gesetzt worden. Sie trugen nun ein mächtiges Haus. Die einzelnen Zimmerfluchten, Bodenkammern, Kellerräume mit Schildchen zu versehen, sie einzuteilen in Lyrik, Epik, Dramatik und Autobiographie war ein ziemlich nutzloses Unternehmen, ein Notbehelf, um wenigstens versuchsweise ein wenig Ordnung und Übersicht in ein labyrinthisch anmutendes Riesenreich zu bringen, von dem der Wiesenstein mit seinen meterdicken Mauern und Türmen, seinem Reichtum an Kunstschätzen als ein wenigstens zum Teil auf Menschenmaß verkleinertes bewohnbares Modell anzusehen war.

LEBENSSCHAUPLÄTZE

Man konnte die vier Jahre, die vier Ecksteine Erkner auch in anderer Richtung als symbolische, lebenbestimmende Markierungen sehen. Die vier Orte oder Landschaften, zwischen denen sich hinfort Gerhart Hauptmann als Mensch und Künstler bewegte und ungeahnt reich entfaltete, wurden in diesen vier Jahren ebenfalls festgelegt und mit ihnen die Motivreihen, aus denen sich das Gesamtwerk im wesentlichen aufbaut. Die Leben und Werk prägenden Landschaften sind: Hiddensee, die Elbhöhen bei Dresden (Hohenhaus), Oberitalien und das Riesengebirge.

HIDDENSEE

Zwei Monate vor der Übersiedelung nach Erkner, Ende Juli 1885, hatte Gerhart Hauptmann von Rügen aus, wo er sich mit dem Bruder Carl, dessen Frau und seinem Malerfreunde Hugo Ernst Schmidt (dem Urbild des Gabriel Schilling) aufhielt, die Insel Hiddensee besucht. Er sagte später darüber: *Der erste Eindruck, den man von*

Hiddensee empfing, war der von Weltabgeschiedenheit und Verlassenheit. Das gab ihm den grandiosen und furchtbaren Ernst unberührter Natur und dem Menschen, der in dieses Antlitz hineinblickte, jene mystische Erschütterung, die mit der Erkenntnis von den Grenzen seines Wesens und der menschlichen Kultur überhaupt verbunden ist.

Seit dem Sommer 1896 kam Hauptmann mit Margarete Marschalk, seiner späteren Frau, häufig nach Hiddensee. In Vitte diktierte er ihr große Teile der *Versunkenen Glocke.* Im Spätsommer 1915 wurden mehrere Akte der Tragödie *Magnus Garbe* in Kloster geschrieben und ein Jahr später der utopische Roman *Die Insel der großen Mutter* hier begonnen und ebenso wie das Hexameter-Epos *Till Eulenspiegel* und die Terzinen-Dichtung *Der große Traum* wesentlich gefördert. Im Sommer 1924

Als Ehrendoktor der Universität Oxford, 1905

wohnte Gerhart Hauptmann gemeinsam mit Thomas Mann im «Haus am Meer». Es entstanden die Anfänge des Romans *Im Wirbel der Berufung,* die Neubearbeitung des Shakespeareschen «Hamlet» und vom April bis September 1931 der größte Teil des Schauspiels *Vor Sonnenuntergang,* von dem insgesamt sieben Fassungen vorliegen. Hauptmann hatte 1929 das Haus «Seedorn» in Kloster gekauft und ausbauen lassen. Manche neue Arbeit wurde in der Folgezeit auf Hiddensee begonnen: das Drama *Die Tochter der Kathedrale, Siri* (eine Fortführung des autobiographischen *Buches der Leidenschaft*) und vor allem *Iphigenie in Delphi* und Teile der *Iphigenie in Aulis.*

Hiddensee hatte großen Anteil an der Ausformung und Vertiefung des Insel-Motivs, das im literarischen Schaffen Hauptmanns vom frühen *Helios*-Fragment, über das von Meeresluft durchströmte Drama *Gabriel Schillings Flucht* bis zum *Meerwunder* eine so große Rolle spielt. Am reichsten entfaltet es sich, von vielen ironischen und zeitsatirischen Blitzen und zum Teil fast operettenhaften Scherzen durchzuckt, in dem utopischen Südsee-Roman *Die Insel der großen Mutter*. Hauptmann sagt von seiner Darstellung eines modern-zeitlosen Frauenstaates: *Ich hätte sie wohl nie geschrieben, hätte ich nicht jahrelang auf Hiddensee die vielen schönen, oft ganz nackten Frauenkörper gesehen und das Treiben dort beobachtet.*

ITALIEN UND GRIECHENLAND

Wie über Hiddensee und Rügen, so spannt sich auch über Oberitalien (in weiterem Sinne über den Süden Europas) der Lebensbogen von mehr als einem halben Jahrhundert. Hauptmann liebte Italien. Als Zwanzigjähriger im Frühjahr 1883 auf seiner Mittelmeerfahrt sah er zum erstenmal italienische Städte und Landschaften. In Genua traf er seinen Bruder Carl. Sie fuhren nach Capri. Mit leuchtenden Farben malt die von dem Siebzigjährigen verfaßte Autobiographie den frischen Zauber dieses Sommers:

Mit Sorgen quälten wir uns in Capri nicht. Wenn wir des Morgens, umgeben von einem Rudel Capreser Jungen, zum köstlichsten Bade der Welt, zur Kleinen Marina hinunterzogen, verloren wir

Aus dem Manuskript zu dem Lustspiel «Die Jungfern vom Bischofsberg», 1905

*uns in Wärme, Farbe und Glanz und bestanden nur noch aus la-
chender Seele. Von den zahllosen grünen Eidechsen, die über das
Kalkgefels huschten, mußte sich aller Augenblicke eine, in einer
Schlinge aus Gras, durch irgendeinen Narkissos, Charmides oder
anderen Liebling der Götter fangen und mit Lachen vorweisen lassen. Dann wurde sie wieder in Freiheit gesetzt. Unvergleichliche
Wonnen des Bades in der grünen Flut unter den Faraglioni erwar-
teten uns. Sie dauerten fort, bis wir an Paganos gedeckter Tafel ein
köstliches Frühstück einnehmen konnten. Der Nachmittag und besonders die kühlere Zeit wurden wiederum durch Entdeckungsreisen in
Form von Wander- und Kletterpartien ausgefüllt.*

Die dunklen Gedanken und erhabenen Gefühle, die den jungen
Bildhauer-Poeten damals beschäftigten, fanden Niederschlag in dem
fast völlig verlorengegangenen *Tiberius*-Drama und der schwungvoll-
unreifen Ottaverimen-Dichtung *Promethidenlos*.

Was Italien, was die Antike im Schaffen Gerhart Hauptmanns
bedeutet, läßt sich in Kürze kaum sagen. Wie in Erkner, auf Hiddensee und im Riesengebirge, so wurden auch in Italien viele der schön-
sten, zum Teil wenig bekannten Werke, wie das *Hirtenlied*, geschrieben. Viele Szenen der im schlesischen oder Berliner Milieu
spielenden Dramen, wie *Fuhrmann Henschel* und *Die Ratten*, entstanden im Süden, hauptsächlich in Portofino und Rapallo. *Der
Ketzer von Soana*, neben dem *Meerwunder* die schönste und meist-
gelesene Erzählung Hauptmanns, wurde im Frühjahr 1911 in Portofino begonnen und im Frühjahr 1914 in Paraggi nahezu beendet.
Rovio, den Schauplatz dieser von den Kräften des Eros durchfluteten
Geschichte, hatte Hauptmann auf seiner großen Italienreise mit
Margarete Marschalk im Frühjahr 1897 kennengelernt. In den folgenden Jahren kam Hauptmann fast regelmäßig mehrere Monate nach
Italien. Er wohnte und arbeitete bald in Lugano, bald in Santa Margherita, Sestri Levante, Portofino, Castello Paraggi und Rapallo. Die
düstere *Winterballade* wurde im Süden begonnen, die dramatische
Phantasie *Der weiße Heiland* und die Entsagungsdichtung *Indipohdi*
wurden ebenfalls fast Zeile für Zeile in Italien diktiert.

*Mein Frühjahr muß früh, mein Herbst spät sein, wenn Früchte
reifen sollen*, hat Gerhart Hauptmann einmal in seinem Tagebuch
notiert. Nicht Roms menschenprägende staatliche und kirchliche
Macht regte Hauptmanns Schaffen an. Hier sah er fast nur Negatives.
Herb und einseitig urteilte er: *Bevor sie von den Römern zerstört
wurde, hat die Stadt Syrakus mehr Statuen als Menschen gehabt.
Aber das Römertum war schließlich in seiner künstlerischen Unpro-
duktivität, in seiner Kunstfeindlichkeit, ausgedrückt durch das
Christentum, eine immerwährende Zerstörerin.* (Vorrede zu dem
Buch über den Bildhauer Otto Kroner, Berlin 1927, S. 13 f). Das
südliche Licht, Festivitas, Lebensfreude und die dunklen rauschhaf-
ten, elementaren Mächte, wie sie im Dionysoskult, im Natur-Mythos
der Griechen zutagegetreten waren — die Wiedergeburt der Antike

aus dem Geist und Leben der Landschaft, so könnte man sagen, das suchte, das liebte Gerhart Hauptmann. Er übertrug stets etwas von der Glücksempfindung, die ihn auf seiner Griechenlandreise im Frühjahr 1907 erfüllt hatte, auf die italienischen Landschaften, in denen er fast so etwas wie eine zweite Heimat gefunden hatte. Es war darum schön und sinnvoll, daß man, um den Achtzigjährigen zu ehren, am 25. September 1942 in Mailand sein Drama *Der Bogen des Odysseus* aufführte. Auf Korfu, im Garten des Königs von Griechenland, ist diese dramatische Dichtung, in welcher das Natur- und Menschenbild der Antike neu geprägt wurde, am 1. April 1907 entworfen worden. Hauptmann fand, nachdem er sich von seinem Malerfreunde Ludwig von Hofmann am Eingang der Königsvilla getrennt hatte, die Marmorreste eines kleinen antiken Tempels. Es sind nur Grundmauern und einige Säulentrommeln:

Ich lege mich nieder auf die Steine, und eine unsägliche Wollust des Daseins kommt über mich. Ein feines, glückliches Staunen erfüllt mich ganz, zunächst fast noch ungläubig, vor diesem nun Ereignis gewordenen Traum. Weniger um etwas zu schaffen, als vielmehr um mich ganz einzuschließen in die Homerische Welt, beginne ich ein Gedicht zu schreiben, ein dramatisches, das Telemach, den Sohn des Odysseus, zum Helden hat. Umgeben von Blumen, umtönt von lautem Bienengesumm, fügt sich mir Vers zu Vers, und es ist mir allmählich so, als habe sich um mich her nur mein eigener Traum zu Wahrheit verdichtet.

Ermattet landet Odysseus, einst Herrscher der Insel, nun Bettler, auf Ithaka. Der Arme und Verfolgte, der nicht weiß, wie er die Frevel der Freier rächen soll, sinkt kraftlos nieder. Aber aus dem Heimatboden strömen ihm Kräfte zu. Vor den Augen Leukones, der Enkeltochter des Sauhirten Eumaios, hebt Odysseus eine Handvoll Erde auf und sagt:

Nur Erde! Erde! —
Sieh, hier dieser Staub
ist köstlicher als Purpur, köstlicher
als alle Frachten der Phönizier!
Ist wundervoller als Kalypsos Bett!
Süßer als Kirkes Leib, der Zauberin,
und schmeichlerischer anzufühlen! Biete
mir Helena — ich bin ein Bettler, habe nichts
außer diesen Lumpen! — biete mir
die heilige Troja, wie sie ging und stand:
Ein Korn von diesem Staube wiegt sie auf.

In Griechenland fühlte sich Hauptmann bald an Norddeutschland, bald an Thüringen und immer wieder an die schlesische Heimat erinnert:

«Und Pippa tanzt» im Deutschen Theater Berlin, 1919 (Emil Jannings in der Rolle des alten Glasbläsers Huhn, Else Eckersberg als Pippa)

Mich durchdringt eine staunende Heiterkeit. Der harzige Kiefer-
nadelduft, die heimisch-ländliche Morgenmusik beleben mich. Wie so
ganz nah und natürlich berührt nun auf einmal das Griechentum,
das durchaus nicht nur im Sinne Homers oder gar im Sinne der Tra-

Illustration zu dem Fragment «Das Hirtenlied».
Holzschnitt von Ludwig v. Hofmann

giker zu begreifen ist. Viel näher in diesem Augenblick ist mir die
Seele des Aristophanes, dessen Frösche ich von den Alphaiossümp-
fen herüber quaken höre. So laut und energisch quakt der griechische
Frosch..., daß er literarisch durchaus nicht zu übersehen, noch
weniger zu überhören war.

Hauptmann betritt Olympia. Von einem jungen Ölbäumchen,
nahe dem Zeustempel, bricht er sich, *fast scheu wie ein Dieb*, einen
Zweig. Er blickt auf die Fundamente und Trümmer des Tempelbezirks:

Dort, wo der goldelfenbeinerne Zeus gestanden hat, auf den
Platten der Cella des Zeustempels, spielt ein Knabe. Es ist mein Sohn.
Etwas vollkommen Ahnungsloses, mit leichten, glücklichen Füßen
die Stelle umhüpfend, die das Bildnis des Gottes trug, jenes Weltwun-
der der Kunst, von dem unter den Alten die Rede ging, daß, wer es
gesehen habe, ganz unglücklich niemals werden könne. Die Kiefern
rauschen leise und traumhaft über mir. Herdenglocken wie in den
Hochalpen oder auf den Hochflächen des Riesengebirges, klingen von
überall her.

Als *höchste menschliche Lebensform* erscheint dem Griechenland-
fahrer Heiterkeit: *die Heiterkeit eines Kindes, die im gealterten*
Mann oder Volk entweder erlischt oder sich zur Kraft der Komödie
steigert. Wie jeder echte Tempel volkstümlich ist, so sollte auch jede
echte Komödie, jede echte Tragödie volkstümlich sein. Als Urgrund

der Tragödie erkennt Hauptmann das Blutopfer, geboren aus der Angst des Menschen vor dem Racheblick der Moiren. Bis zum Ende der Atridentetralogie schwingt diese, Natur und Mythos ineins setzende Auffassung der Antike nach. Für Hauptmann ist das Griechentum *zwar begraben, doch nicht gestorben.* In jedem Frühling, in jedem Neugeborenen erwacht es aufs neue. Es nimmt in der Gestalt des Hirten christliche Elemente auf. Es verknüpft Träume der frühesten Kindheit und einer glücklichen Menschheitsstunde zum Ewigkeitsaugenblick einer nur in der Heimat und nur in Griechenland genossenen Daseinsfreude:

Ich liege auf olympischer Erde ausgestreckt. Ich bin, wie ich fühle, zum Ursprung meines Kindertraumes zurückgekehrt. Ja, es ward mir noch Höheres vorbehalten! Mit reifem Geist, mit bewußten, viel umfassenden Sinnen, im vollen Besitz aller schönen Kräfte einer entwickelten Seele ward ich auf dieses feste Erdreich so vieler ahnungsvoll-grundloser Träume gestellt, in eine Erfüllung ohnegleichen hinein.

Und ich strecke die Arme weit von mir aus und drücke mein Gesicht antaoszärtlich zwischen die Blumen in diese geliebte Erde hinein. Um mich beben die zarten Grashalme. Über mir atmen die niedrigen Wipfel der Kiefern weich und geheimnisvoll. Ich habe in mancher Wiese bei Sonnenschein auf dem Gesicht oder Rücken gelegen, aber niemals ging von dem Grunde eine ähnliche Kraft, ein ähnlicher Zauber aus, noch drang aus hartem Geröll, das meine Glieder kantig zu spüren hatten, wie hier ein so heißes Glück in mich auf.

Klassische Philologen und Kritiker, vor allem Hofmiller, haben Hauptmanns Reiseaufzeichnungen scharf und höhnisch beurteilt und angegriffen. Nicht viel besser erging es dem Dichter nach der Uraufführung des *Bogen des Odysseus* im Deutschen Künstlertheater Berlin (Januar 1914): Alfred Kerr, der prominenteste unter den Hauptmann-freundlichen Theaterkritikern Berlins, reihte das Werk (wie die meisten Hofmannsthal-Dramen) in die Gruppe der von ihm verachteten Sagen-Bearbeitungen ein und schrieb: «Man setze statt Odysseus: Emil. Man setze den Titel: ‹Der Degen des Emil› — und das Stück wird nicht zu Ende gespielt. Alle Sagen hole der Himmel. Alle Bearbeitungen der Teufel.» (Kerr schlug dann in seiner sieben Seiten umfassenden Kritik eine Bearbeitung vor, die er für «erschütternder» hielt.) Mit Wortwitzchen wie: «Kämmerchen zu vermythen» und dem Resümee: «Viel Napfteig, wenig Rosinen» lehnte er die, wie er meinte, antiquierte, Symbole suchende und setzende Arbeit ab. Gerhart Hauptmann, der von den Kritikern niemals verwöhnt wurde, hat sehr selten zu ihm ungerecht erscheinenden Beurteilungen Stellung genommen. Auch zur Ablehnung seines Dramas *Der Bogen des Odysseus* schwieg er in der Öffentlichkeit. Vor sich selbst allerdings begründete er Anlage und Aufbau seines Dramas und die Einheit des äußeren Weges und des inneren Schicksals seiner Zentralgestalt Odysseus. Am 14. März 1914 vertraut er seinem Tagebuch eine Aufzeichnung an, die als eines der wesentlichsten Selbstzeugnisse des Dichters anzusehen ist. Es heißt darin über die Entstehung des «Bogen des Odysseus»:

Auf Korfu begonnen, in Neu-Phalère fortgesetzt. Alsdann Prosaentwurf in Villa Piuma. Bis dahin alles Freiluft-Produkt. Schließlich Diktat in Agnetendorf, Hauptteil und Abschluß in Castello Paraggi.

Bleibt dahingestellt, worin ich hätte wärmer, sinnlicher sein können. Ich empfand sehr wohl von Beginn an, daß ich einen andern Weg geführt wurde, als ich eigentlich im Sinne hatte. Allein dieser andere war kein Irrweg: wenn ich auch wieder dort stehe, wo er von dem eigentlichen abweicht.

Klarheit, Helligkeit, tiefe, geschlossene Form lasse ich dem Werk nicht absprechen. Ebensowenig Kraft und Tiefe. Solche Eigenschaften an ihm können Leute negieren, die eigene unzulängliche Eigenschaften zu Maßstäben nehmen.

Ich habe vielleicht das meiste Verständnis für dieses Werk außerhalb der zünftigen Kritik gefunden. Vielfach traf es als ein unlieb-

Die Schauspielerin Ida Orloff

samer Fremdkörper in betriebsame, lokal und zeitlich verankerte Koterien kritischen Kleinbürgertums. Ich sah wieder einmal das literarische Blindekuhspiel in vollem Gange. Nur daß dabei, umgekehrt wie im wirklichen, viele Blinde nach einem Sehenden schlagen. Sie schlagen mit Schilfstöcken wild aneinander vorbei in die Luft. Wer keine bewußte Beziehung zur Natur kennt, nichts von den elementaren Beziehungen weder zur Scholle noch zur Woge an sich hat, wer die großen physischen und typischen Erlebnisse des irdischen Abenteuers nicht kennt und statt dessen nur solche, die sich unter künstlichem Licht . . . abspielen, der kann unmöglich einen Pulsschlag für das Werk mitbringen.

Dichten, Dramen schreiben bedeutete für Gerhart Hauptmann: Kunde zu geben von einem Wachstum. *Starke Schicksale sind starkes Leben,* sagte er einmal. In Florian Geyer, in Kaiser Karl und Veland, vor allem in Odysseus sah er dieses starke Leben:

Odysseus bedeutet das Lebensabenteuer des Starken. Er bedeutet so ziemlich den ganzen Weg, den es beschreibt. Er bedeutet den äußeren Weg und den inneren Weg: den inneren Weg, der treffender unter dem Begriff des Wachstums zu fassen ist. Der äußere Weg ist äußere Wandlung im Raum, die Wandlung des Wachstums geschieht in der Zeit. Aber der äußere Weg und der innere Weg führen beide den höheren Menschen zu seinem Ausgangspunkt, zur Scholle zurück. Der äußere Weg schafft das innere Schicksal, wobei das Schaffende und Geschaffene allerdings nirgend die Einheit verleugnet.

In Odysseus will Hauptmann den *Leidensprozeß des Manneswachstums* darstellen. Er sieht in dieser Gestalt *den höchsten Begriff vollendeten menschlichen Schicksals.* Hauptmann vergleicht in wunderbarer Anschaulichkeit das Wachstum des Odysseus mit dem eines mächtigen Eichbaums: *Ein ähnliches Monument zu sein, ist die immanente Forderung des Odysseus. Aber, bis es uns anders bewiesen wird, müssen wir doch für den Menschen ein anderes, höheres Leben als für den Eichbaum in Anspruch nehmen. Die Pflanze, so steht zu vermuten, erfährt sich selbst nicht so wie der Mensch. Der Mensch allein ist in das immer weiter und weiter sich enthüllende Wunder hineingestellt. Er allein, der zwar sein Hervorgehen in die Form des Leibes nicht ins Bewußtsein bringen kann, macht sich mit Bewußtsein reif für den Untergang und findet im Vollbesitz seiner höchsten Kräfte jene Gelassenheit, die allerdings vielleicht seine Wurzeln unmerklich aus dem Erdboden lockert, so daß sich eines Tages, auch ohne Sturm, der Riese willig und durch eigene Schwere gezogen zum Tode neigt.*

Die Antike als Erlebnis, als erlebter Natur-Mythos, war Gerhart Hauptmann erst während seiner Griechenlandfahrt aufgegangen. In Jena hatte er trotz Homer-, Hesiod- und Herodot-Lektüre, trotz der Vorlesungen, die er bei den Professoren Gaedechens und Gelzer über Pompeji und Herculaneum, über Archäologie und griechische Geschichte gehört hatte, laut eigenem Geständnis an der Antike *nur genippt*. Sein Plan, ein Perikles-Drama zu schreiben, in den er seinen Mentor, den Literaturprofessor Böthlingk eingeweiht hatte, und zu diesem Zweck, von Italien aus, zusammen mit dem Bruder Carl nach Griechenland zu fahren, war nicht verwirklicht worden. Die Jugenddramen *Germanen und Römer* und *Das Erbe des Tiberius* hatte Hauptmann beiseitegelegt. Auch die Schattenfigur des korinthischen Hamlet verschwand. Die neue Zeit, bestimmt durch soziale Forderungen und den Ruf nach einer besseren Gesellschaftsordnung, stellte dem Schriftsteller neue Aufgaben. Hauptmann nahm sie nach seiner Übersiedlung in den Ostberliner Vorort Erkner ernsthaft in Angriff. Neben den umfangreichen *Jesus*-Studien, den Erzählungen *Fasching* und *Bahnwärter Thiel* und zahlreichen Skizzen und Prosafragmenten (*Der Dorfpastor als Bittsteller, Der Buchstabe tötet, Christoph der Usinger, Solange Gott nimmt, nehme ich auch, Der räudige Hund, Die dunkle Pforte*) schrieb Hauptmann, bevor er sein Drama *Vor Sonnenaufgang* begann, eine Reihe kurzer dramatischer Szenen, in denen Vorgänge aus seiner frühen Kindheit anklangen. In einer anderen Szene, die zu späterer Zeit spielte und die im Rahmen einer Prosaschilderung stand, benutzte Hauptmann wohl zum ersten Male verschiedene Dialekte in naturalistischer Manier. Ein alter Kutscher erzählt in unverfälschtem Schlesisch, wie ihm ein Pferd durchgegangen ist, ein Sachse mischt sich ein und ein Berliner, von Beruf Fleischer, macht seine Bemerkungen dazu. Die Szene, Teilstück des autobiographischen Romans, ist trotz des simplen Vorgangs, den sie schildert, in doppelter Hinsicht recht interessant. Sie beweist nämlich ziemlich schlüssig, daß Gerhart Hauptmann die Besonderheit und Bedeutung des schlesischen Dialekts erst am Kontrast mit dem Berliner Dialekt und dem der Mark Brandenburg aufgegangen ist. Die Vertrautheit mit dem heimatlichen Dialekt und seine Verwendung als Kunstmittel — wie sie Hauptmann später so meisterhaft (etwa in der Dialektfassung des Dramas *De Waber*) gelang — ist zweierlei. Erprobt wurden die ersten Möglichkeiten, seelische Prozesse, das Ineinanderwirken äußerer und innerer Vorgänge im fein abgestuften Dialekt, zugleich realistisch und rhythmisch genau darzustellen, durch die höchst intensiven Studien, die Hauptmann in Erkner trieb. In den wenigen uns erhaltenen epischen und dramatischen Skizzen und den zwei Reststücken des sonst vernichteten autobiographischen Roman-Fragments finden wir den ersten Niederschlag dieser Arbeit.

Die Kutscherszene im Dialekt ist aber noch aus einem zweiten

Grunde bemerkenswert und für die Entwicklung Gerhart Hauptmanns wesentlich. Sie spielt an den Stallgebäuden im Garten von Hohenhaus. Dieser Garten, ein Weinberg auf dem rechten Elbufer unterhalb von Dresden, war samt einem mächtigen hochaufragenden Bau mit weithin sichtbarem rotem Dach der stolze Besitz des Berliner Großkaufmanns Berthold Thienemann und seiner fünf Töchter gewesen, von denen Adele den ältesten Hauptmann-Sohn Georg, Martha den zweitältesten Carl und Marie den jüngsten, Gerhart, geheiratet hatten. Zur Hochzeit seiner Brüder Georg und Carl hatte Gerhart zwei naiv-idyllische Festspiele geschrieben, von denen das erste, des Achtzehnjährigen *Liebesfrühling* sogar als Privatdruck erschienen war. Die zweite dramatische Gelegenheitsdichtung mit dem Titel *Der Hochzeitszug* hatte Gerhart wiederum einstudiert. Er selbst spielte darin die Rolle des «Leichtsinns», seine Verlobte Marie den «Genius der Liebe». In Erkner dachte der junge Ehemann oft an diese unbeschwerteste und, wie er meinte, schönste Zeit seines Lebens. Immer wieder rief er sich die Sommertage von Hohenhaus in die Erinnerung. In Erkner geschah es wohl auch, daß er einen Abschnitt des autobiographischen Romans (der in der Weihnachtsausgabe des «Neuen Wiener Tagblatts» 1894 gedruckt wurde) in einem *dumpfen und kellerkühlen Atelier* beginnen ließ. Der junge und jungverheiratete melancholische Künstler, der sich mit einer König Lear-

Castello Paraggi bei Portofino

«Große Herbstparade zur Eröffnung der Theatersaison»
Karikatur von W. A. Wellner, 1909

Plastik abquält, empfängt den Besuch eines Malerfreundes. Sie gehen ins Freie und kommen spät abends *zurück in die Wohnung des Bildhauers, die im vierten Stock lag, geräumig war und eine weite Aussicht hatte über die brausende Stadt.* Die junge, etwas befangene Frau des Bildhauers begrüßt den Gast, man trinkt Wein, ein Stadtbahnzug braust vorüber. So etwa mag es in der Moabiter Wohnung des jungen Ehepaars Hauptmann zugegangen sein. Und auch die folgende Schilderung, in der schon etwas von dem Schatten der schweren Melancholie deutlich wird, die die Ehe später verdüsterte, ist wohl autobiographisch zu verstehen:

Während der junge Ehemann das unterbrochene Gespräch unvermindert lebhaft fortzusetzen schien, war ihm das gedrückte Wesen seines Weibes nicht entgangen, und er schob ihr die rechte Hand zu. Sie legte die ihre darauf, aber das Lächeln, womit sie ihm dankte, war ein gezwungenes. Und als er nun gar Besorgnis verriet und aussprach — ob sie verstimmt sei und ‹weshalb›? fragte —, da wehrte sie ab ohne Worte und errötete, die Blicke nicht vom Teller aufschlagend, noch viel tiefer. ‹Sei doch nur ein bißchen vergnügt, Anna!› Der Maler trieb das Gespräch weiter, und darunter erhob sie sich leise und war hinaus. ‹So ist sie oft›, sagte der Bildhauer; und so war sie oft. ‹Nun schließt sie sich ein in unserm Schlafzimmer›; und sie hatte sich eingeschlossen.

Die folgenden Abschnitte schildern Meditationen und Selbstvorwürfe der jungen Frau. Sie enthalten eine Klage über den Verlust des Kindheitsparadieses. Man erkennt den schönen Besitz auf den Elbhöhen, der im April 1885, kurz vor der Hochzeit Gerharts und Maries, verkauft worden war:

Ja, freilich, das Paradies war hin. Aus dem Paradies waren sie vertrieben. Das Paradies war verschleudert worden: das Paradies ihrer schönen, schönen Brautstandsjahre. Man hatte es verkauft und unter viele Geschwister die Beute geteilt: jedoch es war Blutgeld.

Und aus der Erinnerung taucht nun Hohenhaus empor:

Da stand an einem sanften Talabhang, umgeben von weiten laubigen Gärten, ein altes, festes Haus. Man konnte ihm gut sein wie einem Menschen. Wenn man es sah, so war es, wie wenn ein kleines Küchlein eine alte, gute, tapfere Henne sieht: man wollte unter das hohe rote Giebeldach, das gleichsam zwei gewaltige schützende Flügel über das graue Gemäuer darunter gelegt hatte.

Es hieß dann weiter, auf die Geschichte des einst dem Domkapitel zu Meißen gehörenden «Bischofsbergs» anspielend: *fünfhundert Jahre hatte das alte Gebäude allen Wettern und Gewittern getrotzt,* und dann wurde das Innere des Hauses, ähnlich wie in den späteren Lustspielentwürfen (*Goldene Zeiten*) und in dem Lustspiel *Die Jungfern vom Bischofsberg* beschrieben:

Und Bild schob sich an Bild vor die Seele der jungen Frau, aus dem Innern und dem Umkreis des alten Hauses: hohe, ehrwürdige Räume. Enge Steintreppen. Seltsame Kämmerchen. Unheimliche Dachstuben. Ungeheure Kamine mit ganz ungeheuerlichen Bildwerken ver-

ziert, Kindergemütern Furcht und Schrecken einflößend. Sie fühlte
wieder das seltsame, rätselhafte Anwehen aus tiefer, menschlicher
Vergangenheit, das von den Wänden und Kreuzgewölben fiel und
zuweilen die Haut angenehm schauern machte. Ein ernster strenger
Geist hatte hier Stein auf Stein getürmt, hatte gezimmert und gewölbt
für die Ewigkeit, aber ein heiterer, leichter Geist der Gegenwart hatte
das Ausgestorbene in Besitz genommen und es ausgeschmückt, far-
big und launisch, reich, leicht und modern.

Erinnerungen an die herrnhutische Erziehung tauchen nun auf —
Marie Thienemann hatte sie erlebt und dabei vielleicht das Trauma
der späteren melancholischen Verdüsterung empfangen.

Sie hatte ihre Kindheit, durch des Vaters seltsamen Willen, isoliert
von den Geschwistern, in verschiedenen Herrnhuter Erziehungs-
anstalten zugebracht, die das angekränkelte Gemüt der Waise in
jahrelangem Einwirken kränker und kränker gemacht und seine Me-
lancholie zeitweilig bis zu Ideen von Weltflucht und fiebrischen
Wünschen nach Tod und Himmelreich gesteigert hatten.

Das mutet an wie eine *Hannele*-Vision. Der Schluß des Frag-
ments, aus dessen Grundmotiven sich lyrische, epische und dramatische Arbeiten entwickeln, ist wiederum die Beschreibung eines Vor-
falls, der sich während der Hochzeit Hauptmanns in Dresden wirklich ereignet hat. Von jenem *feschen und strammen Husarenleutnant*
wird da berichtet, der den brustkranken, schmächtigen Bräutigam
kalt und frech durch sein Monokel musterte und sagte: *Der Kerl kre-*
piert ja in den ersten acht Tagen. Man hält den jungen Ehemann
von *zwecklosen Torheiten* ab, aber, so heißt es: *Das Fest riß ab mit*
einer grellen Dissonanz, und die unbegreifliche Roheit des Soldaten
hatte auf die Seelen des kleinen Kreises gewirkt wie ein Vitriolwurf
auf das Angesicht eines Menschen.
Durch ein Leben erhält sich das tiefe, unausschöpfliche Glücksgefühl, das Gerhart Hauptmann, vor allem während des Sommers
1883 auf dem Weinberg von Hohenhaus mit seiner Kapelle, der Mu-
schelgrotte im Park und den Goldfischteichen empfunden hatte.
Neben den zum Teil von der handschriftlichen Endfassung völlig
abweichenden Entwürfen und Ausarbeitungen zu dem Lustspiel *Die*
Jungfern vom Bischofsberg ruhte im Agnetendorfer Archiv, wie Voigt
berichtet, noch so manches Fragment, das sich mit den Ereignissen
auf Hohenhaus beschäftigt: ein *Roman der Ruschewey*, eine Erzählung *Berthold Baßfreund*, die Georgs Werbung um Adele behandelt,
ein Bruchstück *Der Kaufmann* und mehr. Immer wieder kehrte Hauptmann zu diesem Quellgrund glücklicher Tage zurück. In der Novelle *Die Hochzeit auf Buchenhorst*, in einem Sonett *(Du stehst vor*
meinem Sinn, verschwiegene Grotte), in den fast bestürzend jugend-
frischen Schilderungen des *Abenteuers meiner Jugend*, endlich im
6. Gesang des *Großen Traums*, der reifsten Ausformung dieses rein

Gerhart Hauptmann mit seinem Sohn Benvenuto
im Hotel Adlon zu Berlin, 1910

bewahrten Motivs. Hier und in der kostbaren Versdichtung *Mary*
gibt es Zeilen, in denen es Gerhart Hauptmann gelingt, das verlorene Paradies so sinnenhaft und sinnentrückt zugleich zu beschwören,
daß es nun, solange Worte bestehen, nicht mehr verloren gehen
kann. Auch die Schatten sind mitgemalt, die später, während der
Ehekrise, das Leben verdüsterten. Und doch gibt es während dieser
Jahre Erinnerungen, die das Lebensgewebe zusammenhalten, die
die Trennung schwer und im Grunde unmöglich machen. Hohenhaus ist die stärkste dieser Erinnerungen. Im *Buch der Leidenschaft*
lesen wir eine Eintragung (vom 14. Dezember 1894), die das eindringlich bezeugt:

*Vor unseren Seelen tauchen die ersten Tage, Monate und Jahre
unserer Liebe auf. Wir leben in diesen vergangenen Zeiten zärtlich,
als stünden wir mitten darin: Weißt du noch, wie du dich über die
Gartenmauer herunterlehntest, mit dem schwarzen, seidigen Haar
und dem bleichen Gesicht und in jenem Jäckchen, das wir Zebra nann-*

ten, weil es weich und gestreift wie das Fell eines Zebras war? Weißt du noch, wie lange ich winkte, sooft ich Abschied nahm? und aus dem Schnellzug heraus, gegen die Talabhänge hin, wo euer Landsitz sich stolz und behäbig erhob? Weißt du noch, wie ich dir an die Gebüsche im Garten allerhand Zettel mit Liebesworten befestigt hatte, die du finden solltest, nachdem ich bereits aus eurem Kreise wiederum in die Fremde entwichen sein würde? Weißt du noch? Erinnerst du dich an den Frühlingsmorgen, den Heidenturm und den ersten Kuß? Ja weißt du noch?

Während des ganzen Lebens blieb Hohenhaus ein Eckstein der Erinnerung. Auch der Humor, der die schlesischen Vagabundengestalten Schluck und Jau mit Shakespeare, Holberg und anderen vorgezeichneten Modellen verknüpft, spinnt schon Fäden zwischen Hohenhaus und Erkner. Ein Beispiel dafür: In den *Jungfern vom Bischofsberg* gibt es einen Vagabunden. Plötzlich steht er in dem großen Gemach mit dem schönen alten Kamin: *Wie sind Sie denn hier hereingekommen?* fragt die 22jährige Adelheid Ruschewey. Und der Vagabund beschreibt nun auf seine Art das reiche Besitztum. Er sagt: *Auf Ehre, das weiß ich alleene nich! Erschtlich bin ich durch Gestrippe gestiegen, dann bin ich durch einen Weinberg runtergekomm'n, dann auf einen breiten Gartenweg, dann in eine scheene Eintrittshalle, dann durch einen scheenen Speisesaal, dann über ein kleines Treppchen rauf, und nu mechte ich gerne in meine Heimat.*

Die Speisekammer, vermutet die 15jährige Ludowike. *Nein, Usingen ist mein Heimatland.*

Usingen? Dieser Ort, dieser Name wird ebenfalls schon in einem Prosafragment der Erknerzeit genannt *(Christoph der Usinger — Ein linker Kunde)*. Wie dieses winzige Bruchstück so blieben einzelne Bilder, Motive jahre-, jahrzehntelang in Gerhart Hauptmann lebendig. Aus ihnen erwächst das reiche, erst zum Teil erschlossene Schatzhaus seiner Dichtungen. Das Elternhaus in Salzbrunn war das Urmodell. In ihm beleuchtete ein Dreigroschenlicht den Schauplatz der Hamlet-Sage, dargeboten im Puppentheater. In den unteren Räumen und auf dem Hofe regierte der Fuhrmann Krause. In seiner Schankstube entwickelten sich dramatische Szenen, die der Zehnjährige genau beobachtete, so wie später der Fünfzehnjährige, im «Schwarzen Roß» zu Waldenburg sitzend, das Gewimmel auf dem Marktplatz beobachtete. Er sah kleine Kätner, Hausierer und Fabrikanten, Bergleute, Schlächtermeister und reiche Weißsteiner Herrenbauern (die er später in seinem naturalistischen Erstlingsdrama *Vor Sonnenaufgang* zu fragwürdigen Helden machte). *Wie alle diese verschiedenartigen Funktionäre des Kreises in Stadt und Land sich hier durcheinanderschoben, begrüßten, berührten und wieder trennten, konnte ich nicht genug beobachten,* so berichtete er später. *Ich empfand und genoß zudem die Spannung, die über allem lag. Das ganze Getriebe war irgendwie gesetzmäßig. Man spürte das Drama, das sich darunter auswirkte, an verstohlenen Blicken, Bemerkungen, heimlichem Lachen und einer Grimasse hier und da hinter dem Rücken eines Eintretenden: kleine verräterische Zeichen, auf die man Jagd machte.*

Das Werk wächst und wächst und es nimmt immer neue Bewohner auf. Klein- und Großbürger, Proletarier und Angehörige der Unterwelt aus den Großstädten Breslau, Hamburg, Berlin; aus italienischen Elendsquartieren, den Schlaf-Schlupflöchern der «Wasserpolacken» an der Oder, den Armenhäusern und den morschen Hütten der Handweber in Peterswaldau und Langenbielau. Schon während der Erkner-Zeit war der Plan zu einem Weber-Drama entworfen worden. Bei einer Reise, die Hauptmann im August 1887 mit seinem Malerfreunde H. E. Schmidt unternommen, hatte er seine Heimat wiederentdeckt und vier Jahre später war er dann, nach den Zwischenaufenthalten in Hamburg und Zürich, zunächst nach Schreiberhau gezogen und endlich — während der Lösung seiner Ehe — nach Agnetendorf. Am 10. August 1901 wurde der Wiesenstein bezogen.

Szene aus «Die Ratten» (Lucie Höflich als Frau John, Eduard v. Winterstein als Maurerpolier John)

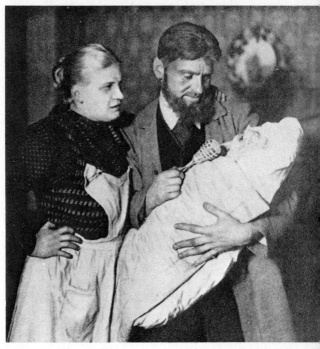

1912

Ich habe meine Heimat wiedergefunden, sagte der Dichter, dessen Leben und Lebenswerk nun in diesem Haus, der *mystischen Schutzhülle* seiner Seele, Grund und Mitte finden sollte bis zum Ende seiner Tage.

RIESENGEBIRGE

Man kann die Werke eines halben Jahrhunderts, die zum großen Teil in Schlesien entstanden sind und die in vielen Fällen schlesische Schauplätze haben, in Gruppen einteilen und etwa von sozialen und zeitgeschichtlichen Dramen, von Liebes- und Künstlerdramen, von Sagen- oder Mythendramen sprechen, man kann vielleicht eine ähnliche Einteilung im epischen Schaffen vornehmen, und doch zeigt sich gerade hier, daß alle Versuche einer Abgrenzung problematisch und eigentlich nutzlos sind. Ist *Rose Bernd* ein soziales Drama, ein Liebesdrama oder ein erschütterndes Schauspiel von der nicht aufzuhebenden Einsamkeit des Menschen? So wie Hauptmann von *Vor Sonnenaufgang* bis zu *Und Pippa tanzt*, von *Gabriel*

Schillings Flucht bis zum *Bogen des Odysseus*, von *Magnus Garbe* bis *Indipohdi*, von *Veland* bis *Vor Sonnenuntergang*, von der *Goldenen Harfe* bis zur *Iphigenie in Aulis*, bald vor-, bald zurückgreifend die bisher bekannte Dramaturgie mit fast jedem neuen Werk erweitert oder variiert hat, so gab er auch in seinen Prosa- und Versepen entweder Neues oder ungeahnte Erneuerungen und Synthesen, wie sie seitdem nicht wieder unternommen wurden. Der Roman *Der Narr in Christo Emanuel Quint* ist ebenso ein Novum wie das aus einer zugleich einmaligen und exemplarisch geschilderten Lebenskrise erwachsene *Buch der Leidenschaft*, von dem Hexameter-Epos *Till Eulenspiegel* und dem Terzinen-Epos *Der große Traum* zu schweigen, die jedes für sich als «Summa» eines sehr eng mit der deutschen Geschichte und der abendländischen Weltvorstellung verknüpften, ins Kosmische sich ausweitenden Lebens angesehen werden können.

Liest man die ersten drei Dramen Hauptmanns *Vor Sonnenaufgang, Das Friedensfest* und *Einsame Menschen* heute — sie gehören trotz verschiedener Schauplätze und Probleme innerlich zusammen und bilden fast so etwas wie eine Trilogie —, so spürt man den Zeitabstand doch sehr stark. Der Theaterskandal, der durch das soziale Drama *Vor Sonnenaufgang* bei der Mittagsvorstellung am 20. Oktober 1889 im Berliner Lessingtheater ausgelöst worden war, erscheint noch heute — und nicht nur unter historischem Aspekt —

«Der heilige Gerhart». Karikatur von Brandt, 1905 im «Kladderadatsch» erschienen

verständlich. Wenn Theodor Fontane «diesen» Hauptmann einen «wirklichen Hauptmann der schwarzen Realistenbande» nannte und Hauptmanns Jugendfreund Alfred Ploetz, Rassenhygieniker in der Realität und (als Modell des Alfred Loth) auch im Drama, in einem Briefe sagte: «Es ist, als wenn ein Stück unserer gärenden Gesellschaft plötzlich durch ein Strahlenbündel beleuchtet wird...», so deckt sich dieser Eindruck ziemlich genau mit dem, den wir heute von Hauptmanns Erstlingswerk gewinnen. Es zieht an und stößt ab. Es ist der Ausbruch eines wie man heute sagen würde «zornigen jungen Mannes» gegen eine verkommene, rückständige Gesellschaft. Im *Friedensfest* richtet sich dieser Ausbruch dann mit Vehemenz gegen die Familie. In den *Einsamen Menschen* gegen eine kirchlich-konservative Geisteshaltung. Hinter diesen Ausbrüchen steht — im Gegensatz zu John Osborne — die Überzeugung, daß man die Gesellschaft neu und besser ordnen, daß man die irregeleitete Menschheit auf den Weg des Heils bringen könne. Hauptmann selbst hat diese Tendenz, die der naturalistischen Bewegung in Verbindung mit dem revolutionären Sozialismus in den neunziger Jahren eine starke Dynamik verlieh, am Ende seiner Autobiographie *Das Abenteuer meiner Jugend* stark hervorgehoben:

Der Grundzug unseres damaligen Wesens und Lebens war Gläubigkeit. So glaubten wir an den unaufhaltsamen Fortschritt der Menschheit. Wir glaubten an den Sieg der Naturwissenschaft und damit an die letzte Entschleierung der Natur. Der Sieg der Wahrheit, so glaubten wir, würde die Wahn- und Truggebilde auch auf den Gebieten religiöser Verblendung zunichte machen. Binnen kurzem, war unser Glaube, würde die Selbstzerfleischung der Menschheit durch Krieg nur noch ein überwundenes Kapitel der Geschichte sein. Wir glaubten an den Sieg der Brüderlichkeit, die wir ja unter uns schon quasi verwirklicht hatten. Glaubten, liebten und hofften wir doch aus Herzensgrund! Eines Tages würde das letzte Verbrechen mit dem letzten Verbrecher ausgestorben sein wie gewisse Epidemien infolge der Hygiene und sonstiger Prophylaxe der medizinischen Wissenschaft. Dieser Optimismus war schlechthin Wirklichkeit.

Der hier sich äußernde Zug einer starken Wissenschaftsgläubigkeit ist bei Gerhart Hauptmann nicht erst während des Ersten Weltkriegs zusammengebrochen. Schon Anfang der neunziger Jahre mögen Bedenken in ihm aufgestiegen sein. Er sehnte sich fort aus der Großstadt. In einer nicht beendeten Fortsetzung seiner Autobiographie erzählt er:

Meine Eltern waren von Hamburg nach Görlitz übergesiedelt. Das Heimweh hatte meinen Vater in die Nähe seines Geburtsortes Flinsberg gezogen, der von Görlitz leicht zu erreichen ist. So lernten auch wir, Bruder Carl und ich, sehr bald diesen lieblichen Kurort kennen. Von da aus unternahmen wir manche Wanderung. Eines Ta-

ges waren wir so auf den Hochstein gelangt, von dem aus sich hinter mächtigen Tälern die reinkonturierten Massen des Riesengebirges — es war Mitte Mai — in vollem Glanze des Mittags darboten. Ich weiß nicht, wer von uns beiden zuerst in die Worte ausbrach: Hier wollen wir bleiben! Hier laßt uns Hütten bauen!

Wir stolperten also, von Natur, Frühling und Jugend berauscht, in die Täler von Schreiberhau hinunter, die uns vorkamen wie das Paradies. Plötzlich befanden wir uns auf einem Gelände, das uns überaus wohlgefiel, und ebenso plötzlich war es durch Kauf in meinen Besitz gelangt. Damit hatte mein Bruder und hatte ich mich wiederum im schlesischen Boden verwurzelt, und wie

1910

ich heut, mit nahezu achtzig Jahren erkennen muß, für Zeit meines Lebens.

Freilich, fügt Hauptmann hinzu, habe ihn Berlin nie losgelassen, und er erwähnt auch ausdrücklich Italien, dessen Natur, Kunst und Klima er viel verdanke. Er erzählt von dem Bauernhaus, das für seine Familie und Bruder Carl und Frau umgebaut wurde, vom Besuch der nahen Glasbläserei Josephinenhütte. Hauptmann fühlte sich durch das Leben im Gebirge verjüngt und erneuert: *Die dadurch bedingte Lebensform...*

Karikatur
von Olaf Gulbransson

Mit Frau Margarete und Sohn Ivo in Santa Margherita bei Rapallo, 1912

bildete zu dem praktischen Teile meines Berufes einen erfrischenden Gegensatz und stellte außerdem neben die künstliche Dramatik eine natürliche, mir bis dahin unbekannte.

Auf Schlitten sauste man vom Kamm der Berge herunter ins Tal. Hauptmann wurde eine Art Pionier des Wintersports: *Ich bat zwei dänische Freundinnen, mir Schneeschuhe zu erwerben und zuzusenden. Die weisen Väter vom Stammtisch in Schreiberhau rieten dringend ab. Sie meinten, die Schneeverhältnisse im Riesengebirge seien für diesen Sport ungeeignet. Ich ließ mich indessen nicht abschrecken und bewies sehr bald, als einzelner im Gebirge, unter Hohn und Spott aller, das Gegenteil: so bin ich einer der frühesten Schneeschuhläufer in Deutschland geworden.* Hauptmann wanderte viel. Er trieb auch im Sommer Sport, ließ sich Pfeil und Bogen aus Holland kommen, warf Speere, spielte mit seinen Söhnen Fußball, auch *ein Tennisplatz wurde angelegt, primitiv, wie ich es verstand, Rakett und Bälle vom Ausland bezogen.* Die Sprache der Bergnatur und der Bergbewohner, der Kleinbauern und Holzfäller nahm Hauptmann aufs neue gefangen. Der Dichter faßt zusammen, was diese Heimkehr zu den Quellen bedeutete:

Als ich hierher kam, ahnte ich kaum, in welchem Maße mich diese gewaltige Welt sich angleichen sollte. Sie umschloß mich mit ihrer tiefen Magie. Sie ließ nicht nach mit der wilden Dramatik ihrer Gewölke, ihren Föhnen, ihren Äquinoktialrasereien zugleich den

Zauber der Jahreszeiten, den unerschöpflichen Reiz alpiner Schönheiten zu entfalten. Je mehr ich mich in das Damals hineinsinne, je ungeheurer in meinem kleinen Leben erstehen die Folgen jenes Schrittes, der mich in diese Gebirge führte. Sie wurden die eigentliche Welt in der Welt für mich. Der Sinn meines Lebens in der Welt zum wahren Sein und Genießen darin ward mir hier erschlossen. Und ich wollte darüber hinaus nichts sehen, was nicht durch diesen Rahmen gesehen wurde. In einem gewissen Sinne ist es wahr, wenn ich sage, ich sei, wohin es mich immer auch außerhalb dieses Bereiches über Grenzen und Ozeane verschlagen hat, nie eigentlich wieder aus ihm herausgetreten. Man mag ermessen, ob mein Schritt in die Öffentlichkeit oder in die der Heimatberge wichtiger war.

In Schreiberhau entstanden *Die Weber, Kollege Crampton* (eine mit schwankhaften Zügen durchsetzte Komödie aus dem Breslauer Kunstschulmilieu), *Der Biberpelz, Hanneles Himmelfahrt,* große Teile des *Florian Geyer* und die *Elga*-Szenen (nach Grillparzers Novelle «Das Kloster bei Sendomir»). Von den sieben Titeln gehören heute vier — *Die Weber, Biberpelz, Hanneles Himmelfahrt* und *Florian Geyer* — zum Pensum des Deutschunterrichts und zur Fremdsprachenlektüre im Ausland, und drei von ihnen sind zu Repertoirestücken der Bühnen geworden. Sie stehen gleichberechtigt neben den Klassikern, und zwar im Sinne einer Definition, die Schiller gegeben und die Brecht aufgenommen hat: Klassik, so ungefähr heißt es da, schließe die Kluft zwischen dem Volk und den Gebildeten. War sich Gerhart Hauptmann dieser Tendenz schon bewußt, als

Mit Benvenuto, 1912

Extra-Blatt der Breslauer

Morgen-Zeitung.

Druck und Verlag von Leopold Freund. Expedition Herren Straße 69.

Dienstag, den 17. Juni 1913.

Das Gerhart Hauptmann-Festspiel verboten.

Die Ausstellungsleitung hat heute beschlossen, die weiteren Aufführungen des Jahrhundert-Festspiels von Gerhart Hauptmann einzustellen, sodaß heute die letzte Aufführung stattfindet.

Ueber die Gründe dieses seltsamen Beschlusses verweigert der Magistrat jede Auskunft.

Zwei Versionen sind im Umlauf.

Nach einer soll der Kaiser gestern der Deputation der Stadt Breslau, die zum Regierungsjubiläum gratulierte, eine abfällige Bemerkung über das ...anische Festspiel gemacht haben.

Nach einer zweiten soll der Kronprinz, der Protektor der Ausstellung, durch sein abfälliges Urteil den bedauerlichen Beschluß veranlaßt haben.

Extrablatt vom 17. Juni 1913 über das Verbot des Breslauer Festspiels

er das Weber-Drama schrieb oder eingehende Studien zu ihm machte? Fast möchte man es vermuten. Ein Brief Hauptmanns, geschrieben am 5. März 1891 im Preußischen Hof zu Langenbielau, beginnt mit dem Satz: *Ich bin auf klassischem Boden.* Dieser Boden, so fügt er humorhaft hinzu, sei allerdings *sehr, sehr aufgeweicht.* Bis jetzt gehe alles gut: *Eine herrliche alte Frau hat ausgiebig und als Augenzeuge der vierundvierziger Vorgänge erzählt. Viele schöne Gestalten sind dadurch schon gegeben. Heute steige ich zu einem Mann, der bei dem Krawall einen Major vom Pferde gezogen hat. Ich bin gespannt.*

Hauptmann hat im Jahre 1938 in Fortführung seiner Lebenserinnerungen, die den Titel *Das zweite Vierteljahrhundert* tragen sollte, über die Entstehung der *Weber*, seine Reise ins Eulengebirge und über das dort herrschende Elend berichtet. Es heißt in dieser ungemein lebendigen Darstellung:

Die erste Niederschrift von «Die Weber» war zu Papier gebracht. Noch vor der Übersiedlung in das neue Haus ging ich mit Mary auf die lange geplante Studienreise nach dem Eulengebirge ins Webergebiet. Sie blieb in einem Gasthof zu Reichenbach, während ich und ein junger Redakteur, der sich hier in der Gegend heimisch gemacht hatte, in die Berge und das berüchtigte Handwebergebiet eindrangen. Was ich in den versprengten Hütten, deren Verfall erschrecklich war, zu sehen bekam, war eben, was ich zu sehen erwartete . . . Der Menschheit ganzer Jammer, wie man sagt, faßte mich nicht zum ersten Male an. Ich hatte in dieser Beziehung, wie das Buch meiner Jugend beweist, schon in Salzbrunn vieles gesehen. Grimmiger Treffendes dann in Zürich unter den Kranken des Burghölzli, der Kantonalirrenanstalt. Was sich in diesen Weberhütten enthüllte, war — ich möchte sagen: das Elend in seiner klassischen Gestalt.

Wieder also der Ausdruck *klassisch* in befremdender Verbindung. Aber der Begriff, der für Hauptmann nicht zur Sphäre bürgerlicher Bildung gehört, verknüpft sich mit der Antike in einem fast archaischen Sinne:

Das Innere dieser halbzerfallenen Berghütte, in deren Mitte das rhythmische Wuchten des Webstuhls, das Schnalzen und Scheppern des Schiffchens tönte, war gleichsam beim ersten Blick anziehend. Der Webstuhl ist nun einmal ein Ding, an dem zu sitzen die Göttin Kirke nicht verschmäht. Und der musikalische Klang ihrer Arbeit über die Insel Ogygia verknüpft sich mir mit jedem Webstuhle.

Trotz unbeschreiblicher Armut und Not, die in den Weberhütten herrscht, findet Hauptmann in den halbnackten Gestalten *Elend und Würde vereint.* Die Familiengemeinschaften kämpfen mit heroischem Gleichmut ihren Daseinskampf: *Der Weber beißt die Zähne zusammen, der Webstuhl pocht, der Weber arbeitet, und zwar vom Morgen bis in die Nacht und oftmals auch von da bis zum Morgen. Er ist verträglich, er liebt Weib und Kind, er ist Sektierer, vielleicht Adventist, wenn nicht Bethlehemist, Fromme, die, weil der Heiland im Stalle geboren war, Gottesdienste in Ställen abhalten . . . So, scheint es, bietet er sich und die Seinen, um den Mittelpunkt seiner Arbeit geschart, den Wechselfällen des Schicksals dar, die eine mehr oder weniger langsame Zerstörung bedeuten, der gegenüber er sozusagen aufrecht standhält, bis alles im Tode erstarrt und nur noch Ruine ist.*

Hauptmann schließt seine Darstellung mit der Beschreibung der elendesten Weberhütte, die er auf seiner Reise angetroffen hatte: *Ich war dann in einem andern Hause, wo allerdings der Jammer menschlicher Kreatur zum Himmel schrie. Im Stroh auf der Erde lag,*

Der Maler Leo v. König, Gerhart Hauptmann,
der Zeichner und Graphiker Emil Orlik, 1916

den ganzen Körper mit Schorf bedeckt, ein junges Weib, das vor kurzem geboren hatte. Sie wies auf den Säugling mit einem Blick, der nicht zu vergessen ist. Auch dieser, der Säugling, war über und über mit Schorf bedeckt. Um sich zu wärmen, waren nicht einmal Lumpen vorhanden. Ernst und einarmig saß am Webstuhl der Mann. Er war nicht mehr jung. Er zuckte die Achseln. Ich habe in meinem Drama «Die Weber» von der letzten Tiefe, die das Elend in dieser Hütte erreichte, nichts enthüllt. Ich kann heut nicht begreifen, wieso es in einer Menschengemeinschaft von durchgängig höherer Lebenshaltung ungehindert so grausam wüten durfte.

In den sogenannten sozialen Dramen Hauptmanns von *Vor Sonnenaufgang* bis zu den *Ratten* und *Dorothea Angermann* erhält und «bewegt sich das Getriebe durch Hunger und durch Liebe». Bald ist der einzige Dramaturg — wie in den *Webern* — der Hunger, bald ist es — wie in *Rose Bernd, Fuhrmann Henschel* — die Liebe oder eine ihrer Abarten aus jenem großen Bereich menschlicher Freiheit und Knechtung, den die Begriffe Eros und Sexus umspannen. Wo Eros in den Dramen regiert, bieten sich für Regisseure und Schauspieler kaum Schwierigkeiten für eine heut noch erregende und bewegende Darstellung auf der Bühne. Ebenso verhält es sich bei den Dramen, in denen soziale (d. h. unsoziale) Verhältnisse geschildert werden, die uns heute so ferngerückt sind wie etwa im *Florian Geyer*. Erhält sich nun das dramaturgische Getriebe durch Hunger *und* durch Liebe, so läßt sich durch Dämpfung des Milieus immer noch eine einigermaßen wirksame Darstellungsform finden. Völlig unmöglich erscheint es dagegen, eine ins Herz treffende Inszenierung des Dramas zu erreichen, das ungefähr ein Jahrzehnt Gegenstand heftigster politischer Kämpfe und Auseinandersetzungen gewesen ist: der *Weber*. Dieses Drama wirkt wohl noch als ein Kunstwerk hohen Ranges bei der Lektüre. Von der Bühne her wirkt es nicht mehr. Und doch fragt man sich, ob das so bleiben muß. Ob nicht vielmehr aus der Beschreibung, die Gerhart Hauptmann von der Entstehung dieses Dramas gegeben hat, sich die Möglichkeit einer ungemein bühnenwirksamen Darstellung für unsere und die kommende Zeit ergibt. Man müßte dieses Werk spielen wie eine antike Tragödie. Sie hat einen namenlosen Helden, eine Hauptfigur: den Hunger. Was Thomas Mann von *Fuhrmann Henschel* gesagt hat, es sei «im rauhen Gewand volkstümlich realistischer Gegenwart eine attische Tragödie», das gilt in gleicher Weise für *Die Weber*.

Vielleicht wäre es auch fruchtbar, das sich ungemein weitende Schaffen Hauptmanns während und nach der Ehekrise auch auf jene elementaren Äußerungen hin zu untersuchen, die in *Griselda* ebenso zu finden sind wie in *Kaiser Karls Geisel* (gerade dieses Drama, das von des Mannes Hörigkeit und seiner Überwindung handelt, würde Hauptmanns Überlegenheit etwa einem Tennessee Williams gegenüber eindrucksvoll beweisen!). Zeitgebundene Mischformen, wie sie etwa das einst erfolgreichste und heut fast vergessene deutsche Märchendrama *Die versunkene Glocke* zeigt (in ihr klingt, wie Paul Fechter witzig gesagt hat, Richard Wagner im Schlesischen aus), auch Dramen, die reine Reminiszenzen sind, wie *Die goldene Harfe*, werden einer solchen Prüfung kaum standhalten. Aber im übrigen Werk, das durchaus nicht nur unter dem Begriff «Bildungstheater» oder dem Stichwort «Bearbeitungen» zu erfassen ist, sind Neuentdeckungen zu machen.

Was in dem Jahrzehnt zwischen 1893 und 1903 im Leben Gerhart Hauptmanns und in der Tiefe seiner Seele sich ereignet hat, erfahren wir aus dem *Buch der Leidenschaft*. Dieser autobiographische Tagebuch-Bericht — man scheut sich, ihn einen Roman zu nennen — wurde erst im Herbst 1929 in Agnetendorf für den Druck abgeschlossen. Zwar hatte Hauptmann schon im August 1905, knapp ein Jahr nach der Eheschließung. (am 9. Juli 1904 war das Urteil über die Scheidung rechtskräftig geworden), mit der Bearbeitung seiner Tagebuchaufzeichnungen begonnen. Dann ruhte das Manuskript bis 1925, wurde in diesem und im folgenden Jahr nicht allzuweit gefördert. Vom Herbst 1928 bis zum Herbst 1929 wurde es aus der Urform zu dem Dokument, das wir kennen. Es bricht unvermittelt ab. Der Schluß, die Ergänzung, die dem Buche fehlt, ist die Darstellung der Liebesepisode mit der Schauspielerin Ida Orloff (dem Urbild der Pippa, der Gersuind in *Kaiser Karls Geisel,* der Tänzerin Ingigerd Hahlström in *Atlantis* und der Wanda im gleichnamigen Roman). Gleichsam symbolisch spiegelt sich etwas von dieser zum Teil wie ein Satyrspiel anmutenden Episode in den Lebensschicksalen des Malers Rauscher und in dem der Frau Preysing, die Selbstmord verübt. Es sind ein paar Stützen eingezogen in dieses Bekenntnisbuch. Eine schwache Stütze am Anfang, die in Form einer Einleitung des «Herausgebers» zu tarnen sucht, was sich dann doch nicht tarnen läßt. Eine schwache Stütze in dem Brief des Lord B. aus Paris und in der merkwürdigen Erzählung *Der Liebesnarr* am Ende. Diese formalen Stützen vermögen das Buch, das im Grunde als ein Fragment, als «Bruchstück einer großen Konfession» anzusehen ist, nicht zu tragen. Das Ganze ist die Pathologie einer Familie, gesehen von einem Genie. Das Buch erweist die Ohnmacht des Menschen. Auch die Ohnmacht des Künstlers, des Dramatikers, des Erzählers. Es zeigt mit großer Klarheit: alles Gestalten befreit nicht oder doch nur in einem begrenzten Maße. Es beschäftigt. Es hält an vor überstürzter Selbstvernichtung. Aber die Not überwinden, auflösen kann die Kunst nicht. Die Not bleibt. Das Buch zeigt, ähnlich wie das Odysseus-Drama, den *Leidensprozeß des Manneswachstums.* Die beiden Frauen, hier Melitta (Marie) und Anja (Margarete) genannt, sehen dieser Passion des Mannes zu. Es ist nicht so, daß sie oder der Mann oder das Werk nur Mittel zum Zweck sind. Sie sind es wechselweis. In diesem Wechsel, aus ihm, besteht das Leben, das immer neue Suchen nach einer kühlen Stelle auf dem Kopfkissen. Das *Buch der Leidenschaft* gibt die Pathologie, die Krankengeschichte eines Einsamen, der Gemeinschaft sucht, Gemeinschaft flieht, und wo er auch immer sitzt oder liegt oder sich schreiend windet, ob im Schatten oder im Licht, unter paradiesischen oder alpdruckhaften Träumen, bei Geburten und Sterbebetten, nur unter *einem* Zwang steht: wahrhaftig zu beschreiben, was geschieht. So entsteht ein Stück Seelengeschichte, die an einigen Stellen das durch Kunst Ausdrückbare überschreitet und es an anderer Stelle nicht erreicht und die doch im Bewältigen und im immer neuen Versagen die Grenzen dessen, was bisher Dokument genannt wurde, erheblich erweitert. Am Ende kommt auch so etwas wie ein Resultat zustande. Der «Herausgeber» drückt es am Schluß seiner Einleitung so aus, daß er sagt, der Verfasser des Tagebuches würde in ebendieselbe Krisis verfallen sein, falls die beiden Frauen, Melitta und Anja, zwei ganz andere gewesen wären: *er unterlag vielleicht einem Wachstumsprozeß seiner sich im Umbau erneuernden und ewig steigernden Natur und hätte, um nicht dabei zu schei-*

tern, Anja erfinden müssen, wenn sie nicht glücklicherweise vorhanden gewesen wäre. Jedenfalls wird, wer bis zum Schlusse des Buches gelangt, unschwer erkennen, daß die Lebensbasis des Autors eine andere als die des Anfangs ist. Sie ist höher, breiter und fester geworden. Auch die Welt um ihn her hat ein anderes Gesicht: das konnte nur ein Jahrzehnt harter innerer Kämpfe bewirken.

LEIDENSHISTORIE

Bei der Rede zur Eröffnung der Heidelberger Festspiele, in der Gerhart Hauptmann sein dramatisches Werk mit einer der Wurzeln des «Baumes von Gallowayshire» verglichen hatte, war auch gesagt, er habe mit *Florian Geyer* sein Drama in die Leidenshistorie des deutschen Volkes hinein verbreitert. Mit *Magnus Garbe*, einer zu Leb-

Bei den Proben zur «Winterballade» im Oktober 1917 Von links nach rechts: Max Reinhardt, Gerhart Hauptmann, Rainer Maria Rilke, Margarete Hauptmann. Zeichnung von Emil Orlik

Gerhart Hauptmann im Foyer des Berliner Lessing-Theaters. Um 1917

zeiten des Dichters nicht aufgeführten Tragödie aus der Zeit der Inquisition, hat Gerhart Hauptmann das (neben *Veland*) dunkelste und bitterste Drama seines Lebens geschrieben. *Immerhin bin ich ein Mann*, so sagt der seelisch zu Grunde gerichtete Bürgermeister Garbe, *der im Gestank der Abdeckerei geduldig und voller Demut gewartet hat, bis man ihn in das Schlachthaus gnädigst hereinrufe.* In dieser Tragödie, die Hauptmann kurz vor Beginn des Ersten Weltkrieges begonnen und im Jahre 1915 beendet hat, ist viel von dem vorweggenommen, was ihn und sein Volk, was die Menschheit in der Folgezeit getroffen hat. Wenn der getreue Ratsherr und Arzt Doktor Anselo zu seinem Freunde beschwörend sagt: *Magnus Garbe, entschließt euch dazu: glaubt an die grausige Wandelbarkeit der Menschennatur!*, wenn plötzlich der Wahn die Menschen packt und aus einer Gemeinschaft braver Bürger und biederer Handwerker eine Rotte rasender Bluthunde macht, die dem Bürgermeister, dem sie eben noch zujubelten, die Fenster einwerfen, seine hochschwangere Frau Felicia unter Gejohl durch die Stadt schleifen und zu Tode foltern lassen, so spürte man bei der Lektüre dieses Dramas, das 1942 in der Suhrkampschen Gesamtausgabe erschienen war, eine beklemmende, quälende Aktualität. Beim Vorlesen hatte meine Frau gesagt, sie wolle den dritten Akt nicht mehr hören, vielleicht lese sie ihn, er sei zu schrecklich. Im Januar oder Februar 1943, als ich Gerhart Hauptmann zum letzten Male sah, es war auf Schloß Seichau in Schlesien bei der Gräfin Richthofen, erzählte ich ihm davon und fragte, warum das Drama bisher niemals gespielt worden sei. «Es wäre mir wohl wie Ihrer Frau ergangen», sagte der Dichter leise, «ich hätte es nicht ansehen können. Aber geschrieben mußte es werden, und Tragödie ist Tragödie.» Später, als wir von der Härte des *Magnus Garbe* sprachen, sagte er noch: «Man hat mich immer wieder als einen Mitleidsdichter bezeichnet. Mitleid, das bedeutete dann so viel wie Weichheit, Sentimentalität. Nun, mag eine Figur im Drama, wie es ja auch im Leben vorkommt, sentimental reden; der Dichter, der sie reden läßt, braucht deswegen nicht sentimental zu sein. Mitleid ist Liebe, sagt Schopenhauer. Dasselbe sagen die alten Inder. Ohne Liebe keine Tragödie!» In diesem Sinne sind *Magnus Garbe, Der weiße Heiland* und die Atridentetralogie anzusehen als Schöpfungen einer tiefen, verwundeten Menschenliebe.

Angesichts der gewaltig aufgetürmten Vers- und Prosa-Epen, die in den reifen Mannesjahren und im hohen Alter entstanden sind, dem *Till*, dem *Großen Traum*, dem *Neuen Christophorus*, fühlt man sich, um Erhart Kästners Vergleich zu wiederholen, wie am Fuß einer mächtigen Felswand. Man fürchtet sich, aufzusteigen in dieses Riesengebirge, sich in ihm zu verirren, abzustürzen ...

Es war Gerhart Hauptmann bestimmt, die Leidenshistorie, die er vorwegnehmend gedichtet hatte, zu erleben. Fast alle seine Werke enden mit einer Frage. In der Tasche des erfrorenen Narren in Christo Emanuel Quint findet man einen Zettel, auf dem deutlich die Worte zu lesen sind: *Das Geheimnis des Reiches?* Die Worte nötigen

dem Chronisten *eine gewisse Rührung ab.* Er fragt, ob Quint über-
zeugt oder zweifelnd gestorben sei und was die Frage wohl bedeute:
Das Geheimnis des Reiches? Schier zu Tode zitiert wurde das Wort
des alten Hornig aus den *Webern* von der *Sehnsucht, die halt a
jeder Mensch hat,* und ergreifend schön wirken noch immer die
ebenfalls oft angeführten Sätze aus dem Schlußmonolog des *Michael Kramer:*

> *Wo sollen wir landen, wo treiben wir hin? Warum jauchzen
> wir manchmal ins Ungewisse? Wir Kleinen, im Ungeheuren verlas-
> sen? Als wenn wir wüßten, wohin es geht. So hast du gejauchzt! Und
> was hast du gewußt? — Von irdischen Festen ist es nichts! Der Himmel
> der Pfaffen ist es nicht! Das ist es nicht und jen's ist es nicht, aber
> was ... was wird es wohl sein am Ende?*

Und Pippa tanzt, das Glashüttenmärchen, die schönste, geheim-
nisvoll-poetischste Schöpfung Gerhart Hauptmanns, ist eine einzige
Frage. Und selbst eine so hartgesottene Diebsmutter wie die jenseits von Gut und Böse stehende Frau Wolff, die im *Roten Hahn*
als Frau des Schuhmachermeisters und Polizeispions Fielitz stirbt,
greift in den letzten Sekunden ihres Lebens *in eigentümlicher Weise
mit beiden Händen hoch über sich* und sagt: *Ma langt ... Ma langt ...
Ma langt immer so.* Und als Dr. Boxer, der Arzt, fragt: *Nach was
denn?,* stöhnt sie noch einmal, ehe ihre Arme herunterfallen: *Ma
langt ... ma langt nach was.*
Die Lebens-, die Leidenshistorie des Menschen endet mit einer Frage. Bei der Enthüllung des Gedenksteins vor seinem Geburtshaus in
Salzbrunn hatte Hauptmann gesagt: *Schicksal ist Rätsel, und so ist
auch mein Schicksal ein Rätsel geblieben.*
Im letzten Jahrzehnt, im letzten Jahr seines Lebens spann sich
Gerhart Hauptmann immer tiefer in dieses Rätsel ein.
Ein Wort Jakob Böhmes kam einem in den Sinn, wenn man den
Achtzigjährigen ansah: «Ein alter Mann kann leuchtend wie die
Sonne sein.» Er betrachtete, noch während des Zweiten Weltkriegs,
mit Teilnahme, was trotz aller Einengung in der Kunst entstand. In
einem Brief vom 20. Dezember 1942 schrieb er: *Ich möchte noch
eine Zeit lang zusehen können, was sich in dem Humus erneuert,
den ich nun immer mehr kennenlerne. Nicht auszudenken, wie trau-
rig es wäre, wenn diese Entwicklung gewaltsam abbräche ... Aber,*
so schloß er diese Betrachtung, *ich bin achtzig Jahre und das Locken-
de, das über dem Heiter-Werdenden schweben muß, kann durch das
Leben im Rückblick nicht ersetzt werden.*
Die letzten Jugendfreunde starben: der Maler Josef Block, der Maler Leo von König. Es starb der Schauspieler Hugo Thimig, es starben Max Halbe und Romain Rolland. Auch die Schwester Lotte war
nun tot. In Schnee und Eis war der sich krank Fühlende an einem
Wintertag des Jahres 1943 zu ihrem Begräbnis nach Oberschrei-
berhau gekommen. Am Jahresende 1944 erklärte der Herr des Wie-

senstein: «Den Silvester-
abend werde ich zum ersten
Mal in meinem bewußten
Leben überschlafen.» An-
fang 1945, als die Fronten
überall zusammenbrachen
und in der zur Festung er-
klärten Stadt Breslau der
Wahnsinn regierte, wurde
Frau Margarete krank.
Flüchtlinge kamen ins
Haus. Plötzlich tauchte, wie
Gerhart Pohl, der Chro-
nist dieser Tage erzählt,
der Gespensterplan einer
Reise nach Dresden auf.
(«Die Sehnsucht nach Dresden war zur Sucht gewor-
den», sagte Margarete
Hauptmann später, «nach-
träglich gesprochen zur
Sucht, wie etwa in den
Ätna zu springen.») Am
5. Februar kam ein Holz-
gasauto und brachte den
Greis, der zwischen Kof-
fern und Taschen einge-
zwängt saß, nach Ober-
loschwitz, in das Sanato-
rium Weidner, wo auch
Margarete Hauptmann
einen Krankenhausplatz
finden sollte. Im Park an
den Loschwitzer Höhen er-
hielt Hauptmann ein eige-

*Das Ehepaar Hauptmann in Kloster
auf Hiddensee. Sommer 1918*

nes Häuschen im Park, die Söhne Eckart und Benvenuto kamen zu
Besuch; der Bronchialkatarrh besserte sich in dem milden Klima.
Bei einem Spaziergang sah Hauptmann die Elbstadt in der Sonne
liegen. Er sagte: «Herder hatte schon recht — dieses Dresden hat
etwas von Florenz, überhaupt etwas Italienisches.» Er entdeckte die
Johanniskirche, wo er vor sechzig Jahren getraut worden war, die
Brühlschen Terrassen, wo er die Zeichenklasse der Königlichen Akademie besucht hatte. Köstliche Erinnerungen an festliche Tage, die
er im Kreise seiner Freunde im Hotel Bellevue genossen, stiegen
in dem alten Mann auf. Er sagte seufzend: «Wirklich, man muß es
lieben, mein Kleinod, mein Dresden. Möge es nie das Schicksal anderer Städte teilen.»
Wie auf dem Wiesenstein las Hauptmann auch in Loschwitz viel

Carl Hauptmann, der Bruder

im Westöstlichen Divan. Am 13. Februar diktierte er das Gedicht *Zauberblume.*

Am Abend fühlte sich Hauptmann frisch. Man überlegte, ob man nicht in die Stadt fahren sollte, ins «Bellevue». Aus irgendeinem Grunde unterblieb es. Um 21 Uhr ertönten die Luftschutzsirenen, und um Mitternacht war Dresden mit seinen 600 000 Einwohnern und 200 000 Ostflüchtlingen ein Flammenmeer. Im Gartenhäuschen zerklirrten die Scheiben, das Licht erlosch, die Möbel fielen um. Man half dem Greis in Hose, Jacke und Mantel. Im kalten Luftschutzkeller saß er, in Decken gehüllt, bis zum Morgengrauen.

Als er über Scherben und Möbeltrümmern, maskenhaft-starr und stumm zurückging in sein Schlafzimmer, fand er keine Ruhe dort. Der Brandgeruch, der Lärm und die Kälte trieben ihn aus dem zugigen Haus. Er ging in den Park, er sah das endlose Flammenmeer, er stammelte: «Mein Dresden, mein Kleinod!» Tränen traten ihm in die Augen. So stand er, in schmutzigem Nieselregen aus Asche und Wasser, gegen einen Baum gelehnt, um nicht umzusinken, den Schlapphut tief ins Gesicht gezogen, und plötzlich sah er, inmitten der Sodom- und Gomorraglut, von Fünkchen umtanzt, den eleganten Turm der Hofkirche. «In diesem Augenblick wollte ich sterben», sagte er später zu Gerhart Pohl.

Als er nach einem zweiten schweren Angriff auf Dresden, bei dem auch Bomben im Loschwitzer Park und in der Nähe des Gartenhäuschens niedergegangen waren, unter größten Schwierigkeiten mit eigensinniger Energie die Heimkehr zum Wiesenstein ins Werk gesetzt hatte, diktierte er dort seine Totenklage auf Dresden:

Wer das Weinen verlernt hat, der lernt es wieder beim Untergang Dresdens. Dieser heitere Morgenstern der Jugend hat bisher

der Welt geleuchtet. Ich weiß, daß in England und Amerika gute Gei-
ster genug vorhanden sind, denen das göttliche Licht der Sixtini-
schen Madonna nicht fremd war und die von dem Erlöschen dieses
Sternes allertiefst schmerzlich getroffen weinen.

Und ich habe den Untergang Dresdens unter den Sodom- und
Gomorra-Höllen der feindlichen Flugzeuge persönlich erlebt. Wenn
ich das Wort ‹erlebt› einfüge, so ist mir das jetzt noch wie ein Wun-
der. Ich nehme mich nicht wichtig genug, um zu glauben, das Fa-
tum habe mir dieses Entsetzen gerade an dieser Stelle in dem fast
liebsten Teil meiner Welt ausdrücklich vorbehalten.

Ich stehe am Ausgangstor des Lebens und beneide alle meine toten
Geisteskameraden, denen dieses Erlebnis erspart geblieben ist. Ich
weine. Man stoße sich nicht an dem Wort weinen; die größten Hel-
den des Altertums, darunter Perikles und andere, haben sich seiner
nicht geschämt.

Von Dresden aus, von seiner köstlich-gleichmäßigen Kunstpflege
in Musik und Wort, sind herrliche Ströme durch die Welt geflossen,
und auch England und Amerika haben durstig davon getrunken.
Haben sie das vergessen?

Ich bin nahezu 83 Jahre alt und stehe mit meinem Vermächtnis
vor Gott, das leider machtlos ist und nur aus dem Herzen kommt:
es ist die Bitte, Gott möge die Menschen mehr lieben, läutern und
klären zu ihrem Heil als bisher.

Hauptmann, seit Dresden wie zu einer Maske erstarrt, wollte
Menschen um sich sehen. «Kommen Sie!» sagte Frau Margarete zu
Gerhart Pohl. «Er freut sich auf Ihren Besuch. Er schart die Freunde
um sich. Menschen, Menschen, Menschen verlangt er nach all der
Unmenschlichkeit...»

Sein Geist, sagt Pohl, war zu dieser Zeit noch immer mächtig, von
der eigenartigen Leuchtkraft morschenden Holzes. Hauptmann arbeitete weiter am *Neuen Christophorus,* auch als (einen Tag nach
der Kapitulation) die sowjetischen Truppen Agnetendorf besetzt
hatten. Für den Wiesenstein wurde ein Schutzbrief ausgestellt, der
Haupteingang durch Quer- und Stützbalken verbarrikadiert. Auf
dem Kirschholzsofa der Mutter im Biedermeierzimmer lag der Dichter. Am Heiligen Abend sagte er: «Die achtzigste Weihnacht, die
ich mit Bewußtsein erlebe, ... laßt mich endlich sterben! Ich bin
nicht einmal mehr zum Feiern zu gebrauchen.» Ein paar Tage später
drangen Plünderer ins Haus. Als sie ins Biedermeierzimmer kamen,
sprach der Greis, sich aus dem Lehnstuhl vorbeugend: «Treten Sie
näher, meine Herren. Ihre Jugend erfreut mein altes Herz. Sie wünschen mein Haus zu ungewöhnlicher Stunde zu besichtigen. Es ist
geschehen. Und womit kann ich Ihnen jetzt noch dienen?» Die Bur-
schen zogen sich zurück. Der sowjetische Oberst Sokolow, der schon
mehrmals den in Rußland sehr bekannten und geschätzten Dichter
der *Weber* besucht hatte, erklärte am 7. April 1946: «Diesmal
komme ich in amtlicher Mission. Ich überbringe Ihnen das letzte An-

gebot der Sowjetischen Militär-Administration. Die Deutschen aus dem Kreise Hirschberg werden nunmehr restlos evakuiert. Die Polnische Regierung besteht darauf. Auch Sie, verehrter Herr Doktor, können nicht länger bleiben, ohne sich in Gefahr zu bringen.» Gerhart Hauptmann, der in Gegenwart Sokolows tonlos gesagt hatte: «Nun dann fahren wir eben...», rief bald darauf mit bewegter Stimme: «Gretchen, darf ich mein Schlesien allein lassen?»

Das Packen und Hämmern im Hause begann. An einem Maitag bei strahlender Sonne ging Gerhart Hauptmann zum letzten Mal bis zum Gartentor. Am 9. Mai schrieb er seinen letzten Brief, an Felix A. Voigt:

Beim Diktat mit seiner Sekretärin Elisabeth Jungmann

Ich habe es soweit gebracht, einige Male ums Haus zu gehen — aber ich bin aus meinem Bett nicht vertrieben: das ist alles, was ich Gutes von mir sagen kann. Das, was man Freude nennt, habe ich nicht. Die Natur ist mir versauert, durch das, was meistens darin geschieht. Ich bin 84 Jahre, bedenken Sie, aber man muß dankbar sein für alles Gute: Benvenuto habe ich über ein Jahr nicht gesehen, aber er lebt.

Teilnahme an der Literatur ist schwach. Ich kenne manchmal meine eigenen Novellen nicht, aber ich bin glücklich, daß sie kernig sind und Möglichkeiten aller Art haben. Sie fehlen mir — und ich freue mich doch, daß Sie nicht auch hier sind. Es schwebt allerlei.

Der Brief trägt eine kaum noch leserliche Unterschrift.

Am 29. Mai ließ sich Gerhart Hauptmann von der Schwester Maxa Mück, die Mitte November 1945 die Nachtwachen und Pflege des Kranken übernommen hatte, das Kapitel 12 aus dem 2. Korintherbrief vorlesen. Bei der Stelle: «Der ward entzückt in das Paradies und hörte unaussprechliche Worte, welche

Auf Hiddensee, im Sommer 1920. Hauptmann trägt hier die Mönchskutte, in der er begraben wurde

kein Mensch sagen kann», sprach Hauptmann: «Das wollen wir rot unterstreichen.» Nach einer neuen Erkältung, die durch hohes Fieber verschärft wurde, verfiel Gerhart Hauptmann schnell. Am Morgen des 3. Juni fragte er seine Frau: «Bin ich noch in meinem Haus?» Dann umfing ihn Bewußtlosigkeit. Am 6. Juni, nachmittags um 3 Uhr 10 Minuten entschlief der Dichter, nachdem er noch einmal seine Augen in dem abgemagerten Gesicht groß aufgeschlagen hatte.

Am Sonntag, dem 28. Juli, wurde Gerhart Hauptmann auf dem Friedhof von Kloster auf Hiddensee beigesetzt.

Für ein ungeteiltes
deutsches Oberschlesien!

Oeffentliche Protest=Versammlung

unter dem Vorsitz von Wirkl. Geh. Rat Professor
D. Dr. A. von Harnack am 15. Juli 1921 im
großen Saal der Philharmonie zu Berlin

Ansprache von Gerhart Hauptmann

Redner:

Reichstagsabgeordneter **Dr. Herschel** (Zentrum)
Professor **Dr. Hoetzsch** (Deutschnationale Volkspartei)
Geh. Rat Professor **Dr. Kahl** (Deutsche Volkspartei)
Reichsminister a. D. **Dr. Köster** (Soz. Partei Deutschl.)
Professor **Dr. Schücking** (Deutsche Demokratische Partei)

Ankündigung einer öffentlichen Protestversammlung
am 15. Juli 1921 mit einer Ansprache von Gerhart Hauptmann

EXKURS: DER GROSSE TRAUM
(Verse und Notizen aus dem Nachlaß)

Am 15. November 1958 — Gerhart Hauptmann wäre an diesem
Tage 96 Jahre alt geworden — war ich in München. Dr. Benvenuto
Hauptmann legte mir einige Mappen vor, die gedruckte und unge-
druckte Versreihen und Gesänge der Terzinen-Dichtung *Der große
Traum* enthielten. Ich las diese Blätter mit einer inneren Bewegung,
wie ich sie seit der letzten Begegnung mit dem Dichter nicht mehr gefühlt hatte. In der Mappe 5, die einzelne Aufzeichnungen Gerhart
Hauptmanns enthielt und auf einem Vorsatzblatt die Bemerkung
trug *Notizen zu: Der große Traum / begonnen Agnetendorf, den
16. 11. 1924* las ich:

Literarische Schöpfung ist nichts anderes als Deutung, Sichtbar-
machung, Entzifferung, Entäußerung der inneren Vision.

Darunter fanden sich zwei Zitate aus Balzac, die als Schlüssel für
das Wesen Gerhart Hauptmanns und als ein hilfreicher Hinweis für
die Form gelten können, in der die Terzinendichtung *Der große*
Traum abgefaßt ist:
«Es bedarf nur der Arbeit und des Getragenseins von einem Etwas,
das ich in mir fühle.»
Und:
«Jedenfalls aber steht fest, daß die Eingebung dem Dichter zahl-
lose Verwandlungen entrollt, die den magischen Phantasiebildern
unserer Träume gleichen. Ein Traum ist vielleicht die natürliche Ab-
laufform dieser seltsamen Macht, wenn sie unbeschäftigt ist.»
Die Mappe 1 enthielt eine *Übersicht des Großen Traums*, der den
«Ersten Teil» bis zum 30. Gesang umfaßte und einen «Zweiten Teil»
mit weiteren fünf Gesängen folgen ließ. Der erste Teil sollte mit
jenen Versreihen schließen, die sich in Reisigers Ausgabe auf den
Seiten 282—284 finden. Sie sind in der Übersicht als *Quasi Schluß-*
gesang bezeichnet, als *Gespräch über den Großen Traum*, und erklä-
rend dazu heißt es:

‹Wann ist des Träumens ein Ende?› *fragt der Dichter, warum im-*
mer weiter die Irrungen, die planlose Wanderung?
Satanael: ‹Beim Schein der roten Kohle, die in dir glimmt vom ewigen Lichtersaal: den Weg erkenne deiner Flügelsohle.›
Die ‹unabirrbar steigende Spirale›.
Dichter: ‹Zum Glauben bin ich da! zum Leben weniger als zu glauben!›
Schlußbild: Wasserwogen, nächtlich schäumend, gegen Felsenturm
anprallend, auf dem der Dichter steht ‹ein freier Sohn des Sturms›.
Gruß dem schwachen Lichtsaum zwischen Meer und Himmel:
‹mein Blick hat dich gesucht im frühesten Traum›.

‹Nicht ahnt ich jener Rosse Sonnenhuf
zwar so wie jetzt, in meinem Graun und Grausen:
denn Sonnenhuldigung ward mein Beruf.›

Auch der «Zweite Teil» sollte hier mit dem fünften Gesang, nach
einer Erinnerung an Christi Marter und einem Christum verhöhnen-
den Chor von gemeinen Stimmen, versöhnlich und hell enden:

Doch nun Ende dieses Traums: Es tagt, Apollens Glanz steigt auf,
Morgenhauch, in Himmelsbläue eine Welt des Lichtes, ein schweben-
der Morgenreigen.

Die Hauptüberraschung bei der Lektüre jener zum Teil mit der
Aufschrift «disjecta membra» (verstreute Teile) versehenen Verse
stand mir noch bevor. Es waren Gesänge, die Benvenuto Haupt-

*Mit Hermann Stehr
in Schreiberhau,
um 1928/1929*

mann nebst bisher unveröffentlichten Entwürfen, den zum *Großen Traum* gehörenden Tagebuch-Notizen und der «Übersicht» unter dem Titel «Disjecta membra» herauszugeben gedenkt.

Jeder Traum, auch der süßeste, hat etwas Quälendes, sagt Hauptmann in seinen Meditationen *Sonnen.* Immer wieder quälte den Dichter der Traum, die Unsichtbarkeit, die Unfaßbarkeit der Erscheinungen, die ewige Trennung auch von dem Liebsten und Nächsten: *Das Gefühl bricht wie eine Wunde auf. Hoffnungslosigkeit ruht unter allem. Ist man selbst zum Schatten geworden?*

Zwar besaß der Traum auch für einen so intensiven, man möchte sagen genialen Träumer wie Gerhart Hauptmann Sinnesqualitäten, aber die mitreißende und manchmal befreiende Fülle des sinnlichen Erlebens findet sich kaum jemals im Traum, die Stummheit bleibt beunruhigend:

Das Ohr träumt seltener als das Auge, ebenso auch das Tastgefühl. An das Träumen von Geschmack und Geruch hatte der Dichter nur schwache Erinnerungen aufbewahrt. Nur selten tritt das Zusammentreffen der Sinne ein, wie es dem wachen Leben natürlich ist. So bleiben Gesichtsereignisse meist stumm. Auch Mitteilungen gehen stumm von Seele zu Seele.

Soweit Hauptmanns Selbstaussagen über den Traum in den Meditationen *Sonnen*.

Gerhart Hauptmanns Dichtungen, vor allem die Alterswerke, sind geprägt durch den Traum. Dennoch muß hier sogleich gesagt werden, gerade weil der Dichter den Traum als *durch und durch poetisch* zu empfinden geneigt war: Traum ist noch nicht Gestaltung. Der Traum ist eine der Voraussetzungen für das Schaffen. Beobachtung der Realität, Wahrnehmung in mystischer Entrückung, das Hören von Stimmen, die Schau von Bildern sind andere Voraussetzungen, deren sich die Phantasie, das Erkenntnisorgan des Dichters, bedient. Der Traum regt an, er erweitert den Blick, er überwältigt, aber er bleibt doch, wenn auch auf höherer spiritueller Stufe, lediglich

In der Loge des Großen Schauspielhauses, Berlin: das Ehepaar Hauptmann, Generaloberst v. Seeckt, dahinter: Max Reinhardt, Helene Thimig, 1928

Hiddensee: beim Diktat

Rohstoff (vielleicht Rohform) für den Dichter, ein Rohstoff, der mit dem Verschwinden des Traumbildes ins Nichts zu versinken droht. Angesichts des chaotischen Flutens ist die plastische Gestaltung Notwehr, ein Versuch, dem Sich-Auflösenden Kontur und Dauer zu geben, ihm zumindest vorübergehend Halt zu gebieten:

> *Der Traum ist Chaos. Willst du Form ihm geben,*
> *so habe Mut zu deiner Schöpferhand:*
> *Gestalten laß entstehn, Gestalt entschweben.*
>
> *So trennte von den Wassern Gott das Land,*
> *so schuf er tausendfältige Gebilde,*
> *vergänglich alle wie im Traumverstand . . .*

Was Gottfried Benn das Gesetz des Produktiven nannte, die Ambivalenz zwischen Bilden und Entgleiten, das Mühen um einen Grund, ein Sein, ein ordnendes Gesicht, was sich ihm schließlich offenbarte als eine Art von Gesetz, als «das Gesetz von der formfordernden Gewalt des Nichts» – diese Grunderfahrung einer sich in die Kunstform flüchtenden Lebensverzweiflung angesichts der Verlas-

senheit und Verlorenheit des Menschen besaß auch Gerhart Hauptmann. Der Traum widerlegte diese bittere Erfahrung nicht, er bestä-
tigte sie. Seinem Helfer C. F. W. Behl gestand der Achtzigjährige, der
Traum sei ihm stets eine grauenhaft-große Erkenntnisquelle gewesen. Im Grunde sei er eine heitere Natur und doch habe er das Grau-
en der winzigen menschlichen Existenz im ungeheueren Weltall schon
als Kind traumhaft erfahren.

Man könnte die Biographie Gerhart Hauptmanns als die Geschichte seiner Träume und Traumdichtungen schreiben. Es wäre ein frag-
mentarisches und wahrscheinlich nutzloses Unternehmen, da es das
Vermögen auch eines sehr begabten Biographen übersteigen würde,
darzustellen, was selbst der genialen Gestaltungskraft eines Gerhart Hauptmann nicht immer gelang. Und doch könnte mit dem
Wandel der Werk- und Traumstrukturen, der wechselseitigen Be-
fruchtung von Erlebnis und Traum, mancherlei von dem veran-
schaulicht werden, was unverwechselbar eigen an Gerhart Hauptmann ist und was sich durch eine auf «Fakten» gestützte Biographie und durch Formanalysen herkömmlicher Art nicht darstellen
läßt. Ansätze für eine solche Deutung liegen vor. Mehrfach wurde
darauf hingewiesen, wie wunderbar etwa in *Hanneles Himmelfahrt* die verschiedenen Traumstufen erfaßt, wie schwebend-genau
die allmähliche Entfernung vom Irdischen und das Eindringen in
die gleichsam sphärische Plastik der jenseitigen Welt vor Auge und
Ohr des Zuschauers sich vollziehen. Auch die Traum-Motive und
die verschiedenartigen Traum-Strukturen im *Hirtenlied* und in *Elga*,
in *Schluck und Jau* und *Pippa*, in der *Winterballade*, in *Indipohdi*
und in den beiden Einaktern *Die schwarze Maske* und *Hexenritt*
sind als ein Wesensausdruck des schlesischen Dichters und seiner
«Getuppeltheit» gedeutet worden.

Von einigen der sehr lebhaften und niemals aussetzenden Träume
erzählt die Autobiographie *Das Abenteuer meiner Jugend*. Mit zum
Eindringlichsten gehört ein Traum, den der siebzehnjährige Gutseleve
an einem Wintermorgen in Lederose um drei Uhr morgens zwischen
dem ersten *Glockenschellen* des Nachtwächters und dem zweiten,
also in fünf oder sechs Sekunden gehabt hat. In diesem einen Traum
konzentrierte und entfaltete sich in einer zugleich realen und sym-
bolischen Form das gesamte bisherige Leben des jungen Gerhart.
Dieser Traum, in dem wohl so etwas wie eine geistig-künstlerische
Erweckung beschlossen lag, beendete die Kindheit. Es war ein Abschied, und es war zugleich eine Wiederkehr:

*Etwas wurde zu Grabe getragen, ohne daß ein Sarg sichtbar ward.
Aber das Tote, das Verstorbene, von dem es Abschied zu nehmen
galt, war trotzdem da. Es war jetzt noch da ohne Form und Gestalt,
und ich konnte darauf hinabsehen. Der Begriff der Kindheit deckt
sich vielleicht damit. Allein diese Kindheit war eine Welt, die mit
vielen kleinen trappelnden Unschuldsfüßen sich selbst zu Grabe trug
und vorher zum letzten Abschied schritt.*

*Der Siebzigjährige zwischen Elisabeth Bergner und
Werner Krauß nach einer Aufführung von «Gabriel
Schillings Flucht», 1932*

Die Trennung, die der Tod setzt, ist im Traume aufgehoben. Der
Traum offenbart, was der Lebende dem Verstorbenen schuldig ge-
blieben ist, was er an ihm versäumt hat. Der Traum wird zum
Stachel. Er ritzt eine Seelenwunde. Er stellt das Bild eines höheren
Seins, einer höheren Wirklichkeit, gegen die dürftige Realität des
Tages:

*Im Totenbett dieser Nachtvision lag ein abgeschlossenes, in sich
ganz vollkommenes Sein, und ich blieb auf ein anderes, ewig
unvollständiges angewiesen. Die Bürger dieser vollkommenen Welt
fanden sich auf der Plattform oder Bühne meines Innern noch ein-*

mal zu einem gleichsam improvisierten Ziel zusammen. Das Tod-geweihte begrüßte mich und ließ mich dann, verstoßen ins Un-vollkommene, zurück.

Aber eben dieses Unvollkommene, das Ergänzung verlangt, das große Darben, das Linderung und Beschwichtigung fordert, fordert Gestaltung, Überwindung im Werk. Mehrmals im Leben Hauptmanns

Bei der Einstudierung der «Ratten» (Hessisches Landestheater, September 1931)

Mit Frau und Benvenuto auf der Reise in die Vereinigten Staaten zur Eröffnung des Goethejahrs, 1932

lassen sich solche im Traum konzipierten Visionen kommender Dichtungen erkennen. Der Lederoser Traum ist ein Beispiel dafür. Ein zweites, höchst aufschlußreiches, bietet eine Eintragung unter dem Titel *Traum,* die C. F. W. Behl aus dem Tagebuch Gerhart Hauptmanns entziffert hat. Am 11. Oktober 1897 in Berlin-Grunewald schrieb der Dichter diese Verse, die trotz einiger Flüchtigkeit in ihrem sprachlichen Glanz an das *Hirtenlied* und den *Armen Heinrich* erinnern, in den beschworenen Bildern aber weit ins Zukünftige weisen, zum *Till,* zum *Großen Traum.*

Auch mit diesem Traum endet ein Lebensabschnitt seelischer Bedrängnis und neue Räume eröffnen sich. Die Kindheit in Salzbrunn, das Hotel «Zur Preußischen Krone» taucht noch einmal auf mit seinen kleinen seltsamlichen Räumen und großen Sälen sonderbarer Art. Aus seinen Zellen, Honigwaben köstlicher und unerschöpflicher Erinnerung, der Siebenkammer, den geheimnisvollen Bodenwinkeln, der Kutscherstube, aus dem großen, nun leergeräumten und doch niemals zu plündernden Schatzhaus seiner Phantasie, dem Schauplatz frühkindlicher Konflikte und familiärer Szenen, aus denen Dramen, Erzählungen, Versdichtungen erwachsen, führt der Flug ins Weite: nach Breslau und Dresden, nach Jena und Berlin, nach Rügen und Hiddensee, nach Hamburg und nach Italien, Griechenland. Das südliche Licht, das der Dichter dort genoß, erfüllt den Traum, den sonst so quälenden, und die Verse bauen diese südliche Landschaft als ein Gottesgeschenk, als paradiesisches Refugium vor uns, in uns auf. Gerhart Hauptmann, der bis ins hohe Alter von wilden Träumen heimgesucht wurde, Angstträumen, aus denen er, wie berichtet wird, schreiend auffuhr und nur mühsam beruhigt werden konnte, läßt uns in seinem Gedicht etwas von der Heilkraft ahnen, die der Traum zuweilen spendet.

Als unvollendet-unvollendbare Krönung eines alles überwölbenden, alles in sich bergenden Traumlebens ist die Terzinendichtung *Der große Traum* anzusehen, die Gerhart Hauptmann kurz nach dem Tode seiner ersten Frau, Marie, am 29. November 1914 in Berlin-Grunewald begonnen und die er während des Ersten und Zweiten Weltkriegs und zwischen den Kriegen fortgeführt hat. In der Vorbemerkung zu einem Abdruck, den «Die Neue Rundschau» im Januar 1927 veröffentlichte, sagt Gerhart Hauptmann über die Dichtung: *Was bisher davon entstanden ist, gebar sich aus der düsteren Innerlichkeit der Kriegsjahre. Fast unnötig, zu sagen, daß der große Schatten Dantes sich leicht mit einer solchen Düsternis vermählte und, nicht unähnlich dem waffenstarrenden Geiste des ermordeten Dänenkönigs, darin umging.* Hauptmann spricht dann vom *Abgrund des Menschentums*, der sich unter der oft heiter-erregten Oberfläche des Krieges offenbarte. Er gab einen Hinweis, wie die Traumform und die abgedruckte Episode mit dem Titel *Die Totenstadt* zu verstehen sei: *Der Dichter entschläft. Er wird in die Traumwelt hineingeboren, nachdem er von seinem Spiegelbilde, seinem zweiten Selbst, gleichsam aufgerufen worden ist. Sein zweites Selbst wird nunmehr sein Führer. Es vollzieht sich eine Wanderung, welche, wenn man nach einem Beispiel aus dem wachen Dasein Verlangen trägt, Ähnlichkeit mit jener durch die unterirdische Welt der Adelsberger Grotte hat.* Er sagt noch, daß uns die Verse der «Totenstadt» in *ein Gebiet der seelischen Unterwelt* führen, *in dem wir den tragischen Olymp unserer großen Toten, Märtyrer eines beinahe nutzlosen, menschlichen Ringens, mit uns tragen.*

Diese Unterwelt war schon dem Kind zum Bewußtsein gekommen. An einer Stelle der Vorbemerkung heißt es:

Oft stand ich als Kind am Rande eines Teiches, der nicht weit von meinem Elternhause lag. Ich konnte mich nicht satt sehen an der zweiten Welt, dem zweiten Himmel, der sich unter dem Wasserspiegel abgründig zu wölben schien. Ich konnte mich nicht satt sehen und suchte auch immer wieder das Schwindelgefühl zu erleben, das bei dem Anblick über mich kam. Dies war wohl die Zeit meiner frühesten Ahnungen unserer kosmischen Verlorenheit. Noch heute vermag ich mir das bange Staunen und die herrlich-beunruhigenden Schauer jener Stunden hervorzurufen.

In der Bodenlosigkeit dieser zweiten, höheren Realität schwindet nun — und das ist wichtig — für den kindlichen und den erwachsenen Träumer Gerhart Hauptmann keineswegs die Wirklichkeit. Zwar wirkt im Traum und in der Traumform des Gedichtes *eine zeitlose, stofflich nicht beschränkte Bildnerkraft,* zugleich aber ist jedes Traumbild *nach Form und Gehalt Symbol für etwas Wirkliches, im Wachen Erlebtes oder Erlebbares.* Das Kind, das *über dem Spiegel des Teiches eine obere Welt und, ohne daß die Feste der Erde irgendwie sichtbar wird, unter ihm eine zweite ungeheure Raumwelt ins Auge faßt,* gewahrt ebenso wie der träumende Erwachsene mit Staunen, *daß die untere Welt des Scheins mit der oberen des Seins für das Auge durchaus dieselbe ist, und somit eine Wirklichkeit von Raum, Farbe, Form und Gehalt bestehen kann, die nur für die Seele eine ist.*

Um diese Schichten seelisch erfaßter Wirklichkeit geht es im *Großen Traum.* Eine überzeugende Gesamtdeutung des Werkes steht noch aus. Sie kann hier auch nicht andeutend unternommen werden. Nur auf einen Aspekt, der bisher kaum berührt wurde und der wohl erst nach der Veröffentlichung der Tagebücher und «Disjecta membra» klarer hervortreten wird, sei hingewiesen: auf die Christus-Visionen. Bisher stand die Figur Satanaels, in der Hauptmann Gedanken und Vorstellungen der Gnosis eigenwillig und oft erschreckend «ketzerisch» weiterentwickelt hat, im Vordergrund der Deutungen. Mit Recht, denn der Gedanke des Urdramas, der luziferischen Weltschöpfung, bestimmt den Hauptteil des *Großen Traums.* Dunkle Bilder herrschen vor. Es scheint in dieser schwarzen Traumwelt, wenn man von wenigen Episoden absieht, nur die Hölle, nur das Purgatorium zu geben. Durch die Veröffentlichung der «Disjecta membra» wird sich eine gewisse Korrektur dieses Bildes ergeben. Es wird sich zeigen, daß Gerhart Hauptmann nicht zu den Dichtern gehörte, die wie Joyce, Kafka und Sartre nur die Hölle oder das Fegefeuer kennen, zumindest in ihren Werken nur von diesen Schrekkensstätten Kunde geben — Gerhart Hauptmann ist einer der letzten weltzugewandten, weltlichen Dichter unserer Zeit, der auch das Paradiso kannte, der um dieses uns verlorene oder fast verlorene Refugium wußte.

Wir wissen, daß dem Toten, der in einer Franziskanerkutte begraben wurde, das «Neue Testament» mit ins Grab gegeben wurde. Man legte das zerlesene Büchlein in seine gefalteten Hände. Es enthält auf dem ersten Blatt die Eintragung: *Dies Buch war mein ständiger Begleiter auf den Feldern von Lederose, als ich Landwirtschaft trieb, und ist Zeuge meines schweren religiösen Ringens gewesen vor mehr als 54 Jahren.* Margarete Hauptmann, die das «Neue Testament» und, ebenfalls auf Wunsch des Dichters, dem Toten die Terzinen-Dichtung *Der Große Traum,* mit der er vor der Ewigkeit zu bestehen hoffte, mitgegeben hat, sagte später einmal: «Es war ein schwerer Entschluß für mich, dieses Buch mit in den Sarg zu legen; denn Gerhart Hauptmann hatte durch Notizen und Striche während seines ganzen Lebens gewissermaßen mit ihm Zwiesprache gehalten, und es wäre für die Nachwelt von unschätzbarem Wert gewesen, es zu besitzen. Aber sein letzter Wunsch hatte die Entscheidung gefällt.»

In den Ölbergen um Rapallo, etwa 1935

1881 um 1890

1922 1932

Man braucht nur Gerhart Hauptmanns Roman vom Narren in Christo Emanuel Quint zu lesen, um zu spüren, wie tief vertraut, gleichsam in jeder Faser seines Wesens, in jedem Wort seiner Sprache der Dichter durchdrungen ist von den Bildern und Gleichnissen des Neuen Testaments. Adalbert von Hanstein, der eine kurze Bio-

1901

1909

1939

1944

graphie über den jungen Gerhart Hauptmann geschrieben hat, erzählt, daß die «befreiende Religion», die dem Dichter um 1885 vorschwebte, «ein von allen Schlacken gereinigtes Urchristentum» gewesen sei. Die in Erkner betriebenen, sehr intensiven *Jesus-Studien* Hauptmanns bezeugen dieses Ringen. Auch diese *Jesus-Studien*,

Im Wiener Burgtheater

von denen ungefähr 300 lose Blätter, meist in der Handschrift Marie Hauptmanns, vorliegen, sollten einen Teil des großen autobiographischen Romans bilden, der dann liegengeblieben ist. In einem Vorwort erzählt Hauptmann, der sich in einer zweiten Fassung als Herausgeber eines Manuskriptes bezeichnet (das von einem Manne namens Lorenz Engel stammt), wie er seine Studien des Neuen Testaments betrieben hat. Es heißt darin:

Es ist nicht Jedermanns Sache, nach August Hermann Franckes kurzer Anleitung die Bibel zu lesen. Ich zum Beispiel habe es ohne jede Anleitung getan. Ich habe gelesen, kritisch, wie ich alle Bücher lese.

Vor einigen Jahren, an einem langen Winterabend auf dem Lande, nahm ich meine Traubibel zu einem ganz bestimmten Zweck vom Gestell: ich wollte nämlich untersuchen, ob in den Büchern des Neuen Testaments sich genug Material vorfände, um die Gestalt des Menschen Jesus daraus zu formen, und wenn nicht, ob nicht wenigstens Anhaltspunkte rein menschlicher Züge, hie und da verstreut, vorhanden sein möchten, richtunggebend für eine freie, künstlerische Neuschöpfung dieser Gestalt, wie ich sie damals beabsichtigte. Das Resultat meiner Untersuchung ist in den nachfolgenden Blättern niedergelegt, zugleich auch ist ein schwacher Ansatz gemacht, die Gestalt Jesu neu herauszuheben, abzurunden, menschlich zu beleben.

Die Ernte übertraf meine Erwartungen. Überraschend schnell, deutlich, fest umrissen, setzte sich die Persönlichkeit Jesu vor meinem Geiste zusammen. Aber es war eine Person, die ich bisher weder in Büchern, noch in Bildern gefunden hatte, die ich zum ersten

154

Male sah. Was in großen Zügen von mir geschaut wurde, auch im einzelnen zu ergänzen, war nun während einer langen Zeit meine Sorge.

Der englische Philologe S. D. Stirk hat die acht Hauptprobleme, die den Dichter damals beschäftigten, an Hand eingehender Untersuchungen bis zu dem Roman *Quint* verfolgt. Im Mittelpunkt steht Jesu Lehre von der Selbstlosigkeit und seine Erkenntnis: «Gott ist ein Geist.» Im Fragment gebliebenen *Jesus-Drama*, bei dem schon der Weber Heiber (des späteren Dramas *Die Weber*) und ein Lehrer namens Gottwald *(Hanneles Himmelfahrt)* auftreten, und dann in der 1890 geschriebenen Erzählung *Der Apostel* wird die Gestalt Jesu umkreist. Hier findet sich bereits jener «Messiaswahn», der im *Quint*-Roman in all seinen Stadien geschildert wird. Die Heilandsbegegnung des armen Hannele, die Heilandsbegegnung Tills kurz vor seinem Tode sind andere Beispiele für ein durch das ganze Leben Gerhart Hauptmanns hin wirksames Motiv.

Juli 1939

Mit Frau und Enkel Arne

In den bisher noch unveröffentlichten Teilen des *Großen Traums* werden weitere, zum Teil ergreifend schöne Christus-Visionen hervorgerufen. In einer Niederschrift vom 1. Dezember 1938 (Rapallo) steigt das Paradiso auf:

> *Genug: ich will nicht meiner Träume Knecht,*
> *noch deiner sein, Satanael, Verruchter!*
> *Es nehme nun das Himmelreich sein Recht.*

Ein Bote taucht auf. Himmlische Magie verbindet den Träumer mit dem Boten, und in herrlichen, südlichen Bildern erlebt er die Geburt der Mutter Gottes und des Heilands aus den Wogen:

> *Er ist geboren aus dreieinigen Meeren,*
> *drin aller Seelen Seele musiziert.*
> *Ihm scheint sich alles lauschend zuzukehren.*
>
> *Unfaßbar ist es, was sich nun gebiert,*
> *denn in den nie erhörten Sturm der Töne*
> *steigt eine Nereide kranzgeziert.*
>
> *Aus Seegewoge: leuchtend tritt die Schöne*
> *in einer Muschelschale blendend Gold,*
> *daß sie mit süßer Anmut alles kröne.*

Die Halle im Wiesenstein

Agnetendorf, Frühjahr 1946

> *Nie war ein Menschenkind wie sie so hold*
> *noch von Poseidons Töchtern irgend eine.*
> *Das Wasser singt, das um ihr Schifflein rollt.*

Nach der Geburt der Jungfrau Maria aus dem südlichen Meere und der unbefleckten Empfängnis des Gotteskindes schreitet — in einer neuen Vision — ein *Jüngling-Mann trockenen Fußes auf der Flut:*

> *Die Stirne bleich, das Auge schwarze Glut,*
> *schien Gott entstandenes Denken, umzusinnen,*
> *so fast verbrennend in Erlöserwut.*

Rasch vergeht die Vision:

> *Und alles schwand mit einem Mal von hinnen,*
> *wie Träume eben sind und nicht mehr sind:*
> *ein ewiges Schwinden, ewiges Neubeginnen.*

> *Es schwand die holde Mutter mit dem Kind,*
> *Meer und Musik dahin, wie nie gewesen,*
> *ob roten Wüsteneien stäubte Wind.*

Auf der Rückseite eines Blattes dieser Gesänge findet sich von der Hand Gerhart Hauptmanns die Eintragung: *Und nun würde gut sein, das ‹verlorene Paradies› in Erinnerung zu bringen, das Lessing das einzige Epos nach Homer genannt hat.* Die Eintragung trägt das Datum: 21. März 1939 und den Ortsvermerk: Lugano.

Hauptmann kannte Miltons «Verlorenes Paradies» mit seiner Gestalt des Satanael. Aber er formte nun doch, wie überall und immer, die folgenden Gesänge, von denen nur kurze Proben mitgeteilt werden können, ganz aus dem eigenen Erleben. Geprägt war dieses Erleben durch den Geist des Pietismus, wie er sich vor allem in Herrnhut äußerte, und durch die Mystik Böhmes. In den ersten Maitagen des Jahres 1940 wurden die meisten dieser Verse in Agnetendorf diktiert. Christus erscheint aufs neue. Er spricht in manchmal nazarenisch, manchmal antikisch anmutenden Bildern: eine Fischmahlzeit mit den Jüngern, wunderbar in ihrer humordurchblitzten Anschaulichkeit, geht über in die von paradiesischem Licht durchflutete visionäre Darstellung der Speisung der Fünftausend. Die Gäste sind gesättigt. Sie lauschen *dem hohen Langgelockten:*

> *Er selbst, ein Engel, lehrt vom großen Licht,*
> *ihm übergeben, daß es Menschen leuchte:*
> *es zeugt vom Vater, doch es ist Er nicht.*

> *Ihn sah, den Vater, was auch manchem deuchte,*
> *kein Menschenauge, keines Menschen Sinn.*
> *Die heilige Schar der Engel selber scheuchte*

Wiesenstein
Agnetendorf i R

am 9.Mai 1946

Lieber Herr Voigt !

Ich habe es soweit gebracht, einigemale ums Haus
zu gehen - aber ich bin aus meinem Bett nicht ver-
trieben:das ist alles,was ich Gutes von mir sagen
kann.Das,was man Freude nennt,habe ich nicht. Die
Natur ist mir versauert durch das,was meistens drin
geschieht.Ich bin 84 Jahre,bedenken Sie,aber man muss
dankbar sein für alles Gute:Benvenuto habe ich über ein
Jahr nicht gesehen,aber er lebt.

Teilnahme an der Literatur ist schwach.Ich kenne
manchmal meine eigenen Novellen nicht,aber ich bin
glücklich,dass sie kernig sind und Möglichkeiten aller
Art haben. Sie fehlen mir - und ich freue mich doch,
dass Sie nicht auch hier sind. Es schwebt allerlei.

In alter Liebe und alter Erinnerung

Ihr

Der letzte Brief

> vorwitzige Spürer spottend vor sich hin
> und nie, in jeglichen Theophanien,
> ward übermenschlich-göttlich der Gewinn.
>
> Wenn wir vor Bildern betend niederknien,
> so ließ uns Gott, was wir begreifen, zu:
> in Stoff geprägte Menschenhierarchien.

160

Den Lebenden gibt nur das Leben Ruh.
Ein Strahl der Offenbarung aber flutet
und schenkt uns Ahnungen im heiligen Nu,

nicht mehr wird unserer Schwachheit zugemutet.
Wir wissen, daß er ist, das sei genug:
der Heiland ist für ihn am Kreuz verblutet.

Doch selbst des Gottessohnes Himmelsflug
erreichte nicht den Saum von dessen Kleide,
zu dessen Sitz noch kein Gedanke trug.

In immer neuen Bildern und Fragen umkreist der Dichter die ge-
staltlose Gottesgestalt:

Wie nenn ich lallend ihn?: das große Licht,
das lichtlos leuchtet? oder die Gestalt
gestaltenlosen Seins? Ich weiß es nicht.

Gott kennt keine Hölle:

Der Uranfängliche ist nur gewährend.

Die Hölle, sagt man, soll ein Feuer sein,
das ein verfluchter Engel angezündet —
doch glühet auch der Seraph ohne Pein:

denn Gottesglut ist auch in ihn gemündet.

Die von Haß und Völkermord verwüstete Welt steigt noch einmal
auf in Versen von metallischer Härte:

Der Schöpfer ward an seiner Schöpfung irre —
erschrockene Engel raunen mir's ins Ohr —
und vor der Erde eisernem Geklirre

schloß, angewidert, er sein Himmelstor.
Des Schöpfers und Mariens Menschensohn
Ohnmacht, statt Macht, zum Harnisch sich erkor —

und siehe da: er saß auf einem Thron,
zu dem die Wallfahrt aller Welten strebte,
taub gegen aller Kriegstrompeten Ton,

dem andern nach, der in den Lüften schwebte:
es war der Ruf von hirtlichen Schalmein,
drin, sel'ger Hoffnung, Freude, Friede bebte.

ZEITTAFEL

1862	15. November. Gerhart Hauptmann in Ober-Salzbrunn in Schlesien als viertes Kind des Hotelbesitzers Robert Hauptmann (1824—1898) und seiner Frau Marie geb. Straehler (1827—1906) geboren.
1868	Eintritt in die Dorfschule.
1874—1878	Besuch der Realschule am Zwinger in Breslau zusammen mit seinem Bruder Carl.
1877	Hauptmanns Vater muß sein Hotel «Preußische Krone» aufgeben und übernimmt die Bahnhofswirtschaft in Sorgau.
1878—1879	Der junge Hauptmann Landwirtschaftseleve auf dem Rittergut Lohnig (Kreis Striegau). Erste Gedichte.
1879	September. Nach Beendigung der Elevenzeit muß er aus gesundheitlichen Gründen den Gedanken aufgeben, Landwirt zu werden.
1879—1880	Erneuter Aufenthalt in Breslau. Private Vorbereitung auf das Einjährigen-Examen, das aber scheitert.
1880—1882	Besuch der Bildhauerklasse der Kunst- und Gewerbeschule in Breslau.
1882	15. April. Abgang von der Kunstschule mit dem Zeugnis der mittleren Reife.
1882—1883	Hauptmann studiert ein Semester Geschichte an der Universität Jena.
1883	Sommer. Über Berlin und Hamburg (Besuch der dorthin übersiedelten Eltern) geht Hauptmann auf eine Mittelmeerfahrt.
1883—1884	Als Bildhauer in Rom.
1884	Hauptmann verbringt den Sommer und Herbst in Dresden, er besucht die Zeichenklasse der Königlichen Akademie auf der Brühlschen Terrasse.
1884—1885	Winter- und Sommersemester an der Universität Berlin.
1885	5. Mai. Eheschließung mit Marie Thienemann.
	Juli. Reise nach Rügen. Erster Besuch der Insel Hiddensee. *Promethidenlos* erscheint.
1885—1888	Hauptmann lebt in Erkner. Von dort aus Besuche des Berliner Dichtervereins «Durch» (Bruno Wille, Wilhelm Bölsche, Brüder Hart).
1888	Mai—Herbst. Aufenthalt in Zürich in der Familie seines Bruders Carl. Anregender Freundeskreis.
1888—1889	Erneut in Erkner.
1889	20. Oktober. *Vor Sonnenaufgang* in Berlin uraufgeführt.
1889—1891	Hauptmann lebt in Charlottenburg.
1891	April. Reise ins Webergebiet.
1891—1893	Hauptmann in Schreiberhau.
1894	Januar bis Ende Mai. Erste Amerikareise.
	Herbst. Marie Hauptmann siedelt mit ihren drei Kindern nach Dresden über, während Hauptmann nach Berlin geht.
1897	Januar—Mai. Reise mit Margarete Marschalk nach Italien und in den Tessin.
1898—1899	Wohnung in Berlin-Grunewald.
1900	In Agnetendorf.
1901	10. August. Gerhart Hauptmann bezieht sein Haus «Wiesenstein» in Agnetendorf.

1904	Sommer. Ehescheidung von Marie Hauptmann.
	18. September. Hauptmann heiratet Margarete Marschalk.
1905	Ehrendoktor der Universität Oxford. Reise durch England.
1907	März — Mai. Griechische Reise.
1909	Oktober. Erste Vorlesungsreihe: Berlin, Hamburg, Wien, Prag, Leipzig, München, Zürich.
1912	Verleihung des Nobelpreises.
1914 — 1918	Der Dichter lebt wechselweise in Berlin-Halensee, Agnetendorf und auf Hiddensee.
1922	11.—20. August. Gerhart-Hauptmann-Festspiele in Breslau: Aufführung von 14 Dramen.
1924	Verleihung des Ordens Pour le Mérite (Friedensklasse).
1925 — 1931	Hauptmann verbringt die ersten Monate des Jahres jeweils in Rapallo.
1928	Mitglied der Sektion Dichtung in der Preußischen Akademie der Künste.
1932	Februar — März. Zweite Reise nach Amerika.
	28. August. Überreichung des Goethe-Preises der Stadt Frankfurt.
1933 — 1938	Erneute jährliche Aufenthalte in Rapallo.
1942	15. November. Zum 80. Geburtstag erscheinen die Gesammelten Werke in der Ausgabe letzter Hand in 17 Bänden.
1946	6. Juni. Tod Gerhart Hauptmanns in seinem Hause in Agnetendorf.
	28. Juli. Beisetzung auf dem Friedhof von Kloster auf Hiddensee.
1957	17. Januar. Margarete Hauptmann stirbt in Ebenhausen bei München.
1962	November. Festveranstaltungen zum 100. Geburtstag des Dichters in vielen Städten, vor allem in Köln, Berlin, Marbach, Kloster auf Hiddensee, Hamburg. Die auch den Nachlaß berücksichtigende Centenar-Ausgabe der Werke beginnt zu erscheinen.

URAUFFÜHRUNGEN

1889	20. Oktober	«Vor Sonnenaufgang» (Freie Bühne, Lessingtheater, Berlin)
1890	1. Juni	«Das Friedensfest» (Freie Bühne, Ostendtheater, Berlin)
1891	11. Januar	«Einsame Menschen» (Freie Bühne, Residenztheater, Berlin)
1892	16. Januar	«Kollege Crampton» (Deutsches Theater, Berlin)
1893	26. Februar	«Die Weber» (Freie Bühne, Neues Theater, Berlin)
	21. September	«Der Biberpelz» (Deutsches Theater, Berlin)
	14. November	«Hannele» (Königliches Schauspielhaus, Berlin)
1896	4. Januar	«Florian Geyer» (Deutsches Theater, Berlin)
	2. Dezember	«Die versunkene Glocke» (Deutsches Theater, Berlin)
1898	5. November	«Fuhrmann Henschel» (Deutsches Theater, Berlin)
1900	3. Februar	«Schluck und Jau» (Deutsches Theater, Berlin)
	21. Dezember	«Michael Kramer» (Deutsches Theater, Berlin)
1901	27. November	«Der Rote Hahn» (Deutsches Theater, Berlin)
1902	29. November	«Der Arme Heinrich» (Hofburgtheater, Wien)

1903	31. Oktober	«Rose Bernd» (Deutsches Theater, Berlin)
1905	4. März	«Elga» (Lessingtheater, Berlin)
1906	19. Januar	«Und Pippa tanzt!» (Lessingtheater, Berlin)
1907	2. Februar	«Die Jungfern vom Bischofsberg» (Lessingtheater, Berlin)
1908	11. Januar	«Kaiser Karls Geisel» (Lessingtheater, Berlin)
1909	6. März	«Griselda» (Lessingtheater, Berlin, und Hofburgtheater, Wien)
1911	13. Januar	«Die Ratten» (Lessingtheater, Berlin)
1912	14. Juni	«Gabriel Schillings Flucht» (Goethes Theater, Bad Lauchstedt)
1913	31. Mai	«Festspiel in deutschen Reimen» (Jahrhunderthalle, Breslau)
1914	17. Januar	«Der Bogen des Odysseus» (Deutsches Künstlertheater, Berlin)
1917	17. Oktober	«Winterballade» (Deutsches Theater, Berlin)
1920	28. März	«Der Weiße Heiland» (Großes Schauspielhaus, Berlin)
1921	1. November	«Peter Brauer» (Lustspielhaus, Berlin)
1922	23. Februar	«Das Opfer» («Indipohdi») (Staatliches Schauspielhaus, Dresden)
1925	7. Mai	«Festaktus zur Eröffnung des Deutschen Museums» (Deutsches Museum, München)
	19. September	«Veland» (Deutsches Schauspielhaus, Hamburg)
1926	20. November	«Dorothea Angermann» (Theater in der Josephstadt, Wien, Kammerspiele München und 15 weitere deutsche Bühnen)
1927	8. Dezember	«Hamlet» (Nachdichtung) (Staatliches Schauspielhaus, Dresden)
1929	3. Dezember	«Spuk»: «Die Schwarze Maske» — «Hexenritt» (Burgtheater, Wien)
1932	16. Februar	«Vor Sonnenuntergang» (Deutsches Theater, Berlin)
1933	15. Oktober	«Die Goldene Harfe» (Münchner Kammerspiele)
1935	19. November	«Hamlet in Wittenberg» (Altes Theater, Leipzig, Stadttheater Altona und Deutsches Nationaltheater, Osnabrück)
1939	3. Oktober	«Die Tochter der Kathedrale» (Staatliches Schauspielhaus, Berlin)
	11. November	«Ulrich von Lichtenstein» (Burgtheater, Wien)
1941	15. November	«Iphigenie in Delphi» (Staatl. Schauspielhaus, Berlin)
1943	15. November	«Iphigenie in Aulis» (Burgtheater, Wien)
1947	10. September	«Agamemnons Tod» und «Elektra» (Deutsches Theater, Berlin)
1952	8. März	«Herbert Engelmann» (Bearbeitung: Carl Zuckmayer) (Burgtheater im Akademietheater, Wien)
	5. Juli	«Die Finsternisse» (Studio Göttingen)
1956	4. Februar	«Magnus Garbe» (Schauspielhaus, Düsseldorf)
1962	12. November	«Herbert Engelmann» (Unbearbeiteter Originaltext) (Theater Putbus)

ZEUGNISSE

THEODOR FONTANE

Er (G. H.) erschien mir einfach als die Erfüllung Ibsens. Alles, was ich an Ibsen seit Jahr und Tag bewundert hatte, das ‹Greift nur hinein ins volle Menschenleben›, die Neuheit und Kühnheit der Probleme, die kunstvolle Schlichtheit der Sprache, die Gabe der Charakterisierung, dabei konsequenteste Durchführung der Handlung und Ausscheidung des nicht zur Sache Gehörigen — alles das fand ich bei Hauptmann wieder; und alles das, was ich seit Jahr und Tag an Ibsen bekämpft hatte: die Spintisiererei, das Mückenseigen, das Bestreben, das Zugespitzte noch immer spitzer zu machen, bis dann die Spitze zuletzt abbricht, dazu das Verlaufen ins Unbestimmte, das Orakeln und Rätselstellen, Rätsel, die zu lösen niemand trachtet, weil sie vorher schon langweilig geworden sind, alle diese Fehler fand ich bei Gerhart Hauptmann nicht. Kein von philosophisch romantischen Marotten gelegentlich angekränkelter Realist, sondern ein stilvoller Realist, d. h. von Anfang bis Ende derselbe.

Über «Vor Sonnenaufgang» 1889

SAMUEL LUBLINSKI

Dieses Meisterwerk *(Die Weber)* zeigt seine dichterischen Kräfte in höchster Entfaltung und innigster Vereinigung. Hier findet sich zunächst ein ungeheuer tiefes Mitleid, eine Genialität des Herzens, die das Weh jedes einzelnen dieser verkümmerten Menschen in sich aufzunehmen und zehnfach nachzuempfinden vermag. Aber das tiefe Mitempfinden entbehrt nicht der Stärke und Härte, der grausamen Erkenntnis, daß jeder dieser Unseligen doch nur einmal sterben kann. So wird das Künstlerauge nicht getrübt, und er sieht diese Menschen mit einer unglaublichen Schärfe und Deutlichkeit, so daß man aus dem Staunen und Entzücken gar nicht herauskommt. Dem Dichter ist es gelungen, dem düsteren und gewaltigen, tief empfundenen Elendsgemälde zugleich den künstlerischen Reiz des unerschöpflich quellenden Lebens abzugewinnen. Man freut sich, daß endlich wieder ein Volldramatiker mit schier Shakespearescher Urkraft und Fülle «Volk» dargestellt hat, dabei aber durchaus eigen gesehene, durchaus moderne Volksszenen ohne jede Spur von Nachahmung oder fremdem Anklang.

Die Bilanz der Moderne. 1904

ALFRED KERR

Sehnsucht: das ist der tiefste Grundzug im Wesen Gerhart Hauptmanns. Die Gestalt ist von Schatten umdunkelt, auf dem Gesicht
aber liegt ein Schimmer, und das tiefe Auge blickt dem nach, was
leuchtend flieht und leuchtend untergeht. Sehnsucht ist der Ton, den
seine Glocken klingen. Sehnsucht der Ton, der mittönt — wie der
Grundklang sei. Sehnsucht rauscht schwermutvoll durch das strenge
Riesenwerk vom Geyer; Sehnsucht schwebt über dem dunklen
Schwarm dieser ringenden Gestalten; Sehnsucht über der schwarzen
Gestalt des einen, der in menschlicher Nacht die edelste Sache leuchten und verlöschen sieht; Sehnsucht, als das Feuer tot ist, über dem
unbeschreiblich versunkenen Sterbenshumor der letzten Becherssze-
ne. Die Sehnsucht, die «halt a jeder Mensch» hat, dringt und klingt
durch den armseligen Aufstand der Armseligsten, der zerlumpten
schlesischen Hungerweber; in ihrer Sehnsucht trägt sie eine Auf-
wärtsstimmung bis zum Schluß wie Geyers bäurische Brüder nur
im Anbeginn. Aus dem wirren Todestraum einer elenden Kinder-
seele schreit nichts als Sehnsucht, Sehnsucht, Sehnsucht.

Das neue Drama. 1904

JAMES JOYCE

Ich las am Sonntag Hauptmanns Rose Bernd zu Ende. Ich frage mich,
ob es sich gut spielen läßt. Liest man seine Stücke, so hinterlassen
sie einen unbefriedigenden Eindruck. Aber sein Sinn für das Bühnenwirksame muß doch sehr stark entwickelt sein. Er läßt (wenigstens
in seinen späteren Stücken) nie den Vorhang so fallen, daß der Akt-
schluß bloß eine Unterbrechung der jeweiligen Szene zu sein scheint.
Seine Charaktere scheinen von seinem Schöpfer mehr Leben mitbe-
kommen zu haben als die Figuren Ibsens, aber er hat sie auch weniger
unter Kontrolle. Es fällt ihm einigermaßen schwer, sie zur Handlung seines Dramas unterzuordnen ... Die Art, wie er Arnold Kramer und Rose Bernd behandelt, ist trotzdem ganz nach meinem Geschmack.

An den Bruder Stanislaus. Anfang Oktober 1906

HARRY GRAF KESSLER

Nur Kinder haben heute allgemein noch diese Naivität der Phantasie. Aber Hauptmann ist darin wie ein Kind oder wie ein Hirt.
Die Kraft seiner Phantasie nimmt ab mit der Entfernung ihres Stof-
fes vom Alltäglichen; sie wächst mit seiner Vertrautheit. Daher
Hauptmanns sogenannter Naturalismus. Er gibt so gern gemeine
Wirklichkeit, weil gerade sie seine Phantasie am reichsten befruch-
tet; denn seine Phantasie sucht Stimmungen, und diese findet sie

am mannigfaltigsten in dem, was sein Herz am häufigsten bewegt hat, in den Vorgängen des gewöhnlichen Lebens... Es wäre irreführend, ohne weiteres zu sagen, daß Hauptmanns Poesie der Musik nahesteht; denn die Gattungen mischen sich bei ihm nicht. Aber richtig ist, daß seine Kunst — und dadurch ist sie verwandt mit der von Kleist — aus demselben Born fließt wie die Musik, nämlich aus dem Urquell der Gefühlsphantasie, den Nietzsche den dionysischen genannt hat: Hauptmanns Kunst ist, wenn man sie schon Naturalismus nennen will, ein dionysischer Naturalismus.

«Griechischer Frühling». 1909

FRANZ MARC

Ich bin jetzt bis zum Ende des Quintbuches gekommen; es ist geistig sternenklar. Wenn ich an das Leben Quints denke, beglückt und bedrängt mich eine ähnliche Empfindung wie beim Anblick des reinen Sternenhimmels, der mir in diesen Kriegsjahren ein solcher Freund geworden ist. Durch Quints Leben geht jene abstrakt reine Linie des Denkens, nach der ich immer gesucht habe und die ich auch immer im Geist durch die Dinge hindurchgezogen habe. Es gelang mir freilich fast nie, sie mit dem Leben zu verknoten — wenigstens nie mit dem Menschenleben. Quint hat wohl seine reine Idee manchmal mit dem Leben verknotet, daß er doch dabei rein geblieben ist, darin liegt seine göttliche Größe.

Franz Marc 27. 11. 1915 an seine Frau

HUGO VON HOFMANNSTHAL

Das Dasein der Nation hat seine eigentliche geistige Mitte, einen höchsten Besitz, der in langsamer Umgestaltung über Generationen aushält und nicht immer klar zutage liegt, ja öfter in grandioser Weise Geheimnis bleibt: das Hervortreten des lange vergessenen Hölderlin, als eines Palladiums der Nation, im gegenwärtigen bedrängten Zeitpunkt gibt uns davon Zeugnis.

Daneben aber geht ein anderer, nicht weniger ehrwürdiger Prozeß vor sich: das in den einzelnen Stammeslandschaften aufgehäufte Geistes- und Gemütsgut zutiefst religiöser Prägung, im beharrenden Dialekt mit seinen Sprichwörtern und Redensarten schon gestaltnahe, wird durch einen wachen, wahrhaft berufenen Dichter völlig gestaltete Welt und führt nun vor den Augen der Gesamtnation ein nach oben und unten verbürgtes dauerndes Dasein. Solche Dichter waren und sind Jeremias Gotthelf und Gerhart Hauptmann, und wir haben alle Ursache, sie hoch zu ehren.

Zum 60. Geburtstag in «Die Neue Rundschau», 1922

HEINRICH MANN

Hauptmann spricht im Ausland für die Nation. Vom Ausland ergehen Aufrufe, ja, Hilferufe an Deutschland durch Hauptmann. Er
waltet neben dem politischen Reichshaupt als Präsident des Herzens,
das dies Reich hat. Man hat desgleichen in Deutschland nicht gesehen, und in Europa nicht seit Hugo. Die Republik weiß sich bestätigt und erhoben von ihrem erwählten Dichter... Jeder schuldet
ihm heute die Lobrede, die das Herz spricht: vor allem andern die,
deren Geist mit Worten gestaltet wie der seine. Sie können nur stolz
auf ihn sein. Sie können ihn nur lieben. *Gerhart Hauptmann. 1922*

GOTTFRIED BENN

Der Hauptmannrummel —: gestern auf dem Akademietee sah ich
ihn zum erstenmal in meinem Leben und Sie mögen lachen, ich fand
den Mann pompös. Zum mindesten äußerlich, gestaltmäßig, haltungshaft enorm dekorativ, kein fauler Zauber an ihm, wie so oft
an seinen Sachen, die er schreibt. *An Thea Sternheim, 19. 11. 1932*

RUDOLF ALEXANDER SCHRÖDER

An allem Reichtum der Heimat hat Gerhart Hauptmanns Werk
teil; von allem ist etwas in ihm zu spüren, von dem Flug und
Rausch wie von der Zähigkeit, von dem Glanz wie von der Schwere,
der Kühnheit wie der Furchtsamkeit, der heiteren Wohlgestalt des
Gebirgs und der gestaltlos flutenden Trauer des Flachlandes. Irgendwie sind alle seine Menschen schlesische Menschen; es greift ja auch
die geistige Provinz über die Lausitz weg nach Westen, über den Norden hinaus bis an die südlichen Vororte Berlins. Irgendwie sind auch
seine Landschaften alle schlesische Landschaften; die Götterberge seiner äquatorialen Traumgedichte könnten Schneekoppe und Zobten
heißen; die vielen Meergestade im Werk des seit langem auch an
der Ostsee Beheimateten sind irgendwie ‹Schlesisches Gestade› wie jenes böhmische in Shakespeares Wintermärchen...
Erntedank für Gerhart Hauptmann. 1937

THOMAS MANN

Es gab eine Zeit nach dem Ersten Weltkrieg, wo ein expressionistisches Literatengeschlecht sich darin gefiel, dem Werke Hauptmanns das ‹Geistige› abzusprechen. Und doch ist nichts eindrucksvoller, um nicht zu sagen: interessanter, an diesem großen, weitgespannten, immerfort fruchtbaren und solche Kritik majestätisch überdauernden Leben als die geistgewollten, geistbewirkten vitalen Zuströme, die seiner Natur beschieden waren und die aus dem schmalen und bläßlichen, wohl etwas brustkranken, sektiererisch abstinenten Jüngling von einst den breiten und stämmigen, lebensstolzen Mann, den rüstigen Zecher und starken Esser, den Eichbaum und den königlichen Greis machten, der, aus einem kleineren Geschlechte ragend und durch seine Person auf größte Erinnerungen anspielend, das Dichterisch-Deutsche in gelassenem Selbstbewußtsein repräsentierte.

Rede, gehalten am 9. November 1952 in Frankfurt a. M.

CARL ZUCKMAYER

Er war der letzte völlig naive Dichter, der letzte, der in ungebrochener Naivität, nicht ohne Wissen und Weisheit, doch ohne das Medium der Reflexion, aus dem Weltganzen schöpfte und uns ein Bild der ganzen Welt, der ungeteilten Schöpfung hinterließ. Er selbst ist eine Welt. Er ist bewohnbar. Er ist ein Planet. Ein von Lebewesen bewohnter Planet. Er ist ein behauster Stern. Er ist manchmal fast eine Sonne, um die Planeten kreisen, doch selbst stets ein Kreisender um eine kraftspendende Mitte, deren Kraft ihr Geheimnis ist. So lang er hier war, hatten wir, denen Dichtung Lebensinhalt bedeutet, einen Meister, einen Zunftmeister, einen Vater.

Festrede, gehalten am 15. November 1962 in Köln

BIBLIOGRAPHIE

Die Literatur zu Leben, Werk und gesellschaftlicher Bedeutung G. H.s ist kaum zu übersehen. Die Bibliographie soll weiterführende Hinweise für die eigene Beschäftigung geben. – Aufsätze in G. H. gewidmeten Sammelbänden wurden nicht gesondert aufgeführt.

ABKÜRZUNGEN:
DSG   = Deutsche Schiller-Gesellschaft
DVjS   = Deutsche Vierteljahresschrift für Literaturwissenschaft und Geistesgeschichte
GQ, GR   = German Quarterly, Germanic Review
GRM   = Germanisch-Romanische Monatsschrift
Jb FWUB   = Jahrbuch der Schlesischen Friedrich-Wilhelm-Universität zu Breslau
NDH   = Neue Deutsche Hefte
PMLA   = Publications of the Modern Language Association
ZfdPh   = Zeitschrift für deutsche Philologie
ZG   = Zeitschrift für Germanistik

1. Bibliographien, Forschungsberichte, Sammelbände

BEHL, C. F. W., und F. A. VOIGT: Chronik von G. H.s Leben und Schaffen. München ²1957
Gerhart Hauptmann. Hg. von Hans J. Schrimpf. Darmstadt 1976
Gerhart Hauptmann – Autor des 20. Jahrhunderts. Hg. von K. A. Kuczyński und P. Sprengel. Würzburg 1991
Gerhart Hauptmann. Drei Reden. Gütersloh 1953
Gerhart Hauptmann. Hg. von B.Zeller. Marbach 1962 – München 1966
Gerhart Hauptmann. 7 Reden. Hg. von H. von Hülsen. Goslar 1947
Gerhart Hauptmann. Breslau 1942
Gerhart-Hauptmann-Jb. 2 Bde. Breslau 1936/37 – Goslar 1948
Gerhart Hauptmann und sein Werk. Hg. von L. Marcuse. Berlin 1922
Gerhart Hauptmann. Zum 80. Geburtstag [...]. Breslau 1942
GROEGER, A. C.: Der Schatz vom Wiesenstein. Irrwege des literarischen Nachlasses von GH. In: Jb FWUB 14 (1969), S. 356–367
Hauptmann Centenary Lectures. Hg. von K. G. Knight und F. Normann. London 1964
Hauptmann-Forschung. Neue Beiträge [...]. Hg. von Peter Sprengel und Philip Mellen. Frankfurt a. M. u. a. 1986
HOEFERT, S.: Internationale Bibliographie zum Werk G. H.s. 2 Bde. Berlin 1986–1989 – Nachträge in: Schlesien 35 (1990), S. 50–57
JONAS, KLAUS W.: G. H.s Manuskripte in Europa. In: Börsenblatt für den Dt. Buchhandel 26 (1970), S. A 121–139
REICHART, WALTER A. [u.a.]: Bibliographie der gedruckten und ungedruckten Dissertationen über G. H. und sein Werk. In: Philobiblon 11 (1967), S. 121–134
–: G. H.-Bibliographie. Bad Homburg v.d.H. u. a. 1969
TSCHÖRTNER, H. D.: G. H.-Bibliographie. Berlin 1971 – Nachtrag 1976
ZIESCHE, R.: Manuskriptnachlaß G. H.s. Katalog. 2 Bde. Reg. 2 T. Wiesbaden 1977–1987

2. Werke in Gesamt- und Einzelausgaben [chronologisch]

a) Sammelausgaben *(Auswahl)*

Dramatische Dichtungen. New York 1899
Gesammelte Werke. 6 Bde. Berlin 1906 – ²1910
Gesammelte Werke. Volksausgabe. 6 Bde. Berlin 1912
Gesammelte Werke. 8 Bde. Berlin 1921 [1922]
Gesammelte Werke. 12 Bde. [Große Ausgabe] Berlin 1922
Gesammelte Werke. 8 Bde. [Jubiläumsausgabe] Berlin 1922
Ausblicke. Zus.gestellt von Viktor Ludwig. Berlin 1924
Ausgewählte Werke. 6 Bde. Berlin 1925
Drei deutsche Reden. Hg. von Hans von Hülsen. Leipzig 1929
Das dramatische Werk. 6 Bde [in 2 o. 3]. Berlin 1932 – ⁸⁻¹²1942
Das epische Werk. 6 Bde [in 2]. Berlin 1935
Das gesammelte Werk. [Ausgabe letzter Hand] 1. Abt. 17 Bde. Berlin 1942 *[Mehr nicht erschienen]*
Ausgewählte Werke. Hg. von J. Gregor. 5 Bde. Gütersloh 1952–1954
Ausgewählte Dramen. 4 Bde. Berlin 1952
Ausgewählte Prosa. Hg. von Hans Mayer. 4 Bde. Berlin 1956
Werke. 2 Bde. Hg. von G. Stenzel. Salzburg, Stuttgart 1956
Ausgewählte Werke. 8 Bde. Hg. von Hans Mayer. Berlin 1962
Sämtliche Werke. [Centenar-Ausgabe] Hg. von Hans-E. Hass [u. a.]. 11 Bde. Berlin u. a. 1962–1974
Die großen Dramen. Berlin u. a. 1965
Die großen Beichten. Berlin 1966
Dramen. Berlin, Weimar 1966 – ³1976
Die großen Erzählungen. Berlin 1967
Die großen Romane. Berlin 1968
Große Erzählungen. Zürich o. J.
Das dramatische Werk. 4 Bde. Frankfurt a. M. 1974 – Tb. 8 Bde. 1977
Dramen. Frankfurt a. M. u. a. 1980

b) Selbständig erschienene Einzelausgaben *(Auswahl)*

Liebesfrühling. Salzbrunn 1881 *[Privatdruck]*
Promethidenlos. Dichtung. Berlin 1885 *[Aus dem Handel gezogen]*
Das bunte Buch. Gedichte. Berfelden 1888 *[Nicht im Handel]*
Vor Sonnenaufgang. Soziales Drama. Berlin 1889
Das Friedensfest. Eine Familienkatastrophe. Berlin 1890
Einsame Menschen. Drama. Berlin 1891
Der Apostel. Bahnwärter Thiel. Novellist. Studien. Berlin 1892
De Waber. Schauspiel aus den vierziger Jahren. Berlin 1892
Die Weber. Schauspiel aus den vierziger Jahren. Berlin 1892
College Crampton. Komödie. Berlin 1892
Der Biberpelz. Eine Diebskomödie. Berlin 1893
Hannele Matterns Himmelfahrt. Berlin 1893 – Als: Hannele. [Hanneles Himmelfahrt] Traumdichtung in 2 Teilen. Berlin 1894
Florian Geyer. Berlin 1896
Die versunkene Glocke. Ein deutsches Märchendrama. Berlin 1897
Fuhrmann Henschel. Schauspiel. New York 1898 – Berlin 1899

Schluck und Jau. Spiel zu Scherz und Schimpf. Berlin 1900
Michael Kramer. Drama. Berlin 1900
Der rote Hahn. Tragikomödie. Berlin 1901
Der arme Heinrich. Eine deutsche Sage. Berlin 1902
Rose Bernd. Schauspiel. Berlin 1903
Elga. Berlin 1905
Und Pippa tanzt. Ein Glashüttenmärchen. Berlin 1906
Die Jungfern vom Bischofsberg. Lustspiel. Berlin 1907
Griechischer Frühling. Berlin 1908
Kaiser Karls Geisel. Ein Legendenspiel. Berlin 1908
Griselda. Berlin 1909
Der Narr in Christo Emanuel Quint. Roman. Berlin 1910
Die Ratten. Berliner Tragikomödie. Berlin 1911
Atlantis. Roman. Berlin 1912
Gabriel Schillings Flucht. Drama. Berlin 1912
Festspiel in deutschen Reimen. Berlin 1913
Lohengrin. Berlin 1913
Parsival. Berlin 1914
Der Bogen des Odysseus. Berlin 1914
Winterballade. Eine dramatische Dichtung. Berlin 1917 – Zuerst Probedruck
    u. d. T.: Blut. Dramatische Dichtung. Berlin 1917
Der Ketzer von Soana. Berlin 1918
Der weiße Heiland. Dramatische Phantasie. Berlin 1920
Indipohdi. Dramatisches Gedicht. Berlin 1921
Peter Brauer. Tragikomödie. Berlin 1921
Anna. Ein ländliches Liebesgedicht. Berlin 1921
Deutsche Wiedergeburt. Vortrag. Wien 1921
Sonette. Berlin 1921
Das Hirtenlied. Ein Fragment. Berlin 1921 / 22 – Dresden 1924
Gerhart Hauptmann und die Schule. Rede. Breslau 1922
Phantom. Aufzeichnungen eines ehemaligen Sträflings. Berlin 1923
Die Insel der großen Mutter oder Das Wunder von Île des Dames. Eine Geschichte
    aus dem utopischen Archipelagus. Berlin 1924
Fasching. Eine Studie. Berlin 1925
Veland. Tragödie. Berlin 1925
Festaktus zur Eröffnung des Deutschen Museums in München am 7. Mai 1925.
    München 1925
Dorothea Angermann. Schauspiel. Berlin 1926
Die blaue Blume. Berlin 1927
Ansprache bei der Eröffnungsfeier der Internationalen Buchkunst- Ausstellung
    Leipzig 1927 [...]. [Leipzig 1927] *Sonderdruck*
Till Eulenspiegel. Ein dramatischer Versuch. Leipzig 1927
Des großen Kampffliegers, Landfahrers, Gauklers und Magiers Till Eulenspiegel
    Abenteuer, Streiche, Gaukeleien, Gesichte und Träume. Berlin 1928
Wanda (Der Dämon). Roman. Berlin 1928
William Shakespeare: Die tragische Geschichte von Hamlet Prinzen von Daene-
    mark. Neu übers. und eingerichtet. Weimar 1929
Der Baum von Gallowayshire. Gesprochen bei dem Eröffnungsakte der Heidelber-
    ger Festspiele [...]. Heidelberg [1929]
Blaue Blume. Leipzig 1929
Spuk. (Die schwarze Maske. – Hexenritt.) Berlin 1930
Buch der Leidenschaft. 2 Bde. Berlin 1930
Die Spitzhacke. Ein phantastisches Erlebnis. Berlin 1931

Die Hochzeit auf Buchenhorst. Erzählung. Berlin 1932
Paralipomena zum Hirtenlied. Berlin 1932
Vor Sonnenuntergang. Schauspiel. Berlin 1932
Um Volk und Geist. Ansprachen. Berlin 1932
Die goldene Harfe. Schauspiel. Berlin 1933
Das Meerwunder. Eine unwahrscheinliche Geschichte. Berlin 1934
Das Drama im geistigen Leben der Völker. Rom 1935 *[Sonderdruck]*
Hamlet in Wittenberg. Schauspiel. Berlin 1935
Das Hirtenlied. Ein Fragment. Breslau 1935
Im Wirbel der Berufung. Roman. Berlin 1936
Das Abenteuer meiner Jugend. 2 Bde. Berlin 1937
Ulrich von Lichtenstein. Komödie. Berlin 1939
Die Tochter der Kathedrale. Schauspiel. Berlin 1939
Ährenlese. Kleinere Dichtungen. Berlin 1939
Iphigenie in Delphi. Tragödie. Berlin 1941
Der Schuß im Park. Novelle. Berlin 1941
Der große Traum. Dichtung. Berlin, Leipzig 1942 – Aus dem Nachlaß erg. Neu-
    ausg. von Hans Reisiger. Gütersloh 1956
Magnus Garbe. Tragödie. Berlin 1942
Der Dom. Szenen aus dem Dramen-Fragment. Chemnitz 1942
Der neue Christophorus. Ein Fragment. Weimar 1943 – Hg. von Gustav Erdmann.
    Berlin 1976 *[Mit unveröff. Paralipomenon]*
Iphigenie in Aulis. Tragödie. Berlin 1944
Neue Gedichte. Berlin 1946
Mignon. Novelle. Berlin 1947
Die Finsternisse. Requiem. New York 1947
Agamemnons Tod – Elektra. Tragödien. Berlin 1948
Galahad oder die Gaukelfuhre. Dramatische Fragmente. Hg. von C. F. W. Behl.
    Lichtenfels [1948]
Die Atridentetralogie. Berlin 1949 – Neuausg. Gütersloh 1956
Herbert Engelmann. Drama. Aus dem Nachlaß von G. H. Ausgeführt von Carl
    Zuckmayer. München 1952
Winckelmann. Das Verhängnis. Roman. Vollendet und hg. von Frank Thieß. Gü-
    tersloh 1954
Schlafende Feuer. Gedichte. Gütersloh 1959
Früheste Dichtungen. Faksimileausgabe. Hamburg 1962
Die Kunst des Dramas. Hg. von Martin Machatzke. Berlin u. a. 1963
Venezianische Blätter. Aus dem ungedruckten Tagebuch der italienischen Reise
    1897. Hg. von H.-E. Hass. Berlin u. a. 1966 *[Sonderdruck]*
Gerhart Hauptmann und Ida Orloff. Berlin 1969
Verdüstertes Land. Ausgewählte Gedichte. Berlin, Weimar 1971
Italienische Reise 1897. Hg. von Martin Machatzke. Berlin 1976
Diarium 1917–1933. Hg. von Martin Machatzke. Frankfurt a. M. 1980
Gerhart Hauptmann und Ludwig Hofmann. Briefwechsel 1894–1944. Hg. von
    Herta Hesse-Frielinghaus. Bonn 1983
Tagebücher 1897–1905. Hg. von Martin Machatzke. Frankfurt a. M. 1984
Tagebuch 1892–1894. Hg. von Martin Machatzke. Berlin 1985
Otto Brahm und G. H. Briefwechsel. Hg. von P. Sprengel. Tübingen 1985

3. Überblicksdarstellungen – Leben und Werk allgemein, Zeitzeugen

ALBRECHT, D.: G. H. Von Hiddensee bis Agnetendorf. Husum ²1986
Améry, Jean: G. H., der ewige Deutsche. Mühlacker 1963
BEHL, C. F. W.: Aufsätze, Briefe, Tagebuchnotizen: Autobiographisches und Biographisches zu G. H. München 1981
–: G. H. Eine Studie. Kitzingen ³1952
BORCHMEYER, DIETER: Hellsicht des Schmerzes. G. H. In: Literarische Portraits. Hg. von W. Hinderer. Frankfurt a. M. 1987
CHAPIRO, JOSEF: Gespräche mit H. Berlin 1932
DAIBER, HANS: G. H. oder der letzte Klassiker. Wien u. a. 1971
EBERMAYER, ERICH: H. Eine Bildbiographie. München 1962
ERDMANN, GUSTAV: G. H. Diss. Greifswald 1957
GARTEN, HUGH F.: G. H. Cambridge 1954
GREGOR, JOSEF: G. H. Das Werk und unsere Zeit. Wien 1951
GUTHKE, KARL S.: G. H. Weltbild im Werk. München ²1980
HERING, GERHARD F.: G. H. Düsseldorf 1956
HEUSER, F. W. J.: G. H. Zu seinem Leben und Schaffen. Tübingen 1961
HILSCHER, EBERHARD: G. H. Leben und Werk. Berlin ²1990
HOEFERT, SIGFRID: G. H. Stuttgart ²1982
HÜLSEN, HANS VON: Freundschaft mit einem Genius. München 1947
KOCZY, KAROL: Hauptmanniana. Katowice 1971
LEPPMANN, WOLFGANG: G. H. Bern u. a. 1986 – Tb. Frankfurt a. M. 1989
LUBOS, ARNO: G. H. Werkbeschreibung und Chronik. Zürich 1978
MANN, THOMAS: G. H. Gütersloh 1953
MAURER, WARREN R.: G. H. Boston 1982
MICHAELIS, R.: Der schwarze Zeus. G. H.s zweiter Weg. Berlin 1962
REICHART, WALTER A.: Ein Leben für G. H. Aufsätze. Berlin 1991
ROHMER, ROLF: G. H. Leipzig ⁶1987
–:, und A. MÜNCH: G. H. Sein Leben in Bildern. Leipzig 1958
SCHRÖDER, RUDOLF ALEXANDER: G. H. Mainz 1953
SEYPPEL, JOACHIM: G. H. Berlin 1962
SPRENGEL, PETER: G. H.: Epoche, Werk, Wirkung. München 1984
–: G. H. In: Deutsche Dichter. Hg. von Gunter E. Grimm und Frank R. Max. Bd 6. Stuttgart 1989, S. 337–356
TSCHÖRTNER, H. D.: Ungeheures erhofft. Zu G. H. Werk und Wirkung. Berlin 1986
VOIGT, F. A.: G. H.-Studien. 1. Bd. Berlin 1936 *[Mehr nicht ersch.]*
WIESE, BENNO VON: G. H. In: Deutsche Dichter der Moderne. Hg. von B. von Wiese. Berlin ²1969, S. 29–50
Wirklichkeit und Traum. G. H. Berlin, Wiesbaden 1987 *[Katalog]*
ZUCKMAYER, C.: Ein voller Erdentag. G. H. Frankfurt a. M. 1962

4. Einzelfragen zu Leben und Werk

BAEDEKER, PETER: Jugend mit G. H. Koblenz 1987
BÖCKMANN, PAUL: Der Naturalismus G. H.s. In: Interpretationen 2. Frankfurt a. M. 1965, S. 269–294
ERDMANN, GUSTAV: Die G.-H.-Gedenkstätte Kloster auf Hiddensee. Hiddensee 1982
GOETZE, ROLF: Von «Sonnenaufgang» bis «Sonnenuntergang». G. H.s Berliner Beziehungen. Berlin 1971

GRIMM, G. E. [u. a.]: Dichterfürst und Taugenichts. Die Italienreisen G. H.s (1897) und Hermann Hesses (1901). In: Dies.: «Ein Gefühl von freierem Leben». Stuttgart 1990, S. 219–240

GRUNDMANN, G.: Begegnungen eines Schlesiers mit G. H. Hamburg 1953

GÜNTHER, KATHARINA: Literarische Gruppenbildung im Berliner Naturalismus. Bonn 1972

GUSTAVS, ARNOLD: G. H. und Hiddensee. Schwerin 1962

HAUPTMANN, IVO: Bilder und Erinnerungen. Hamburg 1976

HILDEBRANDT, KLAUS: G. H. und Schlesien. In: Schlesien 32 (1987), S. 216–236

HILPERT, HEINZ: Begegnungen mit G. H. In: Neue Sammlung 3 (1963), S. 130–147

ITALIAANDER, ROLF: Besiegeltes Leben. G. H. Goslar 1949

–: Kreative Freundschaft mit der Familie G. H. Reinbek 1989

JOFEN, JEAN: Das letzte Geheimnis. Eine psychologische Studie über die Brüder G. und Carl H. Bern 1972

KNAPIK, PIOTR: G. H. im Friedrichshagener Dichterkreis. In: Germanica Wratislaviensia (1988), H.82, S. 69–82

KROGMANN, WILLY: G. H. Hamburgensis. Hamburg 1947

LAUTERBACH, U.: G. H. In: Genie und Geld. Vom Auskommen deutscher Schriftsteller. Hg. von K. Corino. Nördlingen 1987, S. 291–316

PACHNICKE, GERHARD: Otto Muellers Briefe an Lotte und G. H. in den Jahren 1887–1899. In: Schlesien 31 (1986), S. 65–76

–: «Was andere Gaue können, das können wir auch!» Philo vom Walde als G. H.s Briefpartner. In: Schlesien 32 (1987), S. 15–27

POHL, GERHART: Bin ich noch in meinem Haus? Die letzten Tage G. H.s. Berlin 1953

REQUARDT, W., und MARTIN MACHATZKE: G. H. und Erkner. Studien zum Berliner Frühwerk. Berlin 1980

SATTER, H.: Weder Engel noch Teufel – Ida Orloff. München 1967

VOIGT, FELIX A.: G. H., der Schlesier. Würzburg ⁴1988

–: Die Schaffensweise G. H.s. In: GRM 32 (1950/51), S. 93–106

WEGNER, P.-CH.: G. H. als Leser. In: GRM 23 (1973), S. 355–376

5. Literatur und Kunst der Zeit, Naturalismus, Ästhetizismus, Jugendstil u.a.

COWEN, ROY C.: Der Naturalismus. München ²1973

Drama und Theater der Jahrhundertwende. Hg. von Dieter Kafitz. Tübingen 1991

FISCHER, JENS MALTE: Fin de siècle. München 1978

HERMAND, JOST: Der Schein des schönen Lebens. Studien zur Jahrhundertwende. Frankfurt a. M. 1972

HOEFERT, SIGFRID: Das Drama des Naturalismus. Stuttgart ²1973

Die literarische Moderne. Hg. von G. Wunberg. Frankfurt a. M. 1971

Literatur und Theater im Wilhelminischen Zeitalter. Hg. von Hans-Peter Bayerdörfer [u. a.]. Tübingen 1978

MACHATZKE, MARTIN: G. H. als Dichter der Jahrhundertwende. In: Schlesien 31 (1986), S. 205–221

MCINNES, EDWARD: German Social Drama 1840–1900. Stuttgart 1976

MAURER, WARREN R.: The Naturalist Image of German Literature. München 1972

MÖBIUS, HANNO: Der Naturalismus. Heidelberg 1982

Naturalismus. Manifeste und Dokumente zur deutschen Literatur 1880–1900. Hg. von M. Brauneck und Ch. Müller. Stuttgart 1986

Naturalismus/Ästhetizismus. Hg. von Ch. Bürger. Frankfurt a. M. 1979
WUTHENOW, RALPH-RAINER: Muse, Maske, Meduse. Europäischer Ästhetizismus. Frankfurt a. M. 1978

6. Untersuchungen zu verschiedenen Aspekten von Leben und Werk

a) Philosophie, Religion, Welt- und Menschenbild

BAUER, R.: Das Menschenbild im Drama G. H.s. Diss. Freiburg 1950
DAMM, SIGRID: Probleme der Menschengestaltung im Drama H.s, Hofmannsthals und Wedekinds. Diss. Jena 1970
GUTHKE, KARL S.: G. H.s Menschenbild in der «Familienkatastrophe» «Das Friedensfest». In: GRM 43 (1962), S. 39–50
KAFITZ, DIETER: Struktur und Menschenbild naturalistischer Dramatik. In: ZfdPh 97 (1978), S. 225–255
LANGER, LOTTE: Komik und Humor bei G. H. Diss. Kiel 1932
MELLEN, PHILIP A.: G. H. Religious syncretism and eastern religions. New York, Bern 1984
–: G. H. and Utopia. Stuttgart 1976
MÜHLHER, ROBERT: Prometheus – Luzifer. Das Bild des Menschen bei G. H. In: Ders.: Dichtung der Krise. Wien 1951, S. 255–290
POST, K. D.: Titanismus und Menschenliebe. In: Wegbereiter der Moderne. Hg. von H. Koopmann und C. Muenzer. Tübingen 1990, S. 47–67
RUPRECHT, E.: G. H. als Dichter der Menschlichkeit. Freiburg 1947
SCHREIBER, H.: G. H. und das Irrationale. Aichkirchen u. a. 1946
SCHWAGER, HELMUT: Die Bildungsidee und das ethische Programm G. H.s im Kampf um die Zukunft. Leipzig 1931
STOLPER, A.: H.s Menschen. In: Neue Dt. Literatur 35 (1987), H. 12, S. 89–103
ZIEGENFUSS, WERNER: G. H. Dichtung und Gesellschaftsidee der bürgerlichen Humanität. Berlin 1948

b) Gesellschaft, Geschichte, Politik in Leben und Werk

ALTER, R.: G. H., das dt. Kaiserreich und der I. Weltkrieg. In: Ansichten vom Krieg. Hg. von B. Hüppauf. Königstein 1984, S. 184–204
BARNSTORFF, HERMANN: Die soziale, politische und wirtschaftliche Zeitkritik im Werke G. H.s. Jena 1938
BRESCIUS, HANS VON: G. H. Zeitgeschehen und Bewußtsein in unbekannten Selbstzeugnissen. Bonn ²1977
CHUNG, CHARLES T. Z.: Zur Problematik des Gesellschaftsbildes im Drama G. H.s. Köln 1969
GUSTAVS, ARNE: Zeitereignisse und persönliches Erleben als Motive zum Drama «Vor Sonnenuntergang». Zur Deutung der Haltung G. H.s gegenüber dem Faschismus. In: ZG 10 (1989), S. 577–586
HACKS, P.: Der internationale Opportunismus in deutschen Reimen: H.s «Festspiel». In: Literatur konkret 15 (1990/91), S. 6–11
HILDEBRANDT, KLAUS: G. H. und die Geschichte. München 1968
JENS, INGE: Dichter zwischen rechts und links. München 1971
LEPPMANN, W.: Am Ende blieb die Trauer. Dichtung und Politik in Deutschland am Beispiel G. H.s. In: Wegbereiter der Moderne. Hg. von H. Koopmann und C. Muenzer. Tübingen 1990, S. 27–46

MAYER, HANS: Zwischenreich G. H.s. In: Ders.: Ansichten über Deutschland. Frankfurt a. M. 1988, S. 43–64

Positionen der literarischen Intelligenz zwischen bürgerlicher Reaktion und Imperialismus. Kronberg/Ts. 1973

SAUER, KLAUS, und GERMAN WERTH: Lorbeer und Palme. Patriotismus in deutschen Festspielen. München 1971

SCHERER, HERBERT: Bürgerlich-oppositionelle Literaten und sozialdemokratische Arbeiterbewegung nach 1890. Stuttgart 1974

SCHRIMPF, HANS JOACHIM: Der Schriftsteller als öffentliche Person. Berlin 1977

SHAW, LEROY R.: Witness of Deceit. G. H. as Critic of Society. Berkeley, Los Angeles 1958

SPRENGEL, P.: «Festspiel» von G. H., Spielleitung Max Reinhardt. In: Int. Archiv für Sozialgesch. der Lit. 14 (1989), S. 74–107

WEINER, M. A.: G. H.s «Die versunkene Glocke» and the cultural vocabulary of Pre-Fascist Germany. In: German Studies Review 11 (1988), S. 447–461

WRASIDLO, BARBARA J.: The politics of German Naturalism: Holz, Sudermann and H. Diss. Univ. of California, San Diego 1986

c) Sprache, Ästhetik, Literarische Formen

ALEXANDER, NEVILLE E.: Studien zum Stilwandel im dramatischen Werk G. H.s. Stuttgart 1964

ATKINSON, ROSS W.: The Textual Condition of the Early Works of G. H. Diss. Harvard Univ. 1976

CROSBY, DONALD H.: Characteristics of language in H's «Atriden-Tetralogie». In: GR 40 (1965), S. 5–16

DOSENHEIMER, ELISE: Das deutsche soziale Drama von Lessing bis Sternheim. Konstanz 1949, S. 117–175

EMRICH, WILHELM: Der Tragödientypus G. H.s. In: Ders.: Protest und Verheißung. Frankfurt a. M., Bonn 1960, S. 193–205

ENGERT, HORST: H.s Sucherdramen. Leipzig 1922

FISCHER, GOTTFRIED: Erzählformen in den Werken G. H.s. Bonn 1957

GASSNER, SIGRID N.: G. H. und die dramatische Kurzform. Diss. City Univ. of New York 1973

GUTHKE, KARL S.: G. H. und die Kunstform der Tragikomödie. In: GRM 38 (1957), S. 349–369

HAIDA, PETER: Komödie um 1900. München 1973

HANISCH, H.: Die Novellendramatisierungen G.H.s. Diss. Mainz 1951

HAUER, R.: Die Formen des Dramenschlusses bei G. H. Diss.Graz 1955

HENNECKE, HANS: Sprache, Gedanke und Lyrik im Lebenswerke G. H.s. In: Ders.: Dichtung und Dasein. Berlin 1950, S. 103–125

KAISER, HERBERT: Zur Problematik des Handelns in der Komödie. In: Literatur für Leser (1984), S. 114–124

LINDNER, ADOLF: Das Alterswerk G. H.s. Diss. Wien 1949

MARTINI, F.: Der kleine Thiel und der große Thienwiebel. Das Erzählen auf der Schwelle zur Moderne. In: Ders.: Vom Sturm und Drang zur Gegenwart. Frankfurt a. M. u. a. 1990, S. 267–279

–: Soziale Thematik und Formwandlungen des Dramas. In: Ders.: Literarische Form und Geschichte. Stuttgart 1984

METKEN, GÜNTER: Studien zum Sprachgestus im dramatischen Werk G. H.s. Diss. München 1954

MITTLER, RUDOLF: Theorie und Praxis des sozialen Dramas bei G. H. Hildesheim 1985

NEULAND, BRUNHILD: Zu Problemen des Tragikomischen im 20. Jahrhundert [...]. Diss. Jena 1975

NEUSE, W.: Erlebte Rede im Prosawerk G. H.s. In: Perspectives and Personalities. Hg. von R. Ley [u. a.]. Heidelberg 1978, S. 290–312

REICHART, WALTER A.: Grundbegriffe im dramatischen Schaffen G. H.s. In: PMLA 82 (1967), S. 142–151

SCHÄFER, H.-W.: Die Funktion der Metaphorik in den Dramen G. H.s. In: Jb. für Internat. Germanistik 2 (1976), H. 3, S. 432–438

SCHNEILIN, G.: Zur Entwicklung des Tragikomischen in der Berliner Dramaturgie. In: Revue d'Allemagne 14 (1982), S. 297–312

SCHRIMPF, HANS JOACHIM: Struktur und Metaphysik des sozialen Schauspiels bei G. H. Bonn 1963

SCHUELER, HEINZ J.: The German Verse Epic in the Nineteenth and Twentieth Centuries. Den Haag 1967

SCHWEDE, R.: Wilhelminische Neuromantik – Flucht oder Zuflucht? Frankfurt a. M. 1987

SHAW, LEROY: The Playwright and Historical Change. Dramatic Strategies in Brecht, H., Kaiser, Wedekind. Madison 1970

SPRENGEL, P.: Soziales Drama oder Mythendichtung für die Bühne? In: Textsorten und literarische Gattungen. Berlin 1983, S. 551–562

SZONDI, PETER: Theorie des modernen Dramas. Frankfurt a. M. ⁵1968

TETTENBORN, JOACHIM: Das Tragische bei G. H. Diss. Jena 1950

WEBB, K. E.: Islands, Maidens, and the Life Force. G. H.s Literary Jugendstil. In: Theatrum mundi. München 1980, S. 109–124

WILL, WILFRIED VAN DER: Voraussetzungen und Möglichkeiten einer Symbolsprache im Werk G. H.s. Diss. Köln 1962

ZABLUDOWSKI, N.: Das Raumproblem in G. H.s Jugenddramen. Berlin 1934

d) Stoffe, Motive, Figuren

BERLETTI, MARIANNE: G. H. Hauptprobleme seiner Dramen. Diss. Innsbruck 1945

BRACKERT, HELMUT: Bauernkrieg und Literatur. Frankfurt a. M. 1975

BRAMMER, URSULA GUENTHER: Selbstbildnis in G. H.s Dramen. Diss. Univ. of Pittsburgh 1972

BURK, FRANZ JOSEF: Antike Quellen und Vorbilder für G. H.s Atriden-Tetralogie. Diss. Marburg 1953

CAST, GOTTLOB C.: Das Motiv der Vererbung im deutschen Drama des 19. Jahrhunderts. Madison 1932

COWEN, R. C.: Der schöne Tod. Ein Jugendstilmotiv bei H. und Hofmannsthal. In: Jb. f. Intern. Germanistik 19/2 (1987), S. 94–113

DILL, WOLFGANG OTTO: Der Dionysosmythos als Strukturelement in G. H.s Prosa. Diss. Univ. of California, Davis 1972

DUCKWORTH, I.: The Family in the Works of G. H. Diss. Boston 1972

DUSSÈRE, CAROLYN: Humor and Chivalry in Ulrichs von Lichtenstein «Frauendienst» and G. H.s «Ulrich von Lichtenstein». In: Colloquia Germanica 16 (1983), S. 297–320

–: The Image of the Primitive Giant in the Works of G. H. Stuttgart 1979

FRANK, TED E.: The Criminal in the Works of G. H. Diss. Univ. of Michigan 1971

GÄFERT, KARIN: Die soziale Frage in Literatur und Kunst des 19. Jahrhunderts. 2 Bde. Kronberg/Ts. 1973

GARTEN, HUGO F.: Formen des Eros im Werk G. H.s. In: ZfdPh 90 (1971), S. 242–255

GEYER, HORST: Religiöser Wahn. G. H.s «Emanuel Quint». In: Ders.: Dichter des Wahnsinns. Göttingen 1955, S. 197–217

GLASS, HILDE: G. H.s «Schluck und Jau» im Rahmen der Wachtraumdichtungen. Diss. Wien 1948

GOHAR, S.: Der Archetyp der Großen Mutter in Hermann Hesses «Demian» und G. H.s «Insel der großen Mutter». Frankfurt a. M. 1987

GRUENEBERG, ELSA: Daemon and Eros in Some Plays of G. H. Parkville 1960

GUTHKE, KARL S.: Die Gestalt des Künstlers in G. H.s Dramen. In: Neophilologus 39 (1955), S. 23–40

–:, und HANS M. WOLFF: Das Leid im Werke G. H.s. Bern 1958

GUTKNECHT, HELMUT: Studien zum Traumproblem bei G. H. Zürich 1956

HAACK, HANS: Die Pfarrgestalten bei G. H. Berlin 1930

HACHIGIAN, MARGARETE: Teichoskopie im deutschen Drama von Klopstock bis H. Diss. Univ. of Massachusetts 1969

HEINZE, HARTMUT: Das deutsche Märtyrerdrama der Moderne. Frankfurt a. M. u. a. 1985

HENSEL, M.: Die Gestalt Christi im Werk G. H. Diss. FU Berlin 1957

HÖLLER, A. J.: Die Kindergestalten im Werk G. H.s. Diss. Wien 1947

HORTENBACH, JENNY C.: Freiheitsstreben und Destruktivität. Frauen in den Dramen August Strindbergs und G. H.s. Oslo 1965

HÜTTER, HELGA: Die Naturgeister bei G. H. Diss. Wien 1948

HURTIG, G.: Die Lichtsymbolik im Werk G. H.s. Diss. Marburg 1956

HUTH-ALT, MONIKA: Die Bedeutung von Krankheit und Heilkunde im Leben und Werk G. H.s. Diss. Freiburg 1989

JEON, D.-Y.: Mitleid als poetologische und sozialkritische Kategorie beim frühen dramatischen Werk G. H.s. Frankfurt a. M. 1991

KOKOTT, HARTMUT: G. H. und die Literatur des Mittelalters. In: Euphorion 83 (1989), S. 49–70

KOLLWITZ, S.: Hartmanns von Aue «Armer Heinrich». Die Rezeption der mittelalterlichen Dichtung durch G. H. Diss. TU Berlin 1976

KÜNZEL, HORST: Die Darstellung des Todes in den Dramen G. H.s und Georg Kaisers. Diss. Erlangen-Nürnberg 1962

LEINER, FRIEDRICH: Der Gedanke der Wiedergeburt in Leben und Werk G. H.s. Diss. München 1955

LIPTZIN, S.: The Weavers in German Literature. Baltimore 1926

MEINERT, DIETRICH: Hellenismus und Christentum in G. H.s Atriden-Tetralogie. Cape Town 1964

–: Hirte und Priester in der Dichtung G. H.s. In: Acta Germanica 4 (1969), S. 39–49

–: Die Problematik der Nachfolge Christi in der Gegenwart in der Darstellung von G. H.s «Der Narr in Christo Emanuel Quint» und Bertolt Brechts «Der gute Mensch von Sezuan». In: Acta Germanica 2 (1968), S. 25–53

MELLEN, PHILIP: G. H.s «Vor Sonnenaufgang» and the Parable of the Sower. In: Monatshefte 74 (1982), S. 139–144

MÜLLER, WALTER JULIUS: Germanischer Mythos und germanische Sage in den Dramen G. H.s. Diss. Cornell Univ. 1983

MÜNCHOW, URSULA: Das Bild des Künstlers im Drama G. H.s. Diss. Berlin 1956

NORDMANN, ANNEMARIE: Der Traum bei G. H. Diss. Bonn 1950

PILZ, GEORG: Deutsche Kindesmord-Tragödien. München 1982

POST, K. D.: Das Urbild der Mutter in H.s naturalistischem Frühwerk. In: Mythos und Mythologie in der Literatur des 19. Jahrhunderts. Hg. von H. Koopmann. Frankfurt a. M. 1979, S. 341–366

PROMIES, W.: Aspekte des Närrischen in G. H.s «Till Eulenspiegel». In: Revue de littérature comparée 37 (1963), S. 550–580

RETTICH, HANS: Die Gestalt des Künstlers im Werke G. H.s. Diss. Erlangen 1950

RIES, HELGA: Die Rückwendung zum Mythos in G. H.s Atridentetralogie. Diss. Frankfurt a. M. 1951

SALIHOGLU, HÜSEYIN: Uneheliche Mutterschaft bei G. H. In: Schlesien 32 (1987), S. 140–149

SCHADEWALDT, WOLFGANG: G. H. und die Griechen. In: Ders.: Hellas und Hesperien. 2. Bd. Zürich, Stuttgart ²1970, S. 406–435

SCHLAFFER, HANNELORE: Dramenform und Klassenstruktur. Eine Analyse der dramatis persona «Volk». Stuttgart 1972

SCHMIDT, GÜNTER: Die literarische Rezeption des Darwinismus. Berlin 1974

SPECKL, G.: Das Problem der Jugend in G. H.s Dramen. Diss. Wien 1950

SPRENGEL, PETER: Todessehnsucht und Totenkult bei G. H. In: NDH 33 (1986), H.1, S. 11–34

–: Die Wirklichkeit der Mythen. Berlin 1982

STEVENSON, M. PH.: Moral and social schizophrenia: A view of the bourgeosie in naturalistic drama. Diss. Pittsburgh 1983

STOECKLEIN, GEORGE A.: Romantik im Wesen und Prosadramen H.s. Diss. Univ. of Pennsylvania 1935

STUHLMACHER, B.: Berliner Häuser in modernen Dramen. In: Literarisches Leben in Berlin. Hg. von P. Wruck. 1. Bd. Berlin 1987

TAUBE, G.: Die Rolle der Natur in G. H.s Gegenwartswerken bis zum Anfang des 20. Jhdts. Berlin 1936 – Nachdruck: Nendeln 1967

VOIGT, F. A.: G. H. und die Antike. Hg. von W. Studt. Berlin 1965

VOLLMERS-SCHULTE, F.: G. H. und die soziale Frage. Dortmund 1923

WEBER, E.: G. H. und die Frau. In: NDH 31 (1984), H.1, S. 76–96

WEISERT, JOHN J.: The dream in G. H. New York 1949

ZIMMERMANN, ROLF CH.: Die Pathetik des heiligen Berstens und ihre Gestaltwandlungen im Werk G. H.s. In: Formenwandel. Hg. von W. Müller-Seidel und W. Preisendanz. Hamburg 1964, S. 426–470

ZIOLKOWSKI, TH.: Fictional Transfigurations of Jesus. Princeton 1972

ZURTIG, G.: Die Lichtsymbolik im Werk G. H.s. Diss. Marburg 1957

7. Zu Einzelwerken und Gattungen

a) Dramen, Bearbeitungen

ADAMS, I. H.: Die doppelschichtige Dokumentation historischer Realitäten in [...] H. («Die Weber») und Hochhuth («Der Stellvertreter»). Diss. Univ. of Utah 1983

BAB, JULIUS: G. H. und seine besten Bühnenwerke. Berlin 1922

BEKES, PETER: Theater als Provokation. G. H.: «Die Ratten», Heinrich Leopold Wagner: «Die Kindermörderin». Stuttgart 1989

BELLMANN, WERNER: G. H.: «Vor Sonnenaufgang». In: Dramen des Naturalismus. Interpretationen. Stuttgart 1988, S. 7–46

BERGER, PAUL: G. H.s «Ratten». Winterthur 1961

BERNHARDT, RÜDIGER: G. H.s «Vor Sonnenaufgang». In: Weimarer Beiträge 30 (1984), S. 971–987

Blankenburgh, Else: G. H. «Das Friedensfest». Stavanger 1987

Borchardt, H. H.: G. H. und seine Dramen. In: Deutsche Literatur im zwanzigsten Jahrhundert. Hg. von O. Mann und W. Rothe. 2. Bd. Bern [5]1967, S. 255–278

Brachet, Pierre: Zola et H.: «Rose Bernd» et «La terre». In: Cahiers Naturalistes 49 (1975), S. 149–167

Bräutigam, Kurt: G. H. «Schluck und Jau». In: Europäische Komödien. Hg. von K. Bräutigam. Frankfurt a. M. 1964, S. 133–154

Brinkmann, Karl: Erläuterungen zu G. H.s «Florian Geyer». Hollfeld [2][1957]

–: Erläuterungen zu G. H.s «Fuhrmann Henschel». Hollfeld [2][1958]

–: Erläuterungen zu G. H.s «Ratten». Hollfeld [1961]

–: Erläuterungen zu G. H.s «Rose Bernd». Hollfeld [1962]

–: Erläuterungen zu G. H.s «Die Weber». Hollfeld [7][1964]

Buck, Timothy: G. H.s «Deutsche Sage». In: Oxford German Studies 3 (1968), S. 126–144

Bungies, Wolfgang: G. H.s nachgelassene dramatische Fragmente «Der Wiedertäufer». Bonn 1971

Büttrich, Christian: Mythologie und mythische Bildlichkeit in G. H.s «Till Eulenspiegel». Diss. FU Berlin 1972

Chabbert, Jean: G. H.s «Biberpelz». In: Wiss. Zs. (Halle-Wittenberg). Ges.- und sprachwiss. Reihe 34 (1985), S. 119–126

Cowen, Roy C.: H. Kommentar zum dramatischen Werk. München 1980

–: «Die Ratten» and G. H.s troubled social conscience. In: Imperial Germany. Hg. von Volker Dürr [u. a.]. Madison 1985

Cyrus, Sylvia: G. H.s «Winterballade». Diss. Wien 1950

Dimitrion, Sokratis: «Griechischer Frühling», «Der Bogen des Odysseus», Der Perianderentwurf, «Iphigenie in Aulis», «Iphigenie in Delphi» von G. H. Diss. Wien 1949

Fiedler, Ralph: Die späten Dramen G. H.s. München 1954

Frauendienst, L.: «Die Tochter der Kathedrale». Diss. Wien 1948

Galambos, Wilhelm: G. H.s Interesse für Shakespeares «Hamlet». Diss. Wien 1948

Geerdts, Hans Jürgen: G. H. «Die Weber». Diss. Jena 1952

Gerhart Hauptmann. «Der Biberpelz». Hg. von Werner Bellmann. Stuttgart 1978

–: «Die Ratten». Hg. von W. Bellmann. Stuttgart 1990

Gerhart Hauptmanns «Weber». Hg. von Helmut Praschek. Berlin 1981

Glass, Emil: Psychologie und Weltanschauung in G. H.s «Fuhrmann Henschel». Diss. Erlangen 1933

Grieger, Monika: Die Symbolik in G. H.s Glashüttenmärchen «Und Pippa tanzt». Diss. FU Berlin 1985

Haida, Peter: Lektürehilfen G. H. «Die Ratten». Stuttgart 1989

–: Die Obrigkeit in der Komödie. Stuttgart 1988

Hemmerich, Karl: G. H.s «Veland». Diss. Würzburg 1935

Hess-Lüttich, Ernest W. B.: Soziale Interaktion und literarischer Dialog. Bd. 2: Zeichen und Schichten in Drama und Theater: G. H.s «Ratten». Berlin 1985

Hildebrandt, Klaus: Naturalistische Dramen G. H.s. München 1983

Hitzler, Katharina: G. H.s «Florian Geyer». Diss. München 1978

Hoefert, S.: Zur Entstehung des «Armen Heinrich» von G. H., dargelegt anhand der Manuskripte. In: Schlesien 22 (1977), S. 26–33

Jacobs, J.: G. H.s «Weber». In: Geschichte als Schauspiel. Dt. Geschichtsdramen. Hg. von W. Hinck. Frankfurt a. M. 1981, S. 227–239

–: H.: «Der Biberpelz» und «Der rote Hahn». In: Die deutsche Komödie. Hg. von Walter Hinck. Düsseldorf 1977, S. 195–212

Kammlander, Josefa: G. H.s «Festspiel in deutschen Reimen». Diss. Wien 1945

Kleinholz, Hartwig: G. H.s szenisches Requiem «Die Finsternisse». Interpretation. Diss. Köln 1962

Klemm, Fredrick A.: G. H. and the Dedication of Das Deutsche Museum. In: GQ 40 (1967), S. 648–692

Kopfermann, Thomas: Soziales Drama. Georg Büchner: «Woyzeck», G. H.: «Die Weber» [...]. Stuttgart 1986

Krogmann, Willy: G. H.s «Versunkene Glocke». In: ZfdPh 79 (1960), S. 350–361, 80 (1961), S. 147–164

Kroneberg, L.: «Die Weber». Von G. H. In: Deutsche Dramen. Hg. von H. Müller-Michaels. 2. Bd. Königstein/Ts. 1981, S. 3–23

Lehman, Rhea H.: A new look at victimization in H.s «Before dawn». In: Within the dramatic spectrum. Hg. von Karelisa V. Hartigan. Lanham u. a. 1986, S. 139–150

Löb, Ladislaus: From Lessing to H. London 1974

McCormick, E. Allen: G. H.s «Und Pippa tanzt!» In: Theatrum mundi. Hg. von Edward R. Haymes. München 1980, S. 93–108

Martini, Fritz: G. H.s «Der Biberpelz». In: Ders.: Lustspiele – und das Lustspiel. Stuttgart 1974, S. 213–235

Mauser, Wolfram: Formprobleme in G. H.s Dramen «Winterballade», «Der weiße Heiland» und «Indipohdi». Diss. Innsbruck 1951

May, K.: G. H. «Die Weber». In: Das deutsche Drama vom Barock bis zur Gegenwart. Hg. von B. von Wiese. 2. Bd. Düsseldorf ²1962, S. 157–165

Mayer, Hans: G. H. Velber 1967

Mayer, K.: «Der Bogen des Odysseus» von G. H. Stettin 1930

Melchior, Andrea: G. H.s «Florian Geyer». Diss. Zürich 1979

Mühlher, R.: Kosmos und Psyche in G. H.s Glashüttenmärchen «Und Pippa tanzt». In: Ders.: Dichtung der Krise. Wien 1951, S. 291–406

Nehring, W.: «Schluck und Jau». In: ZfdPh 88 (1969), S. 189–209

Neis, E.: Erläuterungen zu G. H.s «Michael Kramer». Hollfeld 1965

Oberembt, Gert: Chamäleon und Scharlatan. Nietzsches «Vom Probleme des Schauspielers» und H.s «Biberpelz». In: Literatur für Leser 5 (1982), S. 69–94

–: G. H.: «Der Biberpelz». Paderborn u. a. 1987

Osborne, J.: G. H.s «Vor Sonnenaufgang». In: Deutschunterricht 40 (1988), H. 2, S. 77–88

Poppe, Reiner: G. H.: «Die Weber». Hollfeld 1984

Rasch, W.: «Und Pippa tanzt!» In: Das deutsche Drama vom Barock bis zur Gegenwart. Hg. B. von Wiese. 2. Bd. Düsseldorf 1958, S. 186–206

Rey, W. H.: Der offene Schluß der «Weber». In: GQ 55 (1982), S. 141–163

Rosenberg, Rainer: Die Struktur von G. H.s Atriden-Tetralogie. Diss. Jena 1959

Ruttmann, Irene: Zwischen Distanz und Identifikation. Beobachtungen zur Wirkungsweise von G. H.s «Der Biberpelz» und «Der rote Hahn». In: GRM 30 (1980), S. 49–72

Schäfer, H.-W.: «Indipohdi» und der «Weiße Heiland». Bern 1982

Schildberg-Schroth, G.: G. H.: «Die Weber». Frankfurt a. M. 1983

Schrimpf, H. J.: »Rose Bernd«. In: Das deutsche Drama vom Barock bis zur Gegenwart. Hg. B. von Wiese. 2. Bd. Düsseldorf 1958, S. 166–185

–: Das unerreichte Soziale. Die Komödien G. H.s «Der Biberpelz» und «Der rote Hahn». In: Das deutsche Lustspiel. Hg. von Hans Steffen. 2. T. Göttingen 1969, S. 25–60

Schröder, Karl: Die Grundlagen von G. H.s «Rose Bernd». Diss. Rostock 1921

SCHULZ, GEORG-M.: G. H.s «Florian Geyer». In: Literatur und Theater im Wilhelminischen Zeitalter. Tübingen 1978, S. 183–216

SCHULZ, GERHARD: G. H.s «Vor Sonnenuntergang». In: GRM 14 (1964), S. 279–292

SCHWAB-FELISCH, H.: G. H.: «Die Weber». Frankfurt a. M. 1963 u. ö.

SEIDLIN, OSCAR: Urmythos «Irgendwo um Berlin». Zu G. H.s Doppeldrama der Mutter Wolffen. In: DVjS 43 (1969), S. 126–146

SINDEN, MARGRET: G. H. The prose plays. Toronto, London 1957

SPRENGEL, PETER: G. H.: «Die Ratten». In: Dramen des Naturalismus. Interpretationen. Stuttgart 1988, S. 243–282

–: G. H.: «Die Weber». In: Ebd., S. 107–145

–: «Vor Sonnenuntergang», ein Goethe-Drama? Zur Goethe-Rezeption G. H.s. In: Goethe-Jb. Weimar 103 (1986), S. 31–53

STEEGE, V.: G. H. «Michael Kramer». In: Das europäische Drama von Ibsen bis Zuckmayer. Hg. von L. Büttner. Frankfurt a. M. 1960, S. 63–86

STOCKUM, TH. C. VAN: G. H.s Atriden-Tetralogie. Amsterdam 1957

STROSZECK, HAUKE: «Sie haben furchtbar, furchtbar gefehlt». Verschweigung und Problemstruktur in G. H.s «Das Friedensfest. Eine Familienkatastrophe». In: Euphorion 84 (1990), S. 237–268

STUHLMACHER, B.: Studien und Interpretationen zu Dramen von Holz und Schlaf, Halbe, Sudermann, H. und Brecht. Diss. Berlin 1987

–: «Vom Teil zur Einheit des Ganzen...» G. H.s «Ratten». In: ZG 4 (1983), S. 5–24

TRAUTWEIN, WOLFGANG: G. H.: «Der Biberpelz». In: Dramen des Naturalismus. Interpretationen. Stuttgart 1988, S. 179–212

TSCHÖRTNER, H. D.: G. H.s dramatische und epische Fragmente «Die Wiedertäufer». In: Mühlhäuser Beiträge [...] 3 (1980), S. 27–33

VANDENRATH, J.: Der Aufbau des «Biberpelz». In: Revue des Langues vivantes 26 (1960), S. 210–237

VOIGT, FELIX A.: Die Entstehung von G. H.s Florian Geyer. In: ZfdPh 69 (1944/45), S. 149–213

–: G. H.s «Die Tochter der Kathedrale». In: GRM 3 (1953), S. 1–12

–: «Helios». In: ZfdPh 59 (1934), S. 68–88

WAWERSICH, ELISABETH: Vergleichende Betrachtung von Zolas «Germinal» und H.s «Webern». Diss. Wien 1950

WEBER, RICHARD: G. H. «Biberpelz». In: Von Lessing bis Kroetz. Kronberg/Ts. 1975, S. 68–103

WEGNER, PETER CHR.: G. H.s Griechendramen. Diss. Kiel 1968

WEIGAND, H. J.: Auf den Spuren von H.s «Florian Geyer». In: PMLA 57 (1942), S. 1160–1195; 58 (1943), S. 797–848

WHITINGER, RALEIGH: G. H.s «Vor Sonnenaufgang»: on alcohol and poetry in German naturalist drama. In: GQ 63 (1990), S. 83–91

WIESE, BENNO VON: Wirklichkeit und Drama. G. H.s Tragikomödie «Die Ratten». In: Ders.: Zwischen Utopie und Wirklichkeit. Düsseldorf 1963, S. 215–231

Wirklichkeit im Drama. Materialien zu [...] H. «Die Weber» [...]. Hg. von R. Brück [u. a.]. Stuttgart 1975

ZIOLKOWSKI, THEODORE: H.s «Iphigenie in Delphi»: a travesty? In: GR 34 (1959), S. 105–123

b) Versepen, Lyrik

ENKING, OTTOMAR: G. H.s «Till Eulenspiegel». Berlin 1929
HAENICKE, DIETHER: Untersuchungen zum Versepos des 20. Jahrhunderts. Diss. München 1962
LIEPELT, HELMUT: Die ideelle Einheit des «Till Eulenspiegel»-Epos von G. H. Diss. Bonn 1951
MOTEKAT, HELMUT: G. H.s Versepos «Till Eulenspiegel». In: Stoffe, Formen, Strukturen. Hg. von A. Fuchs [u. a.]. München 1962, S. 479–510
REISHOFER, CHRISTIANE: G. H.s «Großer Traum». Diss. Wien 1948
WAHR, FRED B.: G. H.s Shorter Poems. In: GR 21 (1946), S. 215–229
–: H.s «Eulenspiegel». In: Journal of English and Germanic Philology 31 (1932), S. 478–503

c) Prosa, Autobiographisches, Theoretische Schriften

BLEICKER, WERNER: Formen des Gesprächs im epischen Prosawerk G. H.s. Diss. Mainz 1961
CLOUSER, R. A.: The Spiritual Malaise of a Modern Hercules: H.s «Bahnwärter Thiel». In: GR 55 (1980), S. 98–108
COWEN, R. C.: H.-Kommentar zum nichtdramatischen Werk. München 1981
DUSSÈRE, CAROLYN: An Interpretation of G. H.s «Parsival». In: Colloquia Germanica 13 (1980), S. 233–245
ELLIS, JOHN M.: H.s «Bahnwärter Thiel». In: Ders.: Narrations in the German Novelle. Cambridge 1974, S. 169–187
EMMERICH, KARL: G. H.s Roman «Atlantis». In: Frieden – Krieg – Militarismus im kritischen und sozialistischen Realismus. Hg. von Hans Kaufmann. Berlin 1961, S. 85–110
GARTEN, HUGO F.: G. H.s «Der neue Christophorus«: Betrachtungen zur Entstehungsgeschichte. In: ZfdPh 94 (1975), S. 534–553
GEBAUER, K.: G. H.s Romane und Novellen. Diss. Innsbruck 1950
Gerhart Hauptmann. «Bahnwärter Thiel». Hg. von Volker Neuhaus. Stuttgart 1974
–: «Bahnwärter Thiel». Hg. von Klaus D. Post. München 1979
GODFROID, MICHEL: «Der Narr in Christo Emanuel Quint» et l'évolution religieuse de G. H. In: Études Germaniques 30 (1975), S. 30–41, 318–334, 455–465
GOEDTKE, ULRICH: G. H.s Erzählungen. Diss. Göttingen 1955
GROTHE, WOLFGANG: G. H.s Novelle «Der Ketzer von Soana». In: Jb. FWUB 9 (1964), S. 286–301
HAHN, WALTHER: Zur Zeitstruktur in G. H.s Novelle «Bahnwärter Thiel». In: Carleton Germanic Papers 10 (1982), S. 35–49
HILDEBRANDT, K.: «Das Landhaus zur Michelsmühle». Ein autobiographisches Erzählfragment von G. H. In: Schlesien 24 (1979), S. 65–76
HODGE, JAMES L.: The Dramaturgy of «Bahnwärter Thiel». In: Mosaic 9 (1976), H.3, S. 96–116
KEUL, CARL: G. H.s Fiction. Diss. Cornell Univ. 1955
KOLL, ROLF-DIETER: G. H.s «Der Ketzer von Soana». In: Literatur in Wissenschaft und Unterricht 12 (1979), S. 1–17
KRÄMER, HERBERT: G. H.: «Bahnwärter Thiel». München 1980
KREMKUS, M.: A Critical Examination of the Textual Variants in the German Version of H.s «Atlantis». Diss. Univ. Michigan 1973

KÜNZEL, H.: G. H.: «Bahnwärter Thiel». In: Deutsche Novellen von Goethe bis Walser. Hg. von J. Lehmann. 2. Bd. Königstein/Ts. 1980

KÜSEL, M.: G. H.s «Narr in Christo Emanuel Quint». Diss. Kiel 1960

KUNZ, JOSEF: Die deutsche Novelle im 20. Jahrhundert. Berlin 1977

LEY, RALPH: The Shattering of the Construct: G. H. and His «Ketzer». In: Perspectives and Personalities. Hg. von Ralph Ley [u. a.]. Heidelberg 1978, S. 238–260

LOYD, R. TH.: The Young G. H. Comparative Study of «Promethidenlos», «Fasching», and «Bahnwärter Thiel». Diss. Univ. of Virginia 1977

MACHATZKE, MARTIN: G. H.s nachgelassenes Erzählfragment «Winckelmann». Diss. FU Berlin 1965

MADSEN, R., und D. HOMBERGER: G. H. «Bahnwärter Thiel». Frankfurt a. M. 1987

MARTINI, FRITZ: G. H.s «Bahnwärter Thiel». In: Ders.: Das Wagnis der Sprache. Stuttgart 1954, S. 56–98

MASSBERG, UWE: G. H.s Märchen in neuer Sicht. In: GRM 21 (1971), S. 55–72

MERKL, HELMUT: Über die Ordnungsliebe des Kleinmütigen in G. H.s «Bahnwärter Thiel». In: Heinrich Mann-Jb. 6 (1988), S. 88–100

NOMMENSEN, IPKE: Erläuterungen zu G. H.s «Bahnwärter Thiel». Hollfeld [1960]

ROHMER, ROLF: Die Romane G. H.s. Diss. Leipzig 1958

SCHULZ, G.: Aus der Not ins Himmelreich. Über G. H.: «Der Narr in Christo Emanuel Quint». In: Romane von gestern – heute gelesen. Hg. von M. Reich-Ranicki. 1. Bd. Frankfurt a. M. 1989, S. 129–136

SCHUNICHT, MANFRED: Die «zweite Realität». Zu den Erzählungen G. H.s. In: Untersuchungen zur Literatur als Geschichte. Hg. von Vincent J. Günther [u. a.]. Berlin 1973, S. 431–444

SILZ, WALTER: H. «Bahnwärter Thiel». In: Ders.: Realism and Reality. Chapel Hill 1954, S. 137–154

WAHR, F. B.: The Art of G. H.s Shorter Stories. In: GR 24 (1949), S. 52–64

WENDE-HOHENBERGER, WALTRAUD: G. H.s «Der Narr in Christo Emanuel Quint». Frankfurt a. M. u. a. 1990

WIESE, BENNO VON: Die deutsche Novelle von Goethe bis Kafka. 1. Bd. Düsseldorf 1956, S. 268–283

ZIMMERMANN, WERNER: G. H. «Bahnwärter Thiel». In: Ders.: Deutsche Prosadichtung in der Gegenwart. Düsseldorf ³1960, S. 29–61

8. Vorbilder, Einflüsse, Wirkung, Rezeption, Zeitgenossen

ACKERMANN, WALTER: Die zeitgenössische Kritik an den deutschen naturalistischen Dramen. Diss. München 1965 [Masch.]

BERNHARDT, RÜDIGER: Henrik Ibsen und die Deutschen. Berlin 1989

BRAULICH, HEINRICH: Die Volksbühne. Berlin 1976

BRAUNECK, MANFRED: Literatur und Öffentlichkeit im ausgehenden 19. Jahrhundert. Stuttgart 1974

CLAUS, H.: The Theatre Director Otto Brahm. Ann Arbor 1981

CORRENS, M.-L.: Bühnenwerk und Publikum. Diss. Jena 1956

DREWNIAK, BOGUSLAW: Das Theater im NS-Staat. Düsseldorf 1983

FISCHER, GERHARD: Der Naturalismus auf der Bühne des epischen Theaters. In: Monatshefte 67 (1975), S. 224–236

GRIMM, GUNTER: Goethe-Nachfolge? Das Beispiel G. H.s. In: Ders.: Rezeptionsgeschichte. München 1977, S. 206–239

GUTHKE, KARL S.: Freud und H.: Doppelgänger wider Willen? In: Neue Deutsche Rundschau (1979), S. 21–44

–: Der «König der Weimarer Republik». G. H.s Rolle in der Öffentlichkeit [...]. In: Schweizer Monatshefte 61 (1981), S. 787–806

HAMBURGER, KÄTE: Von Sophokles zu Sartre. Griechische Dramenfiguren, antik und modern. Stuttgart 1962

HELLER, H.-B.: «O Gott, ist das Revolution?» F. Zelniks G.-H.- Verfilmung «Die Weber» (1927). In: Literaturverfilmungen. Hg. von F.-J. Albersmeier [u. a.]. Frankfurt a. M. 1989, S. 80–98

HEMPEL, W.: «Göttliche Komödie» und «Großer Traum». In: Literatur und Spiritualität. Hg. von H. Rheinfelder. München 1978, S. 73–102

HILDEBRANDT, KLAUS: G. H. und Friedrich Ebert. In: Jb. FWUB 27 (1986), S. 165–184

HOEFERT, SIGFRID: L'impact international de G. H. In: Le naturalisme en question. Hg. von Yves Chevrel. Paris 1986

–: Zur Wirkung G. H.s in Asien. In: Jb. FWUB 26 (1985), S. 135–151

–: Zur Wirkung G. H.s in der Sowjetunion von den «Webern» bis «Vor Sonnenuntergang». In: Michigan Germ. Studies 14 (1989), S. 35–47

HOUBEN, H. H.: Verbotene Literatur von der klassischen Zeit bis zur Gegenwart. [1.] Bd. Dessau ²1925

HURUM, G.: Henrik Ibsens Einfluß auf G. H. Diss. Oslo 1960

JACOBS, WILHELM: G. H.s Verhältnis zur Bühne. Diss. Hamburg 1950

JANICH, INGEBORG: Interpretationen der Frau John. Studien zur Rezeptionsgeschichte von G. H.s Tragikomödie «Die Ratten». Diss. Wien 1978

KERSTEN, G.: G. H. und Lev Nikolajevič Tolstoj. Wiesbaden 1966

KIPA, ALBERT A.: G. H. in Russia 1889–1917. Hamburg 1974

KNAPIK, PIOTR: G. H.s Abenteuer mit der «Freien Bühne». In: Germanica Wratislaviensia (1989), H. 85, S. 223–244

KRAUSE, EVA: G. H.s frühe Dramen im Spiegel der Kritik. Diss. Erlangen 1952

LEWIS, WARD B.: O'Neill and H. A study in mutual admiration. In: Comparative Literature Studies 22 (1985), S. 231–243

MANDEL, E.: G. H.s «Weber» in Rußland. In. Zs. für Slawistik 12 (1967), S. 5–19

MARSHALL, A.: The German Naturalists and G. H. Frankfurt a. M. 1982

MELLEN, PH. A.: G. H. and Alfred Kerr. In: GR 65 (1990), S. 159–170

MENDELSSOHN, PETER DE: G. H. und Thomas Mann. In: Ders.: Von deutscher Repräsentanz. München 1972, S. 170–238

–: S. Fischer und sein Verlag. Frankfurt a. M. 1970

MÜLLER, IRMGARD: G. H. und Frankreich. Breslau 1939

MÜLLER, SIEGFRIED H.: G. H. und Goethe. Goslar 1950

NESTRIEPKE, SIEGFRIED: Geschichte der Volksbühne Berlin. Teil 1: 1890–1914. Berlin 1930 [Mehr nicht ersch.]

PAGENKOPF, MARTIN: Das preußische OVG und H.s «Weber». Köln 1988

RAUHUT, F.: Zola – H. – Pirandello. In: GRM 26 (1938), S. 440–466

REICHART, WALTER A.: Fifty years of H. study in America (1894–1944). In: Monatshefte 37 (1945), S. 1–31; Forts. u. d. T.: H. Study in America. In: Ebd. 54 (1962), S. 297–310

REIS, ILSE H.: G. H.s Hamlet-Interpretation in der Nachfolge Goethes. Bonn 1969

ROHMER, ROLF: G. H. und die Nachwelt. In: Beiträge der Referentenkonferenz zum 30. Todestag G. H.s. Berlin 1976, S. 1–22

RÜHLE, B.: Der junge G. H. und seine Beziehungen zur literarischen Welt seiner Zeit. In: Fontane Blätter 3 (1975), S. 438–453

RÜHLE, GÜNTHER: Was bleibt von G. H.s dramatischem Werk? In: Jb. Bayer. Akademie der Schönen Künste 2 (1988), S. 97–116

SCHLEY, GERNOT: Die Freie Bühne in Berlin. Berlin [1967]

SCHOLZ, ALBERT: Zur Bühnengeschichte von H.s «Tragödie des Bauernkrieges». In: Monatshefte 35 (1943), S. 16–22

SCHREMMER, E.: G. H.: Theater und bildende Kunst. Esslingen 1984

SCHRIMPF, HANS JOACHIM: Brecht und der Naturalismus: Zur «Biberpelz»-Bearbeitung. In: Brecht-Jahrbuch 1975, S. 43–62

SCHUMACHER, ERICH: G. H. und das Theater seiner Zeit. In: Schlesien 22 (1977), S. 194–295

SCHUMANN, B.: Untersuchungen zur Inszenierungs- und Wirkungsgeschichte von G. H.s Schauspiel «Die Weber». Düsseldorf 1982

SKRINE, PETER: H., Wedekind and Schnitzler. Houndsmill 1989

SPRENGEL, PETER: Der Kunsttempel als Augiasstall. Das «Kleine Journal» und G. H. In: Jb. DSG 28 (1984), S. 60–75

STERN, M.: Hugo von Hofmannsthal und G. H. Chronik ihrer Beziehungen 1899–1929. In: Hofmannsthal-Blätter 37/38 (1988), S. 5–150

STOYE-BALK, E.: Die G. H.-Feier 1922, die Berliner Universität und Günther Birkenfeld. In: Wiss. Zs. (Berlin) 36 (1987), S. 624–632

SZYROCKI, MARIAN: «Gammler» und «Klassiker». Über den Repräsentanten der deutschen Literatur der 1. Hälfte des 20. Jahrhunderts. In: Germanica Wratislaviensia (1988), H.82, S. 379–390

TSCHÖRTNER, H. D.: G. H. und Thomas Mann. In: Vollendung und Größe Thomas Manns. Hg. von Georg Wenzel. Halle 1962, S. 87–105

–: Die Zeit der Finsternisse: G. H. und sein Werk nach 1933. In: Neue Literatur 25 (1974), S. 72–85

VOIGT, F. A., und W. A. REICHART: H. und Shakespeare. Goslar ²1947

Von der Freien Bühne zum politischen Theater. Drama und Theater im Spiegel der Kritik. Hg. von H. Fetting. 2 Bde. Leipzig 1987

WELLNER, ELISABETH: G. H. und Hermann Sudermann im Konkurrenzkampf. Diss. Wien 1949

WOITZEL, MARGRIT: Henrik Ibsen und G. H. Diss. PH Leipzig 1988

WÖLFL, SOPHIE: G. H.s «Die Weber». Diss. München 1979

ZANDER, R.: Der junge G. H. und H. Ibsen. Diss. Frankfurt a. M. 1947

NAMENREGISTER

Die kursiv gesetzten Zahlen bezeichnen die Abbildungen

QUELLENNACHWEIS DER ABBILDUNGEN

Herrn Dr. Benvenuto Hauptmann, der uns unveröffentlichte Texte aus dem Nachlaß des Dichters und Fotografien aus Familienbesitz zur Verfügung stellte, sei an dieser Stelle unser besonderer Dank ausgesprochen. Ferner danken wir Herrn Dr. Felix A. Voigt dafür, daß er uns Gerhart Hauptmanns letzten Brief zur Wiedergabe überließ. Das Gemälde von Lovis Corinth auf Seite 60 (Städtisches Museum Wuppertal) geben wir mit freundlicher Genehmigung von Frau Charlotte Berend-Corinth wieder.

Dr. Benvenuto Hauptmann, München: 13, 40, 48, 95, 98, 117, 125, 128, 135, 139, 142, 143, 146, 148, 151 / Sammlung W. Studt, Marbach–Hamburg: 9, 10, 11, 14, 17, 23, 25, 28, 29, 30, 36, 72, 76, 79, 86/87, 104, 108, 113, 119, 123 (unten) / Hauptmann-Archiv, Dresden: 153 (rechts oben, links unten, rechts unten), 155, 156, 157 / Gerhart-Hauptmann-Gedenkstätte, Kloster/Hiddensee: 138 / Ullstein Bilderdienst, Berlin: 20, 41, 93, 121, 123 (oben), 124, 126, 132 und Umschlag-Vorderseite, 136, 144, 147, 152 (links unten, rechts unten), 153 (links oben), 154 / Österreichische Nationalbibliothek, Wien: 44, 114, 120, 152 (links oben) / Theatersammlung der Hansestadt Hamburg: 52/53 und Umschlag-Rückseite / Bruno Fischer, Lübeck: 33, 56, 90 / Bildarchiv Preußischer Kulturbesitz, Berlin: 67, 103 / Archiv für Kunst und Geschichte, Berlin (Sammlung Historia-Photo): 82, 152 (rechts oben) / Dr. F. A. Voigt, Würzburg: 160 / Archiv J. M. Avenarius: 163 / Federico Arborio Mella, Mailand: 107, 131, 140 / Privataufnahme: 110 / Columbia University (Gerhart-Hauptmann-Exhibit): 65, 100 / Maxa Mück, München: 158